新型城镇化进程中产业空间布局

陈跃刚　吴　艳◎著

Industrial Spatial Distribution
in the Process of New Urbanization

上海财经大学出版社

图书在版编目(CIP)数据

新型城镇化进程中产业空间布局/陈跃刚,吴艳著．—上海：上海财经大学出版社,2020.2

ISBN 978-7-5642-3596-3/F·3596

Ⅰ.①新… Ⅱ.①陈…②吴… Ⅲ.①地方经济-产业经济-产业布局-研究-中国 Ⅳ.①F269.27

中国版本图书馆 CIP 数据核字(2020)第 124779 号

□ 责任编辑　石兴凤
□ 封面设计　贺加贝

新型城镇化进程中产业空间布局

陈跃刚　吴　艳　著

上海财经大学出版社出版发行
(上海市中山北一路 369 号　邮编 200083)
网　　址:http://www.sufep.com
电子邮箱:webmaster @ sufep.com
全国新华书店经销
江苏凤凰数码印务有限公司印刷装订
2020 年 2 月第 1 版　2020 年 2 月第 1 次印刷

710mm×1000mm　1/16　14 印张(插页:2)　243 千字
定价:68.00 元

前　言

要使我国经济能够持续、快速、健康发展，转换经济发展动能，重要途径之一是必须考虑新型城镇化进程中产业空间布局问题。新型城镇化是一个涉及经济、社会、文化转型的复杂系统工程。在发展道路上，从城市化到城镇化，再到新型城镇化；在发展模式上，从单个城市蔓延发展到大、中、小城市组团式发展，从经济带到城市群，再到都市圈；在发展观念上，从“优先发展大城市，还是发展中小城市和小城镇的争论”，逐渐统一到“以城市群为主体构建大、中、小城市和小城镇协调发展”，再到“城市群内部以超大和特大城市辐射带动功能强的大城市为中心、以1小时通勤圈为基础的城镇化空间形态”。

信息技术和交通设施改变了城市之间的连通性，给不同城市带来了发展机会的差异。中西部特大、大城市依托特定的工业基础和日益通达的交通网络，承接了来自东部沿海地区的新兴制造业产业转移和劳动人口回流，经济增长进一步吸引劳动力本地化就业，从而吸引更多人口和相关产业迁移至中西部特大、大城市，形成“产业迁移—人口流动—经济发展”的循环累积效应。

本研究按照区域经济发展、组团式城镇形态打造、增长极培育三个维度展开。

第一部分从区域经济发展维度研究交通基础设施、就业与产业聚集。在分析交通基础设施、就业与产业聚集作用机理基础上，利用省域层面的面板数据，从总体就业、三次产业、四部门、八个细分行业四个维度深入研究交通基础设施对就业的影响；进一步以高铁运营里程最长、运行线路最多、停靠站点最密、运输量最大的长江三角洲城市群为对象，分析长三角服务业、细分服务行业、各个城市细分服务行业聚集的发展变化，运用DID模型实证分析高铁对长三角服务业、细分服务业聚集程度的影响，采用回归模型实证分析可达性对长三角细分服务业聚集程度的影响。

第二部分从组团式城镇形态打造维度研究多维邻近性、知识溢出与产业聚集效应。在分析多维邻近性、知识溢出与产业聚集效应的影响机理基础上，先以长江三角洲城市群为对象，运用 Moran 指数和 LISA 分析展示长三角知识产出的空间格局，利用空间面板数据，选取空间杜宾模型进行回归，分析多维邻近对知识溢出的影响；再选取技术密集型、知识密集型的电子信息产业，以长江经济带为对象，运用 Moran 指数和 LISA 分析展示长江经济带电子信息产业的空间相关性，运用相关统计数据实证分析知识溢出效应和其他控制变量（劳动力、政府投入、工业基础等）对产业聚集效应的影响，验证马歇尔外部性对产业集群的作用，并提出通过广域集群方式，将长江经济带电子信息产业孵化成世界级产业，成为长江经济带的增长极。

第三部分从增长极培育角度研究中心城市核心功能。选取中心城市上海的典型城区，国际金融中心功能的核心承载区小陆家嘴、国际航运中心功能的核心承载区北外滩和国际贸易中心功能的核心承载区虹桥经济技术开发区，把它们作为研究对象，借助复杂网络，利用聚集度研究方法，通过测度节点中心度、空间 Gini 系数、Herfindahl 指数、E-G 指数等特征指标，揭示了楼宇在网络联系中所处的地位及企业的聚集程度，运用克里金（Kriging）插值法和统计分析法分析以金融服务业为主导的产业生态圈、以航运服务业为主导的产业生态圈和以贸易型服务业为主导的产业生态圈企业空间分布，从政府规划和政策、基础设施、循环累积效应等影响因素探究产业生态圈形成的驱动力。

本研究虽然在理论和实证研究层面进行了一些探讨，但是这也仅仅是初步研究，对于很多问题有待深入，希望这些探讨能够给大家带来一些小小的启发和兴趣，更希望读者提出更多的看法和建议。在这里，我们要感谢上海财经大学出版社石兴凤老师，没有她的帮助，这本书就没有这么快地呈现在读者面前；还要感谢上海大学区域经济学学术型硕士郭龙飞等许多同学，企业管理学术型硕士张弛、顾涵鸣、陈李君同学对本研究的大力支持。当然，本研究中所有内容文责自负。

上海大学　陈跃刚

上海立信会计金融学院　吴艳

2020 年 1 月

目　录

第1章
导　论

1.1　研究背景

1. 都市圈将是未来城市化和区域一体化的主要空间形态和实现方式

2017年，党的十九大报告指出，以城市群为主体构建大、中、小城市和小城镇协调发展的城镇格局。这里，城市群是在新型城镇化的意义上提出来的。由此表明，中国的城镇化将结束优先发展大城市还是发展中小城市和小城镇的争论，而是以城市群方式推动中国的城镇化向纵深发展。至此，城市群有了城市化和区域一体化两个含义。

2018年，习近平主席在首届中国国际进口博览会开幕式上发表主旨演讲时提出，将支持长江三角洲区域一体化发展并上升为国家战略，同"一带一路"倡议、京津冀协同发展、长江经济带发展、粤港澳大湾区建设一道，构成完善的中国改革开放空间布局。

2019年，党中央、国务院发布《粤港澳大湾区发展规划纲要》，指出在粤港澳合作不断深化实化，粤港澳大湾区经济实力、区域竞争力显著增强的背景下，它已具备建成国际一流湾区和世界级城市群的基础条件。随后发改委公布《关于培育发展现代化都市圈的指导意见》(以下简称《意见》)，明确指出："城市群是新型城镇化主体形态，是支撑全国经济增长、促进区域协调发展、参与国际竞争合作的重要平台。都市圈是城市群内部以超大和特大城市或辐射带动功能强的大城市为中心、以1小时通勤圈为基本范围的城镇化空间形态。"

《意见》对规划纲要的实施，有着操作层面的现实性。这表明，顶层设计层面已经将区域一体化着力点从城市群转向都市圈。《意见》是我国第一个关于都市圈的高规格文件，表明在未来的城市化和区域一体化中，都市圈是主要的空间形态和实现方式。

2. 产业链重新布局和产业迁移促成“东西差距缩小，南北差距拉大”的局面

改革开放以来，我国确立了社会主义市场经济体制，使市场在资源配置中起决定性作用和更好地发挥政府作用。生产要素自由流动，打破了商品市场的地理分割。在区域地理特征的支配下，产业链重新布局和产业迁移，促进我国“东西差距缩小，南北差距拉大”的经济格局形成。

20世纪80年代初，由于实施东南沿海优先发展战略，在很长的时间里，西部和中部省市成了人才、资源、资金的输出地区，东西经济发展的差距比较大。随着西部大开发、中部崛起等区域发展战略的实施，中西部地区经济面貌得到很大改变，中西部省市经济增速相对较快，东西部经济差距正在逐渐缩小，但未撼动“东强西弱”的局面。

以半导体、通信设备、电子元件等为代表的新兴制造业向地理纵深发展，不同程度地出现了从东部沿海地区向中部、西部的特大城市、大城市迁移的特征，进而促使中西部特大城市、大城市的崛起，如合肥的中科系、武汉的光谷系、郑州的富士康系以及西安、成都、贵阳的半导体、电子、光电产业等。合肥重点扶持芯片、半导体、人工智能等核心基础产业，以及软件、5G等核心信息技术。武汉重点扶持光纤通信产业，东湖高新区（“中国光谷”）是国家光电子产业基地。郑州围绕着富士康作配套，搭建电子制造的产业链集群，建设五千亿级电子信息产业基地。西安将半导体产业列为重点发展的高新技术产业，打造千亿级半导体产业集群。贵阳重点扶持电子元件产业，大力推动与英特尔、戴尔等国际龙头企业的合作。

但是，2008年全球性金融危机以来，南北差距进一步拉大，主要表现在：一是经济规模占比的差距在拉大；二是经济增速的差距在拉大；三是GDP超万亿的城市主要分布在南方。2018年，全国有17个城市的GDP过万亿，其中13个在南方，4个在北方。

3. 交通一体化和日益通达的交通网络促进产业和人口继续向大都市圈聚集

交通一体化为都市圈一体化打下基础，促进产业和人口继续向大都市圈聚集。为了打造“60分钟通勤圈”，各个都市圈在交通一体化上纷纷发力。高铁、干线及城际铁路、市域铁路、高速公路、轨道交通、城市主干道大串联，多层次的交通互联互通逐步形成，中心城市和周边的大、中、小城市和小城镇的通达性不断提高。

上海都市圈构建“干线＋城际＋市域＋城轨”多层次交通网络。北京都市圈将在建的平谷线从通州延伸出京，串联燕郊与三河齐心庄，规划燕郊至大厂、香河的轨道交通，改变环京地区一直未开通轨道交通的历史；深圳都市圈完善轨道交通，东莞数条地铁已修至临近深圳区域，未来将有 6 条线路接驳深圳地铁，惠州也将有 2 条地铁线路接驳深圳 14、16 号线；广州都市圈基本实现广佛同城，除了四通八达的城际轨道交通外，广州和佛山两市地铁互联，实现“一张网一张票”的构想；等等。

交通基础设施促进不同地区的货物贸易、人员往来、文化交流。中西部大都市圈依托特定的工业基础和日益通达的交通网络，承接东部的产业转移，使得就业本地化和人口流动下降成为长期趋势。

我国劳动力流向的基本格局是从中部、西部地区向东部沿海地区流动。但是，从 2014 年开始，我国流动人口数量开始下滑，这表明越来越多的人选择在本地就业。中西部地区承接了来自东部沿海地区的新兴制造业产业转移和劳动人口回流，中西部大都市圈的经济增长进一步吸引劳动力本地化就业，从而吸引更多的人口和相关产业迁移至中西部大都市圈，形成“产业迁移—人口流动—经济发展”的循环累积效应。

4. 知识与技术成为全球竞争的焦点，城市间协同发展越来越受到重视

知识与技术已经成为全球竞争发展的焦点，城市间知识传播和技术创新已经成为提高城市竞争力的重要手段。本区域要素投入已经无法满足城市发展的需求，城市间协同发展越来越受到重视。

在工业化时代，技术和标准是相互排斥的，先有产品后有标准，一个专利只能影响一个产品。但是在后工业化时代，往往是标准先行。当一个专利或者专利池成为国际标准或者主导设计时，就决定了一个产业的技术路线，从而影响整个产业的组织结构和竞争能力，甚至还会影响到一个国家的竞争能力。中美贸易摩擦升级至技术封锁，暴露出我国在核心关键技术上依赖于发达国家，需要加大创新力度，掌握核心关键技术，培育产业链上的“隐形冠军”企业。

企业的空间聚集从过去寻求低廉的劳动力、土地等有形资源，逐步转为对知识、人才、技术禀赋和创新资源等无形资源的追求。新兴制造业聚集方向与地方政策、工业基础、区位优势的匹配度高度相关。新兴制造业不断向中西部大都市圈迁移，促使这些特大城市、大城市进一步开放人才引进和落户等配套政策以吸引人才、留住人才。如成都、西安、郑州、长沙放松了针对大学生、高级技能人才、投资纳税者的落户条件，西安、成都、郑州、合肥推出了针对高端人才的引进补贴政策，武汉、长沙推出了青年创业基金等。

组团式城镇形态协调发展，通过知识溢出方式引入外部知识、激发创新活力，实现城市创新能力的提高，孵化出世界级产业与企业，促使有条件的城市群全面建成具有全球影响力的世界级城市群，如粤港澳大湾区。

5. 中心城市的核心功能为城市能级和核心竞争力的提升提供动力

都市圈的形成与中心城市的发展有关。中心城市发展过程中，势必对周边的大、中、小城市和小城镇产生聚集和辐射，进而形成都市圈。可以用三个效应来描述中心城市与周边城市的相互作用过程，即聚集效应、溢出效应和波及效应。聚集效应是第一阶段。中心城市在发展的初始时期，聚集是形成其自身实力的必由之路，而且也适应了生产型服务业和新兴产业具有聚集特征的需要。溢出效应是第二阶段。中心城市发展到一定程度，需要寻求更大的发展空间，周边城市也希望得到它的辐射。如上海边上的苏州、深圳边上的东莞，在很大程度上，就是得益于上海、深圳的辐射而发展起来的。波及效应是第三阶段。在这个阶段，中心城市和周边城市形成了相对均衡和一体化的发展态势。

作为北京都市圈、上海都市圈、深圳都市圈、广州都市圈的中心城市，北、上、深、广四个超大城市制造业持续外迁，产业结构向更高附加值的中高端服务业聚集。根据中国上市公司（A 股、H 股、美股、新三板）的数据显示，超大城市上市公司收入占比最高的服务业主要是金融、房地产、互联网、电信服务等。3/4 的保险企业和 9/10 的互联网软件与服务企业分布在北京、上海、广东，九成互联网零售企业分布在北京、上海、广州、深圳、浙江，房地产开发企业遍地开花，但北京、上海、广东集中度最高。北京服务业占比 80%，发展最快的是建筑工程、互联网、金融；上海服务业占比 70%，发展最快的是房地产和互联网；广东发展最快的是房地产、保险、互联网，深圳服务业占比 60%。

中心城市的核心功能为城市能级和核心竞争力的提升提供动力。如上海，作为长江三角洲的核心城市、上海都市圈的中心城市，中央对上海提出建设具有全球影响力的科技创新中心与建设国际经济、金融、贸易、航运中心的战略要求。上海对照主攻方向和重点任务，围绕城市核心功能，聚焦关键、重点领域，推进国际经济中心综合实力、国际金融中心资源配置功能、国际贸易中心枢纽功能、国际航运中心高端服务功能和国际科技创新中心策源能力取得新突破，为城市能级和核心竞争力的提升提供不竭动力。

要使我国经济能够持续、快速、健康发展，转换经济发展动能，重要途径之一是必须考虑新型城镇化进程中产业空间布局问题。本研究从区域经济发展、组团式城镇形态打造、增长极培育三个维度，深入研究交通基础设施、就业与产业聚集，多维邻近性、知识溢出与产业聚集效应，中心城市核心功能培育，通过产业空间布局优化，提高空间布局集约化和规模效益，从而打造世界级城市群和形成具有国际竞争力的产业链和产业集群，带动城市功能结构优化，推动城市能级提升，为城市化和区域一体化提供不竭动力。

1.2 几组概念

新型城镇化是一个涉及经济、社会、文化转型的复杂系统工程。在发展道路上，从城市化到城镇化，再到新型城镇化；在发展模式上，从单个城市蔓延到大、中、小城市组团式发展，从经济带到城市群，再到都市圈；在发展观念上，从"优先发展大城市还是发展中小城市和小城镇的争论"，逐渐统一到"以城市群为主体构建大、中、小城市和小城镇协调发展"，再到"城市群内部以超大、特大城市或辐射带动功能强的大城市为中心、以 1 小时通勤圈为基础的城镇化空间形态"。顶层设计层面已经将区域一体化作为着力点，从城市群转向都市圈。

1. 城市化、城镇化、新型城镇化的概念

城市化，在我国也称为城镇化，是产业城市化、人口城市化、人们生活水平高阶化、人的素质不断飞跃和人类全面发展的"五位一体"过程。城市化是一个涉及经济、社会、文化转型的复杂系统工程，不同学科从不同角度进行了诠释：一是人口学认为城市化是人口从农村向城市转移和集中，城市人口的比重不断上升，以及人的素质不断提升的过程；二是经济学认为城市化是企业不断向城市聚集，农村经济向城市经济转化，第一产业比重不断下降，第二、三产业比重不断上升的过程；三是社会学认为城市化是人们的生活水平不断提高，城市的社会生活方式不断扩散的过程；四是哲学强调城市化是从必然王国向自由王国转变，人类全面发展的过程。

新型城镇化是以人为本和可持续发展为基本内核，把生态文明理念和原则全面融入城镇化全过程。新型城镇化进程是以人为本的城市化，是人与自然和谐发展的城市化，也是农业现代化过程，更是人类从必然王国走向自由王国的过程。

2. 经济带、城市群、都市圈的概念

经济带是点轴开发理论的延伸，本质上是城市群。经济带依托一定的交通运输干线、地理位置、自然环境等，并以其为发展轴，以轴上经济发达的一个和几个大城市作为核心，发挥经济集聚和辐射功能，联结带动周围不同等级规模城市的经济发展，由此形成点状密集、面状辐射、线状延伸的生产、流通一体化的带状经济区域或经济走廊，如长江经济带。

城市群是由大、中、小城市和小城镇组成，在特定地域空间范围内，依托发达的交通、通信等基础设施网络形成的空间组织紧凑、经济联系密切，最终实现高度同城化和高度一体化的城市群体，如长江三角洲城市群。

根据发改委公布的《关于培育发展现代化都市圈的指导意见》，都市圈是城市群内部以超大、特大城市或辐射带动功能强的大城市为中心、以 1 小时通勤圈为基本范围的城镇化空间形态。

1.3 主要内容与框架结构

1.3.1 主要内容

本研究主要内容包括 11 个章节，具体安排如下：

第 1 章导论。主要内容包括研究背景、几组概念、主要内容与框架结构、研究价值。

第一部分区域经济发展：交通基础设施、就业与产业聚集，包括第 2、3、4 章。

第 2 章交通基础设施、就业与产业聚集的内在机理。主要内容包括几个主要概念，相关文献综述，交通基础设施、就业与产业聚集的作用机理。

第 3 章交通基础设施对就业的影响。主要内容包括变量选取，模型构建与数据来源，描述性统计分析，交通基础设施对就业的影响分析。

第 4 章高速铁路对产业聚集的影响：以长三角服务业为例。主要内容包括高铁对长三角服务业聚集的作用，变量选取、模型构建、实验组、控制组与数据来源，长三角服务业聚集的发展，高铁对长三角服务业聚集程度的影响。

第二部分组团式城镇形态打造：多维邻近性、知识溢出与产业聚集效应，包括

第5、6、7章。

第5章多维邻近性、知识溢出与产业聚集效应的影响机理。主要内容包括几个主要概念，相关文献综述，多维邻近性、知识溢出与产业聚集效应的影响机理。

第6章多维邻近性对知识溢出效应的影响：以长江三角洲城市群为例。主要内容包括研究假设提出、变量选取与模型构建、多维邻近性对知识溢出效应的影响分析。

第7章知识溢出对产业聚集效应的影响：以长江经济带电子信息产业为例。主要内容包括研究假设提出，研究对象界定、变量选取与模型构建，长江经济带电子信息产业聚集态势及其空间分布格局、知识溢出对长江经济带电子信息产业聚集的影响。

第三部分增长极培育：中心城市的核心功能，包括第8、9、10章。

第8章上海小陆家嘴金融服务业生态圈空间分布。主要内容包括研究假设提出、数据来源与研究方法，小陆家嘴企业空间分布的复杂网络分析，小陆家嘴金融服务业生态圈空间分布，小陆家嘴金融服务业生态圈形成的影响因素。

第9章上海北外滩航运服务业生态圈空间分布。主要内容包括研究假设提出、数据来源与研究方法，北外滩企业空间分布的复杂网络分析，北外滩航运服务业生态圈空间分布，北外滩航运服务业生态圈形成的影响因素。

第10章上海"泛虹桥经济技术开发区"贸易型服务业生态圈空间分布。主要内容包括研究对象、研究假设与研究方法，泛虹桥经济技术开发区企业空间分布特征，泛虹桥经济技术开发区贸易型企业生态圈形成的影响因素。

第11章相关建议。

1.3.2 框架结构

本研究按照提出问题、分析问题、解决问题的逻辑脉络来进行，具体如图1.1所示。

1. 提出问题部分

导论是提出问题部分，并设计系统性的研究框架。为使我国经济能够持续、快速、健康发展，转换经济发展动能，重要途径之一是必须考虑新型城镇化进程中产业空间布局问题。

2. 分析问题部分

按照区域经济发展、组团式城镇形态打造、增长极培育三个维度进行分析。

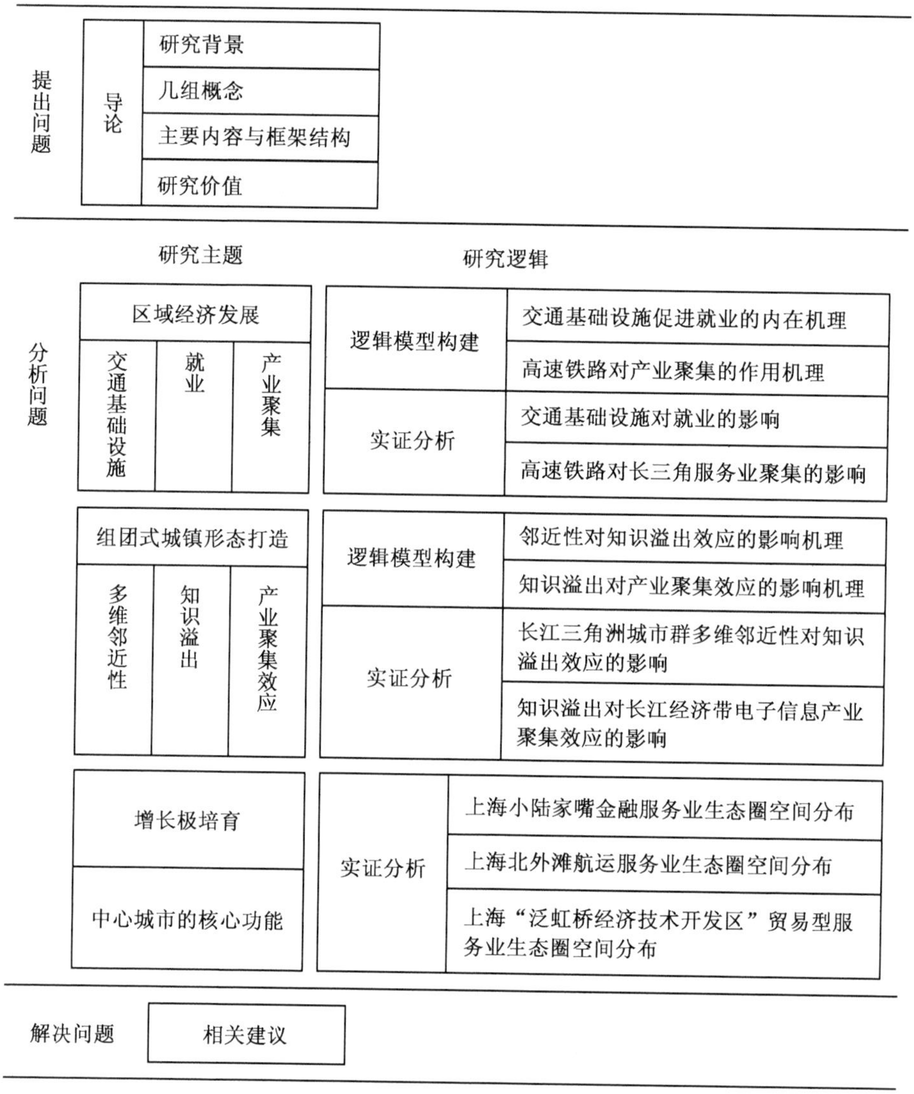

图 1.1　本研究的框架结构

第一部分从区域经济发展维度研究交通基础设施、就业与产业聚集。

交通基础设施，一方面产生直接效应，通过投资乘数效应促进区域经济发展；另一方面产生间接效应，通过规模经济、促进专业化和分工、降低企业库存成本，促进区域经济发展，进而影响产业链的重新布局和产业迁移，最终影响就业水平。高速铁路改变可达性让时空发生扭曲，时空收敛效应导致各个城市绝对区位条件获得改善，空间溢出效应导致相对区位优势出现分化，权衡运输成本的减少与其他成本的提高，进而影响生产要素的流入与流出，最终影响产业聚集与扩散。

本部分在分析交通基础设施、就业与产业聚集作用机理基础上，利用省域层面的面板数据，从总体就业、三次产业、四部门、八个细分行业四个维度深入研究交通基础设施对就业的影响；进一步以高铁运营里程最长、运行线路最多、停靠站点最密、运输量最大的长江三角洲城市群为对象，分析长三角服务业、细分服务行业、各个城市细分服务行业聚集的发展变化，运用 DID 模型实证分析高铁对长三角服务业、细分服务业聚集程度的影响，采用回归模型实证分析可达性对长三角细分服务业聚集程度的影响。

第二部分从组团式城镇形态打造维度研究多维邻近性、知识溢出与产业聚集效应。

知识与技术已经成为全球竞争的焦点，城市间知识传播和技术创新已经成为提高城市竞争力的重要手段。本区域要素投入已经无法满足城市发展需求，城市间协同发展越来越受到重视。构建大、中、小城市和小城镇组团协调发展的组团式城镇格局，城市群具有城市化和区域一体化两个含义。

企业聚集在同一区域产生外部性，从而带来规模报酬。外部性是理解聚集经济的基础，知识溢出是外部性的重要来源之一。邻近即为接近或靠近，研究者已将邻近形式从地理邻近拓展到经济、技术、信息等形式的邻近。邻近性有可能是影响知识溢出的重要渠道。知识溢出是产业聚集区域内创新传播、积累、扩散的动态过程。知识溢出是一种无意识的传播过程，既可以在较小的空间范围，也可以在较大的空间范围。产业聚集效应是各种产业和经济活动在空间上集中产生的经济效果以及吸引经济活动向一定地区靠近的向心力，是导致城市形成和不断扩大的基本因素。

本部分在分析多维邻近性、知识溢出与产业聚集效应的影响机理基础上，先以长江三角洲城市群为对象，运用 Moran 指数和 LISA 分析展示长三角知识产出的空间格局，利用空间面板数据，选取空间杜宾模型进行回归，分析多维邻近对知识溢出的影响；再选取技术密集型、知识密集型的电子信息产业，以长江经济带为对象，运用 Moran 指数和 LISA 分析展示长江经济带电子信息产业的空间相关性，运用相关统计数据实证分析知识溢出效应和其他控制变量（劳动力、政府投入、工业基础等）对产业聚集效应的影响，验证马歇尔外部性对产业集群的作用，并提出通过广域集群方式，将长江经济带电子信息产业孵化成世界级产业，成为长江经济带的增长极。

第三部分从增长极培育维度研究中心城市的核心功能。

都市圈是城市群的“硬核”，都市圈的形成与中心城市的发展息息相关。作为都市圈的增长极，中心城市依据自身的区位优势和条件较好的产业，产生类似“磁极”作用的向心力和离心力，对周边的大、中、小城市和小城镇进行聚集和辐射。对照主攻方向和重点任务，中心城市要加快推动聚集创新要素，提升经济密度，增强高端服务功能，聚焦典型功能区，提升核心功能和培育增长极，为城市能级和核心竞争力的提升提供不竭动力。

本部分选取中心城市上海的典型城区，如国际金融中心功能的核心承载区小陆家嘴、国际航运中心功能的核心承载区北外滩和国际贸易中心功能的核心承载区虹桥经济技术开发区，作为对象，借助复杂网络、聚集度研究方法，通过测度节点中心度、空间 Gini 系数、Herfindahl 指数、E-G 指数等特征指标，揭示了楼宇在网络联系中所处的地位及企业的聚集程度，运用克里金(Kriging)插值法和统计分析法分析以金融服务业为主导的产业生态圈、以航运服务业为主导的产业生态圈和以贸易型服务业为主导的产业生态圈企业空间分布，从政府规划和政策、基础设施、循环累积效应等影响因素探究产业生态圈形成的驱动力。

3. 解决问题部分

相关建议是解决问题部分。提出六个建议，分别是“在新型城镇化发展道路上应尽快统一到都市圈的认识高度上来”“尊重市场机制的基础资源配置功能，走出政府‘包打天下’的认识误区”“掌握交通基础设施能促进区域经济发展的规律，针对不同的区域和不同的行业采取不同的政策措施”“重视知识溢出对区域竞争力的提升和企业活力的作用，打造组团式城镇形态协调发展格局”“变革产业组织模式和利用知识产权、技术标准两大产业竞争利器，通过广域集群孵化世界级产业”“提升中心城市的核心功能和培育增长极，为城市能级和核心竞争力的提升提供不竭动力”。

1.4 研究价值

(1)构建逻辑结构模型，如交通基础设施、就业与产业聚集的作用机理模型，邻近性、知识溢出与产业聚集效应的影响机理模型。交通基础设施通过投资乘数效应、规模经济、促进专业化和分工、降低企业库存成本等促进区域经济发展，进而影响就业水平;高速铁路通过时空收敛效应和空间溢出效应,影响生产要素的流入与流出,进而影响产业聚集与扩散。知识传播方与知识接收方进行互动、交流而产生的无意识的知识传播过程中,地理、经济、技术、信息等维度的邻近形式可以影响知识溢出空间范围和扩散效率;知识溢出能降低企业的生产成本、提升企业创新能力和企业知识存量,进而影响产业集群的聚集效应。

(2)选取不同对象,实证分析交通基础设施、就业与产业聚集,多维邻近性、知识溢出与产业聚集效应,中心城市的核心功能,并提出相关建议。采集 1997 至 2013 年省域层面的面板数据,实证分析交通基础设施对就业的影响;选取长三角服务业为对象,采集 2009 至 2016 年的相关数据,实证分析高速铁路对服务业聚集的影响;选取长江三角洲城市群为对象,采集 2001 至 2016 年的相关数据,实证分析多维邻近性对知识溢出的影响;选取长江经济带电子信息产业为对象,采集 2007 至 2016 年的相关数据,实证分析知识溢出对产业聚集效应的影响;选取中心城市上海的典型城区,如国际金融中心功能的核心承载区小陆家嘴、国际航运中心功能的核心承载区北外滩和国际贸易中心功能的核心承载区虹桥经济技术开发区,作为对象,采集 2013 至 2016 年的数据,分别实证分析以金融服务业为主导、以航运服务业为主导和以贸易型服务业为主导的产业生态圈的企业空间分布。

(3)研究结果的多重潜在价值。在都市圈发展进程和产业空间布局中,迫切需要一套能配合城市经济发展的理论体系来指导产业结构调整、转型、升级和再造,按照区域经济发展、组团式城镇形态打造、增长极培育三个维度,深入研究交通基础设施、就业与产业聚集,多维邻近性、知识溢出与产业聚集效应,中心城市的核心功能,可以帮助我们对我国新型城镇化进程中产业空间布局有较深刻和客观的了解和认识,发现薄弱环节与不足之处,通过都市圈发展和增长极培育,为城市化和区域一体化提供不竭动力。

第一部分

区域经济发展:交通基础设施、就业与产业聚集

交通基础设施通过改变可达性让时空发生扭曲,一方面,可达性提升可以缩短运输距离,减少运输时间和费用,增强对外联系和促进生产要素流动,促进区域经济一体化;另一方面,可达性提升对不同城市的影响存在分异,对城市格局产生影响,导致区域空间结构出现非均衡变化。

日益通达的交通网络,导致各个城市的区位条件获得改善,绝对区位得到提升,增大城市间的经济联系强度,扩大市场空间范围,提升城市区位优势,推动城市对外交流,导致交易成本下降,有利于产品和劳动力、资本等各种生产要素在城市间流动,带动知识和技术传播,提高各个城市的技术效率,进而影响产业链重新布局和产业转移。

有的城市凭借特定的工业基础和四通八达的交通网络,强化城市的区位条件,获得相对区位优势,扩大与其他城市可达性的差距,影响生产要素的流入与流出、产业的聚集与扩散,承接产业转移,使得就业本地化和人口流动率下降,吸引更多的人口和相关产业聚集至本地,进而形成"产业聚集—人口流动率下降—经济发展"的循环累积效应。例如,武汉、郑州、合肥、南昌、长沙、重庆、成都等中部和西部核心城市的崛起。

特别是在我国八纵八横的高铁网络布局之后,高铁对产业聚集(迁入)与扩散(迁出)产生深远影响。为此,本部分在分析交通基础设施、就业与产业聚集作用机理基础上,利用省域层面的面板数据,深入研究交通基础设施对就业的影响,进一步以高铁运营里程最长、运行线路最多、停靠站点最密、运输量最大的长江三角洲城市群为对象,运用DID(双重差分)模型和计量回归模型,分析高铁对服务业聚集的影响。

第 2 章

交通基础设施、就业与产业聚集的内在机理

2.1 几个主要概念

1. 交通基础设施

基础设施是指为社会生产和居民生活提供公共服务的物质工程设施，是用于保证国家或地区社会经济活动正常进行的公共服务系统，是社会赖以生存发展的一般物质条件。

交通基础设施是指为保障交通系统安全正常运营而设置的轨道、隧道、高架道路、车站、通风亭、机电设备、供电系统、通信信号、道路标线等设施。总体可分为一般公路交通设施、高速公路交通设施、市政道路交通设施、轨道交通设施、停车场设施等。

2. 就业人口

就业，是指具有劳动能力的公民，依法从事某种有报酬或劳动收入的社会活动。

从三个方面进行界定就业人口：一是就业条件，指在法定劳动年龄内，有劳动能力和劳动愿望；二是收入条件，指获得一定的劳动报酬或经营收入；三是时间条件，即每周工作时间的长度。

符合以上三个条件的称为就业人口。

3. 产业转移与产业聚集

产业转移是指某些产业从一个国家或地区转移到另一个国家或地区的过程。

按照其涉及的地域范围不同，产业转移大体分为国际产业转移、区际产业转移和城乡产业转移三种。

产业聚集是指在一个适当大的区域范围内，生产某种产品的若干个不同类企业，以及为这些企业配套的上下游企业、相关服务业，高度密集地聚集在一起。

一方面，产业聚集的形成和发展都离不开产业转移。产业聚集本身就包含着产业转移的因素，并且产业聚集是产业转移的结果。一是从产业转入地看，承接相对于本地区有发展潜力的产业，有利于带动该地区相关产业的发展，为形成产业聚集创造条件；二是从产业转出地看，转移出企业的生产线，有利于企业总部全力研发新产品，创造新的科技含量高的聚集。

另一方面，产业聚集也会引起产业转移。在某一地区形成产业聚集以后，采取聚集方式地区的经济竞争力显著高于没有采取这种方式的地区，就会吸引其他地区的企业向产业聚集地区实行产业转移。这不仅包括生产同类产品的企业从分散地向聚集地转移，还包括相关专业性外部服务业和配套设施的转移。这种聚集的形成不但能带来外部规模经济，创造社会价值，而且还能增加更多的就业机会。

根据实际情况和研究需要，本部分从产业聚集的视角进行分析。

4. 高铁

高速铁路就是铁路设计速度快、能让火车高速运行的铁路系统。

本研究按照中国铁路总公司旗下的火车票系统的称谓，将时速达到 250km 及以上的 G 字头列车称为高铁。

5. 服务业

服务业指从事服务产品的生产部门和企业的集合。

根据 2017 年第四次修订的《国民经济行业分类》(GB/T4754－2017)，服务业细分为 14 个行业，具体为：(1)批发和零售业；(2)交通运输、仓储和邮政业；(3)住宿和餐饮业；(4)信息传输、软件和信息技术服务业；(5)金融业；(6)房地产业；(7)租赁和商务服务业；(8)科学研究和技术服务业；(9)水利、环境和公共设施管理业；(10)居民服务、修理和其他服务业；(11)教育业；(12)卫生和社会工作；(13)文化、体育和娱乐业；(14)公共管理、社会保障和社会组织。

2.2　相关文献综述

2.2.1　交通基础设施、区域经济与就业的相关文献

1. 交通基础设施与区域经济发展的相关研究

交通基础设施对不同发展水平的区域会产生异质性的经济效用，但其所具有的区域均等化功能也会对区域协调发展产生重要的意义。对此，国外的研究主要从区域均衡发展的角度展开，代表性的理论有增长极理论、不均衡理论、中心—外围论、梯度推移理论、倒 U 形理论等。而国内的研究重点则集中于交通基础设施与区域协调发展，我国区域的发展差距巨大，其中，交通基础设施投资不均等是其中的一个非常重要的因素（陈秀山、徐瑛，2004；刘生龙、胡鞍钢，2010）。而交通基础设施会促使欠发达地区经济发展，缩小地区差距，促进不同区域均衡发展（魏后凯，2008；陈栋生，2009；刘生龙、胡鞍钢，2010）。除此之外，交通基础设施还通过促进不同地区区际贸易，来促使区域经济一体化（刘生龙、胡鞍钢，2011）。而有些学者则从基础设施的质量入手，探究铁路提速带来的效用，发现基础设施改善同样能够促进经济增长（周浩、郑筱婷，2012）。

2. 交通基础设施就业效应的相关研究

基础设施能通过提高厂商的生产率而增加劳动力需求以及吸引工人而带来劳动力供给的增加两个方面来促进就业。以往的文献中，大多是研究交通基础设施与产出、产出增长、生产率的关系，而有关交通基础设施对就业的影响较少（Straub，2008），忽略了交通基础设施在吸引资本和劳动力方面的作用。交通基础设施一方面作为生产投入要素影响生产进而提升厂商的劳动力需求，另一方面作为城市公共设施能够吸引人才，增加劳动力供给，其对就业的影响取决于这两个方面（Duffy Deno Dalenberg，1993；Dalenberg and Partridge，1995；Haughwout，2002），以往研究交通基础设施对就业影响的文献主要通过劳动力需求和供给两个方面来考察就业效应（Eberts Stone，1992；Duffy-Deno，Dalenberg，1993），通过构建劳动力需求和资本需求的结构方程来分析其动态影响（Seitz，2000）。由于基础设施能同时增加劳动力的需求和供给，因此，不同的研究角度得出的研究结果会存在一定的差异。如 Seitz（2000）发现基础设施具有短期生产效

应和长期地区资本分布效应。而 Demetriades Mamuneas(2000)的研究发现,基础设施对劳动力的供给和需求都具有长期效应。此外,也有研究发现基础设施对就业的影响具有地区分布效应(Haughwout,1999;Seitz,2000)。而 Dalenberg and Partridge(1997)研究了不同种类和部门的基础设施对就业的效用,发现高速公路作为消费的市政效应明显,而对于生产部门则是生产效应更加明显。

3. 交通基础设施溢出效应的相关研究

交通基础设施的本质是公共物品,具有一般公共物品所具有的外部性,对经济的发展具有明显的溢出效应。在这方面的研究中,国外的学者开始较早。Munell(1992)认为交通基础设施能导致生产力的外溢,从而产生正向溢出效应,随后又有多个学者的研究支持这一观点(Berechman,2006;Cantos,2005;Del Bo,Florio,2012)。也有一些学者提出相反的观点,Boarnet(1995,1996)认为外地交通基础设施会促使本地经济活动发生转移,从而产生负向溢出效应。而随后也有众多学者在考察高速公路对就业的影响后得出相似的结论(Holtz-Eakin,Schwartz,1995;Ozbay,2007;Sloboda,Yao,2008;Gmez-Antonio,Fingleton,2009;Jiwattanakulpaisarm,2008)。近期国内也有类似的研究,刘生龙和胡鞍钢(2009)、张学良(2012)、刘勇(2010)以及刘南(2007)研究发现交通基础设施对地区经济增长具有正向的空间溢出效应;刘秉镰(2010)则发现了交通基础设施对 TFP 的正向空间溢出效应;张浩然和衣保中(2012)的研究则发现城市交通基础设施对 TFP 没有明显的空间溢出效应。

4. 交通基础设施聚集效应的相关研究

交通基础设施不仅是产业发展的重要条件,还会影响一个地区的产业变迁。一个地区的产业受地理和交通条件的影响从而具有一定的空间分布特征(Yena,2012;董晓霞、许康宁,2006)。而交通条件的变化则会影响到产业的空间分布,甚至重塑一个地区的产业特征(Henderson,2001)。通过提高可达性,交通基础设施的改善能够加快要素流通,促进产业的空间聚集(Daniel,Mulley,2011)。

5. 交通基础设施的效率改进效应的相关研究

交通基础设施的发展和完善能够促进技术进步,提高生产效率,降低库存水平,从而带来效率改进。相关研究主要集中在两个方面:一方面基于宏观视角,考察基础设施对生产率改进的效果。通过在宏观角度上选取某些年份的数据,运用一定的计量模型测算交通基础设施对生产率的影响,发现交通基础设施能促进整体生产率的提高(Aschauer,1989;刘秉镰,2010),但是,在一个国家内部,交通基础设施对不同地区的生产率具有不同的促进作用,有些地方可能没有明显的促进效应(Brocker,2010;Garcia-Mila,McGuire,1987)。另一方面则是基于微观的视角,主要研究交通基础设施对企业库存的影响。李涵和黎志刚(2009)发现高等级公路的建设能显著降低制造业企业的库存成本,而普通公路和铁路的投资对企业的存货水平则没有显著的影响。刘秉镰和刘玉海(2011)则发现公路基础设施能显著降低制造业企业的库存成本,而铁路、内河航道以及三级公路则能够显著降低中、西部地区的库存成本,因而对不同区域应该重点发展不同类型的基础设施。

2.2.2　高铁时空收敛效应与服务业聚集的相关文献

1. 高铁时空收敛效应的相关研究

高速铁路凭借其速度优势,有利于沿线各城市可达性水平的提高,从而缩短旅行时间,减少城市间的相对距离,加速要素的流动,提高资源配置效率。可达性则可以通过时空压缩机制作用于时间、空间,缩短城市时空距离,产生“时空收敛”效应,成为引发全国区域经济格局转变的重要因素,促进区域内城市空间结构的演变。

可达性是国内外地理学、城市规划、交通研究等领域的重要概念,衡量的是区域之间社会经济交往的便利程度。可达性是包括高速铁路在内的交通基础设施建设对区域发展产生影响的最直接方式,是研究高速铁路对区域经济影响的一项主要工具,可把可达性作为连接高速铁路与区域经济格局变化的“桥梁”。可达性的提高缩短了运输距离,减少了运输时间和费用,提升了区位优势,增强了对外联系和促进了生产要素的流动,促进和加快地区经济一体化进程,更有助于区域竞争力和战略地位提高。交通发展对城市可达性的影响也是国内外交通领域研究的热点问题之一。

国外尤其是欧洲较早开始关注高速铁路对区域可达性的影响。Gutiérrez(2001)采用加权平均出行时间、经济潜力和日常可达性三项指标,评估了马德里—巴塞罗那—法国边境高铁线对区域可达性格局的影响,其结果表明,高速铁路可以带来可达性的提升,且三个指标中,日常可达性指标最能体现高速铁路对可达性的影响,经济潜力指标次之,加权平均出行时间指标最末。Roger Vickerman(2006)研究指出高铁在西班牙缩短了相对距离,以更快的速度降低了出行成本,从而提高了区域的可达性与经济潜力。Martín(2007)等综述了既有关于高速铁路对欧洲城市影响的研究中采用的可达性指标，具体指标包括加权平均出行时间(表示区位关系)、市场潜力和日常可达性，以及采用数据包络分析(DEA)得到的全局可达性合成指标。该研究还引入了主成分分析法来合成多个可达性指标。Ureña(2009)等从国家、区域、地区三个尺度研究了高速铁路对大、中等城市可达性的影响，在国家和区域水平考察大、中等城市到达中心大都市的可达性，在地区水平上则把大、中等城市本身作为地区的中心城市考察可达性的变化。Martínez Sánchez-Mateos(2012)等分析了英国新建高速铁路可能导致的赢家和输家，指出一些地区可达性的改善相对较小，相对于其他可达性改善较大的地区而言，其相对可达性实际上是降低的，因此新建的高速铁路对这些地区造成了潜在的负面影响。

在国内，高速铁路被认为是加强区域职能分工、推动区域均衡发展的重要因素，因此高速铁路的可达性受到了广泛的关注。李琳、张家榕和段娅妮(2011)通过对武广高铁湖南境内段可达性的测算，认为武广高铁的开通显著提高了其沿线城市的可达性。孟德友和陆玉麒(2011)的研究表明，在四纵四横高速铁路网络框架下，河南各地市省际可达性得到了大幅度提升，高速铁路的出现改变了原有的区域可达性水平。蒋海兵(2014)基于GIS技术和空间数据库研究发现高铁可以从整体上提高区域公路的可达性水平，对缩短中心城市间的时间距离产生一定的作用。长三角地区是我国经济最发达的区域之一，各区域间的经济联系极为密切，高速铁路等交通基础设施建设也较发达。目前已有一些研究重点关注高速铁路对长三角地区可达性的影响。赵丹等(2012)测算了高速铁路对长三角城市群可达性空间格局的影响，但该研究仅采用了加权平均出行时间指标作为可达性的衡量工具。张莉等(2013)采用加权平均出行时间、经济潜力以及空间相互作用强度指标评价了沪宁城际高速铁路对区域内主要城市可达性的影响。汪德根等(2015)采用平均出行时间和日常可达性指标分析了高速铁路对长三角地区五大都市圈城市可达性的影响，未采用较为综合的经济潜力指标，且采用成本栅格方法测算出行时间，无法解决公路与铁路只能通过铁路站点连通或换乘的问题。现有的研究普遍以地级市为研究单位，不能反映出县区的可达性水平，此外，对于高铁引起的可达性变化与区域经济发展水平之间的关系研究还相对较少。

2. 高铁与服务业聚集的相关研究

高速铁路作为重要的交通基础设施，是区域之间资源要素流动的载体，其运行可以改善城市、区域经济发展和投资的环境，改善沿线地区的可达性和区位条件，对城市经济格局改变与产业聚集产生重要影响。近年来，高速铁路的快速发展对我国的社会经济产生了深刻的影响，高铁与服务业聚集之间的关系也引起了众多研究者的广泛关注。

国外学者较早关注高铁开通对服务业的影响研究。高铁通过提高区域可达性和交通运输能力，加速服务业要素空间流通，促进服务业发展和就业人口增加(Gerard M . A. ,1993)，同时 David A. J. (2013)及 Makoto O. K. (1997)分别以中国台湾和西班牙高铁为实证对象，测算高铁对服务业就业增长人数、办公面积增长率、区域可达率等的影响。实际上，高铁对于服务业各类型产业发展的影响都是非常明显的。Nakamura 和 Ueda(1989)利用统计方法分析日本“有”与“无”新干线情况，发现高铁建成后第三产业就业人口明显增长，尤其是服务业就业人口增长更为明显。国内关于高铁重建现代经济体系的研究起步较晚，理论和案例研究较为缺乏，对产业聚集影响的研究相对较少，主要集中在高铁对于旅游业和物流业发展的影响(汪军能，2015)。

在高铁对服务业聚集影响的机制方面，肖雁飞(2013)通过对 2011－2012 年武广高铁的旅客进行问卷调查，根据统计得出结论，调查的旅客中有 44.93%来自服务业，对于乘坐武广高铁的目的，以业务拓展、市场考察以及企业间的交流合作为主的达到 67.62%，证实高铁的开通加速了服务业从业人员的流动。同时，运用灰色预测和“有无对比法”定量分析，比较有无高铁情况下的客流量对服务业各项指标的影响，结果表明：2010 年，武广高铁开通对湖南服务业固定资产投资额、服务业就业人数、服务业增加值、第三产业增加值、城市化率的贡献率分别是 6.67%、2.57%、5.16%、5.90%、0.16%，说明武广高铁的开通确实对湖南服务业发展水平做出贡献。高铁对服务业投资、就业、产业发展水平等有促进作用，其中，对投资的拉大作用最大，对服务业就业人数和城市化水平的作用较小。

2.3　交通基础设施、就业与产业聚集的作用机理

2.3.1　交通基础设施促进就业的内在机理

交通基础设施作为投资的一个重要方面和企业的生产要素的一种，在建设和投入运营后会在多个方面促进经济发展，增加劳动力需求。本研究从以下几个方面阐释交通基础设施促进经济发展、增加劳动力需求的机制。

1. 投资的乘数效应

投资乘数反映了一定量的投资对经济整体发生的连锁反应和推动机制。交通基础设施会消耗大量的能源、建材、钢铁等物质资源，从而带动相关产业的规模扩张和劳动力需求增加，而能源、建材、钢铁等部门的扩张又会带来相关产业部门新一轮的扩张。产业扩张进一步导致劳动力需求增加、就业提升、收入增长，这又会拉动消费和服务部门的需求，推动就业增加。

2. 规模经济

交通运输成本的降低使区域内经济活动和对外联系获得了比较明显的成本优势，经济活动和生产要素开始不断地向这些区域聚集，区域内产业聚集带来了产品供给能力的提升和资源需求的增加，进而对交通运输发展提出新的要求以满足其市场范围的扩张，而交通运输的发展和完善再次降低了产品运输成本，进一步提升了区域经济的相对竞争优势。在交通基础设施的不断发展完善和经济规模的空间聚集过程中，运输成本下降带来的区域运输成本优势得到进一步强化，这进一步促进了经济的区域聚集。交通运输的发展带来的规模经济和聚集效益，为实现区域的比较优势创造了条件。

3. 扩大产品市场，促进专业化及分工

市场范围扩大到一定程度，经济活动的专业化开始，其中，交通基础设施的完善起着关键性的作用。从交通运输的发展路径能够看出，交通运输成本是随着技术和组织的革新而不断下降的，而市场范围则随着成本的下降而不断地增大。企业产品和服务的输出范围通常由交通运输的通达性所决定，运输成本的下降在促使企业生产不断获得规模经济效益的同时，通过单位距离运输成本的下降扩大了企业产品和服务的销售市场。同时，交通运输的发展还扩大了市场交易的商品范围，对于单个企业而言，新型运输工具和方式的出现提高了运输效率，企业运输成本的下降扩大了企业生产产品的种类和交易范围，在原有的市场价格水平下，企业会扩大生产规模，生产规模扩大进一步促进专业化分工，提高了生产效率。

4. 降低企业库存成本

通常情况下制造业企业为了满足连续性生产的需要而持有一定数量的原材料和半成品，这些库存的持有会产生一系列的成本，包括库存资金占用、库房租赁以及库存管理等费用。因此，库存水平过高，会给企业带来额外的成本负担，而库存水平不足，会影响到企业的连续性生产而造成损失，同时也会因为采购成本的增加产生额外的成本，包括订单处理成本、运输费用以及原材料价格波动带来的额外成本。因此，企业的最优库存决策需要解决的就是在保证连续生产的前提下使库存成本降至最低。而交通基础设施的改善能够减少运输时间和不确定性，缩短提前期，企业单次订货量因此减少，订货频率增加，库存水平降低。

5. 交通基础设施促进就业的内在机理

交通基础设施会从两个方面促进就业的增加：一方面，交通基础设施在勘探规划建设运营维护的过程中产生对劳动力及相关产业产品的需求，对相关产业产品的需求促进该产业的发展，进一步产生对劳动力的需求；另一方面，交通基础设施通过降低运输成本，缩短运输时间，使得厂商的市场范围扩大，企业生产规模扩大，生产环节分工细化，从业人员的专业化水平提升，企业生产产品的效率提高，并且交通基础设施的完善能够减少生产性企业的单次订货量，降低企业的库存资金占用，提升企业的效率。

交通基础设施能够通过直接和间接的效应促进劳动力需求的增加，具体如图 2.1 所示。

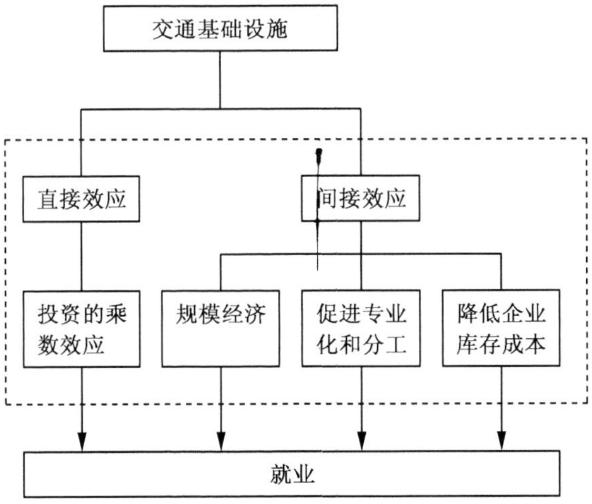

资料来源：作者整理。

图 2.1　交通基础设施促进就业的内在机理

2.3.2 高速铁路对产业聚集的作用机理

1. 高铁引起可达性的变化

可达性是国内外地理学、城市规划、交通研究等领域的重要概念，从辐射理论中发展而来。辐射理论以交通运输为核心发展，认为交通运输可看作经济对外辐射的路径和轨道，支撑了城市的经济发展。“可达性”衡量的是区域之间社会经济交往的便利程度，是包括高速铁路在内的交通基础设施建设对区域发展产生影响的最直接方式，是研究高速铁路对区域经济影响的一项主要工具，可作为连接高速铁路与区域经济格局变化的“桥梁”。研究可达性对于研究高速铁路对经济聚集的影响十分有必要。由于服务或资源等设施稀缺并且分布不均衡，要想达到资源的有效配置，起决定性的因素就是消费者的可达性。

高铁可达性影响研究基本可以归纳为两个方面：(1)可达性与经济发展。可达性的提高缩短了运输距离，减少了运输时间和费用，增强了对外联系和促进了生产要素的流动，促进和加快地区经济一体化进程，更有助于区域竞争力和战略地位提高。其中，可达性对于产业聚集的影响可以从市场和生产要素两方面考虑。市场效应即随着可达性的提高，信息成本和交易成本均减少，市场的影响范围逐渐扩大；生产要素效应即随着地区可达性和便利性的提高，服务业企业能够接近更大的要素市场，从而促进服务业的聚集。(2)可达性与空间差异。高速铁路虽然提升了区域整体的交通可达性水平，但对不同城市的影响则存在很大差异，导致了区域空间结构的非均衡变化。

高铁对城市可达性的影响是通过旅客对高铁出行的选择来实现的，而旅客对高铁的选择则需要考虑供需关系。从供给方面看，高铁所提供的运输产品是指在一定的时间内，实现旅客所需要的从起点到终点的位移服务；从需求方面看，旅客的需求是从起始地到最终目的地的移动服务。“可达性”通常可用日常通达性、加权平均时间和经济潜能三种指标进行描述。实际计算时，由于可达性不仅仅受空间阻隔的影响，还受该目的地的规模大小的正向影响，因此通常会考虑到高铁对不同等级城市可达性影响的不同，加上目的地权重。

2. 高铁的“时空收敛效应”

高速铁路凭借其速度优势有利于沿线各城市可达性水平的提高，从而缩短旅行时间、减少城市间的相对距离、加速要素的流动、提高资源配置的效率。可达性则可以通过时空压缩机制作用于时间、空间，缩短城市时空距离，产生“时空收敛效应”，成为引发全国区域经济格局转变的重要因素，促进区域内城市空间结构的演变。

高速铁路引发的空间效应主要包含两方面：一是高速铁路的开通使得区位条件得到改善，与未开通高铁的城市相比，“绝对区位”得到了提升；二是由于高速铁路发展过程中所产生的时空收敛效应非均衡，导致各城市“相对区位”存在较大差别，而这样的不平衡会进一步对城市空间格局产生影响。

高铁“时空收敛效应”提升“绝对区位”的作用主要表现为城市之间的经济联系强度得到了不断增强。我国高速铁路的大力发展促进了城市群的同城化效应，加快了城市群之间的经济交流，使城市与更大范围内市场和产业链之间的联系得到提升（王兰，2011），同时高速铁路网络化发展将优化资源在空间上的有效配置，改善城市的发展条件，提升城市的区位优势。因此，高速铁路可以为沿线城市的产业发展和结构升级带来巨大的促进作用（张楠楠和徐逸伦，2005）。对于服务业而言，高速铁路所产生的“时空压缩效应”有利于增强一个城市与其他区域的经济联系，从而扩大服务业的市场区域范围，通过提升城市区位优势影响服务业发展（张学良和聂清凯，2010）。

与此同时，国内外很多学者指出，高速铁路虽然提升了区域整体的交通可达性水平，但对不同城市的影响则存在很大差异，即高速铁路引起的交通区位变化在空间上呈现出非均衡现象。一方面，高铁缩短了城市间的时空距离，为要素流动节约了成本和时间，促进城市间的经济和社会联系，有助于区域经济一体化发展；另一方面，由于高速铁路网络建设的非均衡性，各城市在网络优化中的获益是不均衡的，从而导致其“相对区位”条件发生变化，对重塑区域和城市空间结构产生重要影响。

高铁“时空收敛效应”导致“相对区位”存在差异，主要表现在，高速铁路会强化城市群中心城市的区位条件，并加大与中小城镇可达性的差距，从而导致人口和经济要素向中心城市不断聚集。随着经济的不断发展，中国高速铁路的发展会引起城市之间剧烈的时空收缩和变迁，城市之间发展不平衡将成为中国空间经济重构的巨大挑战。

3. 高铁的“空间溢出效应”

溢出效应一般是指某一经济体的生产和消费活动对其他经济个体产生的一种伴生影响，这类影响可能是有益的，也可能是有害的。

高速铁路的投资建设，会刺激建设物资和相关服务等相关产业链的发展，对经济增长有直接的影响，同时能有效地降低居民的出行成本，提升其他行业的运行效率和运营质量。高速铁路的网络效应还意味着高速铁路的发展将推动本区域对外交流的增多，降低与其他区域的交易成本，增强本区域的区位优势，也就是产生空间效应，甚至可能会打破某些产业在各区域的原有布局，最终影响产业和经济的空间分布，这就是高速铁路的空间溢出效应。

空间溢出效应并非总是正向的。一方面，高速铁路网络的完善和发展扩大了各区域市场的规模，有利于劳动力、产品、资本各种生产要素在区域间的流动，以此带动知识和技术的传播，提高了各区域的技术效率，对经济的增长产生正向的促进作用。另一方面，高速铁路的网络效应会降低平均运输成本，使得区域间的贸易自由度得到改善，从而打破原先的产业均衡分布格局，使得经济活动发生聚集或扩散。

因此，空间溢出效应对区域经济增长的具体影响还取决于聚集和扩散在该区域中的地位，即该地区由于高速铁路的开通使得产业流入还是流出。Krugam(1999)认为，运输成本的降低将同时减弱促使聚集的向心力和促使扩散的离心力，但对向心力的影响更大，最终促使产业向一个地区集中，形成“中心—外围”结构。Venables(1996)则认为运输成本的下降使得离心力和向心力削弱的过程分为两个阶段：第一阶段，向心力超越离心力，产业向某一地区集中，经济结构的差距扩大；第二阶段，产业聚集达到一定水平，使得区域工资水平上升，人力资本的成本被推高，此时离心力大于向心力使产业向另一个区域转移和扩散。因此，对于不同时期不同区域来说，高速铁路两方面效应叠加而带来的空间溢出效应无法确定。

4. 高铁对产业聚集的作用机理

总的来说，本研究认为高速铁路的迅速发展可以直接反映为沿线各城市可达性水平的提高，而可达性的提高会通过时空压缩机制作用于时间、空间，缩短城市时空距离和旅行时间，加速要素的流动，提高资源配置的效率，从而产生“时空收敛效应”。高铁产生的“时空收敛效应”有利于增强一个城市与其他区域的经济联系，强化该城市的区位优势。“时空收敛效应”可以用城市经济联系强度来衡量。而当一个城市的区位优势增强，就会产生“空间溢出效应”，打破某些产业在各区域的原有布局，最终影响产业和经济的空间分布。由于空间溢出效应不总是正向的，运输成本的降低会同时削弱促使聚集的向心力和促使扩散的离心力，高速铁路两方面效应叠加而带来的空间溢出究竟是导致聚集还是分散，需要依据具体的时期和区域而定，具体如图 2.2 所示。

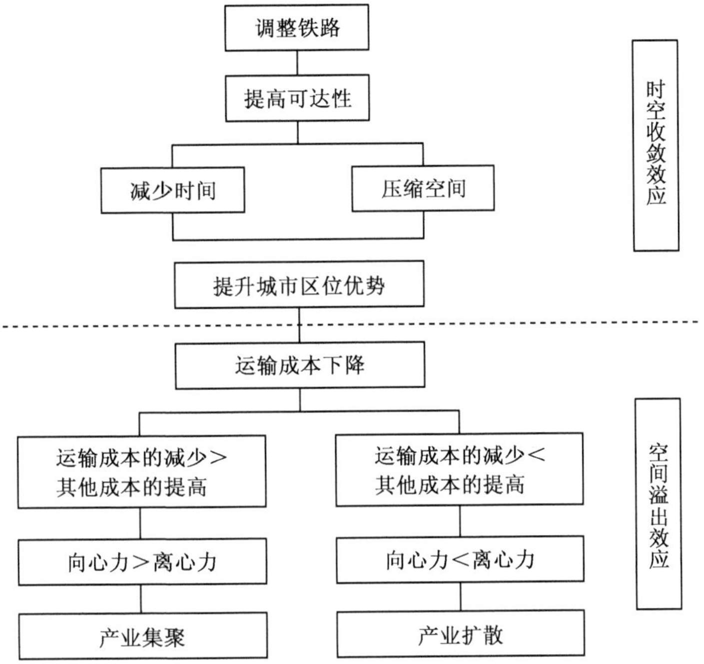

资料来源：作者整理。

图 2.2　高速铁路对产业聚集的作用机制

第3章

交通基础设施对就业的影响

3.1 变量选取、模型构建与数据来源

3.1.1 变量选取

省域面板数据回归模型中的被解释变量、解释变量及控制变量如表3.1所示。

表3.1 模型中的被解释变量、解释变量及控制变量

变量类别	变 量	字符表示	单 位
被解释变量	就业人数	tot	万人
解释变量	交通基础设施	transport	公里
控制变量	GDP	GDP	亿元
	GDP增长率	growth	%
	第三产业占比	ptertiary	%
	城市化率	urbanization	%

资料来源:作者整理。

1. 高速公路

本研究的核心解释变量是交通基础设施,在以往的文献中,对交通基础设施的衡量主要有两个方面:一是通过交通基础设施的公共投入来衡量,但是这种方

式面临着诸多的问题，由于在交通基础设施投资中，公共投入只占其中的一部分，许多交通基础设施是有私人投资参与(Gramlich，1994)，因此用这种指标衡量交通基础设施就会产生测量偏差；二是通过交通基础设施的存量来衡量，即交通基础设施的当期里程总数或者资本存量。Demurger(2001)和 Fleisher(2009)利用交通密度来衡量交通基础设施，在计算上采用公路、铁路以及内河航道里程之和除以各地区面积，但是由于内河航道大多是天然存在的，对于内河航道的投资会增加通过能力，而航道里程的变化不大，因此利用航运里程来衡量交通基础设施会产生误差。在本研究中，利用铁路和公路里程之和来衡量交通基础设施。

2. GDP 及 GDP 增长率

经济增长产生对劳动力的需求，拉动就业增加；反过来，就业的增加会促使产出增加，进而推动经济增长，两者之间是相互作用、相互影响的(Rawski，2001)。在本研究中，利用 GDP 来衡量一个地区的经济体量，利用 GDP 增长率来衡量一个地区的经济发展速度。

3. 产业结构

第二产业中劳动密集型企业会由于租金、工资成本上升等原因而转移至其他地区，只能在短期内促进就业，而第三产业由于其高服务化和高知识化的特征，能够吸引大量的劳动力，对就业具有长久的促进作用，并且其自身特征决定了创新活动比较多，产业发展具有活力，会吸引人才、企业的进一步聚集(Robert A. Carter，1988)。在本研究中，用第三产业的产值占当年总产值的比重来衡量一个地区的产业结构。

4. 城市化水平

城市化水平的提升能够扩大产业规模，提高劳动力需求(Robert A. Carter，1988)，有些学者进一步指出产业规模的提升能够有效吸纳农村劳动力，解决农村劳动力剩余问题(Xiangzheng Deng，2008)。在本研究中，利用城市化率来衡量地区的城市化水平。

3.1.2　模型构建

交通基础设施的完善能够促使运输成本降低、企业市场范围扩大。交通基础设施相对完善的区域或者经济发达地区的企业获得相对竞争优势，得到更好的发展，而交通基础设施不够完善的地区则面临着较高的成本。为了获取比较优势，企业会向交通基础设施便利的区域聚集，而交通不够便利的地区及经济发展相对滞后的地区则面临着人口流出，因此交通基础设施对不同地区的影响程度不同，而对省域层面的考察则是这些因素综合作用的体现。为了分析交通基础设施对就业的总体影响，本研究以 Chandra A. 和 Thompson E.（2000）在研究中用到的模型为基础，构建模型如式（3.1）所示：

$$employment = \alpha + \beta transport + \gamma X + \mu \quad (3.1)$$

employment 代表各产业（行业、部门）就业，transport 代表交通基础设施，X 代表影响就业的其他变量，包括 GDP、GDP 增长率、城市化率，考虑到产业结构的变化会影响到总体就业，在对总体就业的回归分析中加入了产业结构因素（第三产业产值占 GDP 的比重），将模型展开可得模型（3.2）。

$$\ln(employment_{it}) = \alpha + \beta_1 \ln(transport_{it}) + \beta_2 \ln(GDP_{it}) + \beta_3 growth_{it} + \beta_4 ptertiary_{it} + \beta_5 urbanization_{it} + \mu_{it} \quad (3.2)$$

部分影响就业的因素没有在模型中考虑到，这些因素中，有随时间变化而变化的，如经济发展速度、国家政策；也有部分反映地方特征的，如自然条件、到沿海的距离，这些因素因为无法量化或者其他的因素没有涵盖在模型中，但也会直接或间接地影响就业，回归分析时涵盖在误差项中，如模型（3.3）所示。

$$\mu_{it} = \mu_i + v_t + \delta_{it} \quad (3.3)$$

其中，μ_i 代表不随时间变化而变化的因素，反映个体固定效应；v_t 则代表随时间变化而变化的因素，反映时间效应。

3.1.3　数据来源

本研究数据来源于《中国统计年鉴》《中国交通年鉴》《新中国 60 年统计资料汇编 1949—2008》，数据涵盖的时间范围从 1997 年至 2013 年。重庆由于部分年份数据缺失，与四川合并；西藏由于部分年份数据缺失而被剔除。

3.2　描述性统计分析

由于模型中部分变量的对数值可能为负，无法判断是否存在异常值或者离群值，因此，只计算了变量的原始值统计量。从统计量中可以看出，变量不存在异常值，数据为平衡面板，总计 493 个观测值。

描述性统计分析如表 3.2 所示。

表 3.2　　变量的描述性统计分析

变量	N	Mean	sd	min	p50	max
tot	493	2 489.560	1 742.143	254.800	2 106.100	6 685.437
primary	493	1 107.317	858.133	34.771	886.500	3 861.500
second	493	629.298	561.650	30.500	418.940	2 857.482
tertiary	493	765.340	532.740	56.300	649.800	2 441.609
circu	493	64.957	79.798	2.630	42.610	602.580
proliv	493	356.670	455.601	10.930	251.500	4 319.630
scrq	493	53.178	33.776	2.150	50.440	138.800
pn	493	36.052	26.530	0.040	32.780	110.100
agricul	493	70.597	280.714	0.140	8.250	3 022.360
min	493	19.425	22.082	0.030	10.160	123.860
manu	493	137.170	140.186	3.300	98.660	1 019.730
con	493	44.348	54.469	0.060	28.400	402.440
egw	493	9.931	7.557	0.470	8.860	79.870
tsp	493	27.848	34.324	1.000	19.150	318.120
wr	493	37.109	56.570	0.840	21.000	441.090
fin	493	12.697	9.274	0.770	10.960	47.610
re	493	5.697	6.873	0.060	3.340	52.500
transport	493	100 000.000	96 000.000	112.129	72 000.000	640 000.000
GDP	493	4 274.028	4 965.694	83.140	2 689.280	36 000.000
growth	464	0.170	0.079	0.031	0.160	0.476
ptertiary	493	0.370	0.090	0.044	0.370	0.732
urbanization	493	0.438	0.191	0.000	0.430	0.896

资料来源:作者计算整理。

从时间段来看,随着交通基础设施的完善,第一产业的就业人数减少,而第二和第三产业的就业人数增加。交通基础设施的完善推动了就业由第一产业向第二和第三产业的转移,促进了第二和第三产业发展。

从单个时间点来看,如 2013 年,交通基础设施越完善的地区,三次产业就业人数越多。部分地区由于文化、地理、历史的因素导致经济发展水平较高,国家在财政支出上的倾斜及地方政府的投资使得交通基础设施建设较为完善，而较高的经济发展水平也吸引了其他地区人口的流入，使得从事三次产业的就业人数增多。完善的交通基础设施也能够吸引劳动力流入，提高劳动力的供给。以上因素综合作用使得交通基础设施完善的地区就业人数也相对较多。

3.3 交通基础设施对就业的影响分析

3.3.1 交通基础设施对总体就业的影响

从全国范围来分析交通基础设施对总体就业的影响，采用固定效应估计模型，加入控制变量以控制其他影响就业的因素，回归结果如表 3.3 所示。

表 3.3 交通基础设施对总体就业影响的估计结果

变 量	(1)	(2)	(3)	(4)	(5)
lntransport	0.066 4**	0.014 2**	0.014 9**	0.012 7**	0.013 5**
	(0.035 8)	(0.008 3)	(0.009 8)	(0.012 0)	(0.011 9)
lnGDP		0.123 8***	0.134 6***	0.120 9***	0.112 2***
		(0.015 4)	(0.017 6)	(0.015 0)	(0.012 4)
growth			0.037 5	0.065 6	0.064 1
			(0.030 8)	(0.058 4)	(0.060 5)
ptertiary				0.564 3*	0.594 9*
				(0.313 0)	(0.314 4)
urbanization					0.076 5
					(0.049 0)
Constant	6.780 1***	6.705 0***	6.629 7***	6.486 6***	6.519 0***
	(0.396 5)	(0.111 2)	(0.123 8)	(0.174 8)	(0.173 3)
Observations	493	493	464	464	464
R-squared	0.206 8	0.656 6	0.674 3	0.699 2	0.707 4
Number of province	29	29	29	29	29

注：***、**、* 分别表示在 1%、5%、10%的水平上显著，括号内为标准差。

资料来源：作者计算整理。

从模型拟合程度来看，在模型(2)中加入当年生产总值的指标后，拟合优度从 0.206 8 增加到 0.656 6，说明 GDP 对就业的解释力度较强，并且系数在 1%水平上显著，在加入其他的控制变量之后，其系数仍然在 1%的显著性水平上显著，对就业具有明显的促进作用。对于交通基础设施来说，在加入 GDP 之后，系数由 0.066 4 降低至 0.014 2，在模型(3)、(4)、(5)中加入其他的控制变量以后其系数稳定在 0.01 左右，模型比较稳健；其他的控制变量中，产业结构(第三产业产值占 GDP 的比重)能够显著地促进就业增长，这与理论预期相符。

交通基础设施的完善对就业具有直接和间接的促进效应。首先，交通基础设施在勘察、建设、运营、维护的各个环节都会产生劳动力需求，促进就业的增长；其次，在交通基础设施开通运营后，其网络性特征会使得相邻地区的联系更加紧密，人员、资金流动更加密切，经济运营效率更高，核心区域和经济发展程度较高的地区具有比较优势会吸引劳动力流入，而经济发展程度不高的地区则会出现劳动力流出现象，在劳动力流出的同时，具有相对比较优势的行业保留下来，行业中企业的盈利水平提高，对劳动力的需求增加。

从总体上来看，交通基础设施能够优化资源配置，促进经济要素流动，提高经济发展效率，推动就业增加。

3.3.2　交通基础设施对三次产业就业的影响

1. 交通基础设施对第一产业就业的影响

交通基础设施对第一产业就业影响的估计结果见表 3.4。

表 3.4　　交通基础设施对第一产业就业影响的估计结果

变　量	(1)	(2)	(3)	(4)
lntransport	$-0.097\,1^{***}$	$-0.055\,8^{***}$	$-0.050\,8^{***}$	$-0.049\,2^{***}$
	(0.034 5)	(0.016 0)	(0.014 4)	(0.015 1)
lnGDP		$-0.063\,4^{**}$	$-0.073\,8^{***}$	$-0.059\,2^{**}$
		(0.024 4)	(0.026 1)	(0.024 1)
growth			0.057 4	0.070 3
			(0.067 4)	(0.066 7)
urbanization				−0.138 9
				(0.088 7)

续表

变　量	(1)	(2)	(3)	(4)
Constant	7.634 9***	7.673 4***	7.693 6***	7.620 6***
	(0.381 1)	(0.268 5)	(0.260 4)	(0.257 9)
Observations	493	493	464	464
R-squared	0.242 6	0.307 4	0.319 5	0.334 5
Number of province	29	29	29	29

注：***、**、* 分别表示在1%、5%、10%的水平上显著，括号内为标准差。

资料来源：作者计算整理。

在所有模型中，交通基础设施的系数一直在1%水平上显著为负，在加入GDP之后，模型的拟合优度提高至0.307 4，GDP对就业有较强的解释力。

交通基础设施的完善能够提高地区的可达性，将不同的地区联系起来。由于我国二元社会结构的特征，广大的农村及偏远地区中有大量的青壮年劳动力，但是由于交通不便、信息闭塞、缺少就业机会，只能留在农村。当交通基础设施完善之后，他们能够很方便地到达临近的区域中心城市或者沿海发达地区，这些地区具有较多的就业机会。

因此，大量农村地区的青壮年劳动力向经济发达地区迁徙，从事第二和第三产业，导致第一产业的从业人员减少。

2. 交通基础设施对第二产业就业的影响

交通基础设施对第二产业就业影响的估计结果见表3.5。

表3.5　　交通基础设施对第二产业就业影响的估计结果

变　量	(1)	(2)	(3)	(4)
lntransport	0.121 4*	0.017 6	0.007 2	0.003 8
	(0.068 2)	(0.027 0)	(0.020 5)	(0.021 8)
lnGDP		0.159 4***	0.201 8***	0.169 3***
		(0.034 0)	(0.035 6)	(0.037 0)
growth			0.113 8	0.084 8
			(0.108 8)	(0.095 2)
urbanization				0.310 3**
				(0.150 0)

续表

变　量	(1)	(2)	(3)	(4)
Constant	4.654 9***	4.558 2***	4.309 5***	4.472 5***
	(0.753 9)	(0.339 1)	(0.326 5)	(0.342 0)
Observations	493	493	464	464
R-squared	0.181 5	0.377 1	0.449 2	0.484 0
Number of province	29	29	29	29

注：***、**、*分别表示在1%、5%、10%的水平上显著，括号内为标准差。

资料来源：作者计算整理。

模型(1)中交通基础设施的系数显著为正，而在模型(2)中加入 GDP 后系数不显著，交通基础设施对就业的影响部分是由于 GDP 对交通基础设施具有一定的促进作用，通过交通基础设施表示出来；控制变量中，城市化率对就业有明显的促进作用。

GDP 的增长能够促进就业的增加，这已经取得了学界的广泛共识。由于在本研究中只是考察当期交通基础设施存量对当期就业的影响，而交通基础设施是一种长期公共品，对经济的促进作用只有在长期才能显现出来。交通基础设施的完善能够提高地区的可达性，吸引投资，提升劳动力需求；交通基础设施的完善也会加快人员流动，为沿线地区带来消费、投资的需求，而这些都会创造就业机会。但是，这些影响是通过时间慢慢显现出来的。比如说，交通基础设施的完善使得运输成本降低、运输效率提高，吸引企业投资。但是，这些优势需要一定的时间才能逐渐被认识到。企业的重新选址也需要一定的时间，并且基础设施建设只是促进投资的诸多因素之一，在其建设过程中往往还伴随着工业园区的建设，这些也需要时间。

所以短期内，交通基础设施的影响不够明显，只有从长期来看，其对第二产业的促进作用才会显现出来。

3. 交通基础设施对第三产业就业的影响

交通基础设施对第三产业就业影响的估计结果见表 3.6。

表 3.6　　交通基础设施对第三产业就业影响的估计结果

变　量	(1)	(2)	(3)	(4)
lntransport	0.195 3*	0.001 5	−0.002 5	−0.003 2
	(0.096 9)	(0.013 7)	(0.011 2)	(0.011 4)
lnGDP		0.297 5***	0.314 0***	0.307 3***
		(0.021 3)	(0.023 6)	(0.025 8)
growth			−0.094 5*	−0.100 5*
			(0.053 4)	(0.057 6)
urbanization				0.063 4*
				(0.045 5)
Constant	4.192 9***	4.012 3***	3.938 0***	3.971 3***
	(1.072 2)	(0.183 0)	(0.201 9)	(0.209 9)
Observations	493	493	464	464
R-squared	0.336 8	0.825 8	0.821 9	0.823 0
Number of province	29	29	29	29

注：***、**、* 分别表示在 1%、5%、10%的水平上显著，括号内为标准差。

资料来源：作者计算整理。

模型(1)中，交通基础设施的系数显著为正，拟合优度为 0.336 8，对就业的解释力较弱，但是当加入 GDP 后，其系数变得不再显著，拟合优度提升至 0.825 8，对就业的解释程度大大提高。GDP 的系数在 1%的水平上显著，对第三产业就业具有明显的促进作用。在加入 GDP 增长率与城市化率之后，系数变化不大，对就业仍然具有明显的促进作用，GDP 是影响该产业就业的重要因素。

由于第三产业包括生产型服务业与生活型服务业，主要分布在城市中，而本研究中衡量交通基础设施的指标(公路里程与铁路里程之和)多为连接不同地区，其发展和完善会加快经济要素流动，促进不同地区的人员、资金、信息的流动，而对服务业没有明显的影响；城市由于人口聚集，为第三产业的发展提供了劳动力来源及较大的市场需求，城市化率的提升往往也伴随着更多的劳动力从事第三产业，意味着有更多的人口从事除农业之外的工业与服务业，而服务业由于其自身的特点能够吸纳大量的劳动力，所以城市化率的提升往往也伴随着第三产业从业人员的增加。

3.3.3　交通基础设施对四部门就业的影响

以上分析了交通基础设施对三次产业就业的影响，但是对产业内部的具体影响程度无法得知，由于第一产业（农、林、牧、副、渔业）和第二产业（制造业、建筑业、采掘业、电力、燃气及水的生产和供应业）涵盖的行业较少，交通基础设施的完善对其影响的差异较小，而第三产业包含众多的行业，各个行业在经营环节中对交通运输的需求差别较大。为了进一步探讨交通基础设施对第三产业就业的具体影响，本研究参考国家统计局关于第三产业的划分意见，把第三产业进一步划分为四个部门，分别为流通部门、为生产和生活服务的部门、为提高科学文化水平和居民素质服务的部门、为社会公共需要服务的部门。

分部门考察交通基础设施对四部门就业的影响。

1. 交通基础设施对流通部门就业的影响

交通基础设施对流通部门就业影响的估计结果见表 3.7。

表 3.7　交通基础设施对流通部门就业影响的估计结果

变　量	(1)	(2)	(3)	(4)
lntransport	0.292 6**	0.037 3	0.076 1**	0.073 4*
	(0.116 9)	(0.024 4)	(0.036 8)	(0.038 6)
lnGDP		0.391 8***	0.174 7***	0.149 7***
		(0.041 4)	(0.046 8)	(0.050 2)
growth			0.506 6*	0.528 9*
			(0.261 6)	(0.273 0)
urbanization				−0.238 4
				(0.165 0)
Constant	6.899 3***	7.137 2***	5.719 3***	5.594 0***
	(1.293 1)	(0.327 7)	(0.430 5)	(0.462 0)
Observations	493	493	464	464
R-squared	0.121 7	0.258 2	0.124 8	0.128 4
Number of province	29	29	29	29

注：***、**、* 分别表示在 1%、5%、10%的水平上显著，括号内为标准差。

资料来源：作者计算整理。

除了模型(2)以外,交通基础设施的系数均在10%水平上显著为正,对该部门就业具有明显的正向影响;GDP及GDP增长率对流通部门就业具有显著的正向影响,城市化率对该部门就业的影响则不够显著。

流通部门负责物件和信息传递,服务于商品的生产、运作以及销售,包括交通运输业、邮电通信业、商业饮食业、物资供销和仓储业。由于在该部门负责物件和信息的传递,对交通运输条件的变化比较敏感,交通基础设施的完善会营造一个良好的外部环境,降低运输成本,缩短运输时间,使得货物的流通更加便利、运输效率提高,间接地促使该部门经营效率改善,对劳动力的需求增加。

2. 交通基础设施对为生产和生活服务的部门就业的影响

交通基础设施对为生产和生活服务的部门就业影响的估计结果见表3.8。

表3.8　交通基础设施对为生产和生活服务的部门就业影响的估计结果

变　量	(1)	(2)	(3)	(4)
lntransport	0.029 7	0.059 5	0.014 6	0.014 0
	(0.025 8)	(0.082 1)	(0.021 8)	(0.021 8)
lnGDP		0.136 8*	0.168 0***	0.161 7***
		(0.068 7)	(0.053 6)	(0.054 6)
growth			1.163 1***	1.157 4***
			(0.245 7)	(0.248 7)
urbanization				0.060 2
				(0.156 4)
Constant	5.722 3***	5.805 3***	3.633 0***	3.664 6***
	(0.285 5)	(0.522 4)	(0.406 5)	(0.401 3)
Observations	493	493	464	464
R-squared	0.001 7	0.025 0	0.131 7	0.132 0
Number of province	29	29	29	29

注:***、**、*分别表示在1%、5%、10%的水平上显著,括号内为标准差。

资料来源:作者计算整理。

在上面的回归结果中,交通基础设施的系数均不显著,而GDP、GDP增长率的系数均在10%的水平上显著,对就业具有明显的促进作用;城市化率的系数不显著,对该部门就业的促进作用不明显。

为生产和生活服务的部门包括批发和零售业、交通运输，仓储和邮政业、住宿和餐饮业、信息传输，软件和信息技术服务业、金融业、房地产业、租赁和商务服务业、科学研究和技术服务业等以增值为目的的企业，其中生产型服务业具有一定的技术性，依附于制造业而存在，是与制造业直接相关的配套产业，是为保持工业生产过程的连续性、促进工业技术进步、产业升级和提高生产效率提供保障服务的服务行业。由于要对制造业提供专业服务，在业务活动中会涉及专业技术，因此其本身具有聚集发展的倾向，而生活型服务业直接向居民提供消费产品和服务，其本身的发展受人口的影响较大，受到交通方面的影响较小。由于在上面的回归分析中是考察交通基础设施对这些行业总体的影响，因此得出的结论符合理论预期。

3. 交通基础设施对为提高科学文化水平和居民素质服务的部门就业的影响

交通基础设施对为提高科学文化水平和居民素质服务部门就业影响的估计结果见表 3.9。

表 3.9　交通基础设施对为提高科学文化水平和居民素质服务部门就业影响的估计结果

变　量	(1)	(2)	(3)	(4)
lntransport	0.029 8	−0.055 8**	−0.055 0**	−0.054 6**
	(0.037 3)	(0.023 6)	(0.024 3)	(0.025 4)
lnGDP		0.131 4***	0.141 5***	0.145 1***
		(0.039 6)	(0.035 7)	(0.034 3)
growth			0.129 2	0.132 4
			(0.143 9)	(0.143 2)
urbanization				−0.035 1
				(0.141 8)
Constant	3.318 0***	3.238 3***	3.126 6***	3.108 1***
	(0.412 5)	(0.291 9)	(0.248 1)	(0.276 5)
Observations	493	493	464	464
R-squared	0.006 5	0.085 8	0.084 7	0.085 0
Number of province	29	29	29	29

注：***、**、* 分别表示在 1%、5%、10%的水平上显著，括号内为标准差。

资料来源：作者计算整理。

总体上来看,交通基础设施的系数在模型(2)—(4)中均显著为负,从拟合优度来看,在模型(2)、(3)、(4)中,拟合优度在8%—9%之间,只能解释该部门就业的较小部分的波动。

该部门包括教育、文化、广播电视业、科学研究、国家机关、社会团体、党政机关等,多属于国家部门和党政机关,其从业人数受外部的影响较小,而受国家政策的影响较大,因此,交通基础设施的发展和完善对该部门就业的影响较小。而模型的实证分析结果则与理论分析不符,部分原因可能是遗漏重要的变量而影响了现有模型对该部门就业的解释力度,并且遗漏变量使得模型估计存在偏差,从而导致系数为负。

4. 交通基础设施对为社会公共需要服务的部门就业的影响

交通基础设施对为社会公共需要服务的部门就业影响的估计结果见表3.10。

表3.10　　交通基础设施对为社会公共需要服务的部门就业影响的估计结果

变　量	(1)	(2)	(3)	(4)
lntransport	−0.008 4	−0.019 6	−0.018 2	−0.015 1
	(0.034 6)	(0.047 8)	(0.036 3)	(0.038 5)
lnGDP		0.017 1	−0.030 6	−0.001 5
		(0.032 2)	(0.028 8)	(0.027 3)
growth			−0.791 1***	−0.765 2***
			(0.247 6)	(0.245 7)
urbanization				−0.277 2***
				(0.096 3)
Constant	3.218 7***	3.208 3***	3.711 3***	3.565 7***
	(0.382 4)	(0.421 9)	(0.382 6)	(0.399 1)
Observations	493	493	464	464
R-squared	0.000 0	0.000 2	0.005 3	0.006 6
Number of province	29	29	29	29

注:***、**、*分别表示在1%、5%、10%的水平上显著,括号内为标准差。

资料来源:作者计算整理。

公共服务包括城乡公共设施建设、教育、科技、文化、卫生、体育等公共事业,是国家以及社会为社会公众参与社会经济、政治和文化活动提供保障而提供的服务。公共服务以合作为基础，强调政府的服务性，其按照内容和形式可分为基础公共服务、经济公共服务、公共安全服务以及社会公共服务。基础公共服务是指通过国家介入或者公共资源投入，为公民或者组织提供生产、生活、发展和娱乐等所需要的基础性服务。经济公共服务是指通过国家权力介入或者公共资源投入为公民或企业从事经济发展活动所提供的各种服务。公共安全服务则是指为公民提供的安全服务，如军队、警察和消防等服务。社会公共服务是指为满足社会发展活动的需要所提供的服务，包括教育、医疗、社会保障以及环境保护等领域。

公共服务反映了一个国家或地区的基本公共服务供给情况，是人民生活的重要保障，有利于缓解目前中国面临的各种社会问题，强化政府的服务职能，改善我国的公共服务状况，缓解我国当前经济社会中面临的突出矛盾。

在上面的回归分析中，交通基础设施总体上不显著，对公共服务没有明显影响，部分原因可能是因为公共服务是由国家提供，具有一定的稳定性，其行业就业人数受其他因素的影响较小，而与国家的重视程度以及投入的公共资源相关性较强。

3.3.4　交通基础设施对八个细分行业就业的影响

上面的分析中已经分产业，并进一步对第三产业分部门研究了交通基础设施变化的影响，为了更进一步地了解交通基础设施的影响，考察交通基础设施的就业效应，从三次产业中按照就业排名选取了八个细分行业做进一步的研究。

从第一产业中选择农业，第二产业中选择制造业、采掘业、电力煤气与水产品供应业、建筑业，在第三产业中选择金融保险业、批发和零售业、交通运输业，分别考察交通基础设施对这些行业就业的影响。

1. 交通基础设施对农业就业的影响

交通基础设施对农业就业影响的估计结果见表 3.11。

表 3.11　　交通基础设施对农业就业影响的估计结果

变　量	(1)	(2)	(3)	(4)
lntransport	$-0.705\,8^{**}$	$-0.170\,4^{*}$	$-0.076\,7^{*}$	$-0.083\,8^{*}$
	(0.337 6)	(0.160 7)	(0.062 9)	(0.060 0)
lnGDP		$-1.345\,0^{***}$	$-0.797\,4^{***}$	$-0.731\,9^{***}$
		(0.141 2)	(0.131 3)	(0.132 9)

续表

变　量	(1)	(2)	(3)	(4)
growth			1.507 3*	1.565 7*
			(0.755 5)	(0.788 1)
urbanization				−0.624 7*
				(0.334 5)
Constant	10.032 0**	10.848 4***	7.188 6***	6.860 3***
	(3.733 6)	(1.190 1)	(0.896 8)	(0.900 9)
Observations	493	493	464	464
R-squared	0.134 1	0.438 9	0.321 1	0.327 4
Number of province	29	29	29	29

注：***、**、* 分别表示在1%、5%、10%的水平上显著，括号内为标准差。

资料来源：作者计算整理。

交通基础设施的系数在所有的模型中均显著为负，与 GDP 具有相同的影响方向，这与上面对第一产业的回归结果相似。交通基础设施的发展和完善使得地区通达性提高，要素流动加快，经济发展水平相对较低的农村地区收入较低，而经济发展水平较高的区域性城市和东南沿海地区能够提供较多的就业机会及较高的收入而吸引劳动力流入，导致就业由第一产业转移至第二和第三产业，农业从业人数减少。

由于我国长期实行计划生育政策，人口自然增长率保持在较低的水平，劳动力增长对经济增加的贡献较低，农村青壮年劳动力向第二和第三产业的转移对经济的发展具有巨大的促进作用。

目前我国处于大力推动城市化与工业化的关键阶段，促进农村人口向东部沿海城市或者区域中心城市流动是推动工业化及城市化的一个必然选择，需要国家及地方政府的积极推动。

2. 交通基础设施对制造业就业的影响

交通基础设施对制造业就业影响的估计结果见表 3.12。

表 3.12　　交通基础设施对制造业就业影响的估计结果

变　量	(1)	(2)	(3)	(4)
lntransport	−0.052 5	0.053 7	0.028 8	0.026 1
	(0.041 2)	(0.045 2)	(0.018 2)	(0.018 0)
lnGDP		−0.163 0***	0.027 6	0.002 9
		(0.043 3)	(0.043 6)	(0.041 7)
growth			1.017 1***	0.995 1***
			(0.235 6)	(0.229 7)
urbanization				0.235 2
				(0.168 1)
Constant	4.976 7***	5.075 6***	3.635 4***	3.759 0***
	(0.455 9)	(0.397 7)	(0.419 4)	(0.411 4)
Observations	493	493	464	464
R-squared	0.009 1	0.064 3	0.066 8	0.074 4
Number of province	29	29	29	29

注：***、**、* 分别表示在 1%、5%、10%的水平上显著，括号内为标准差。

资料来源：作者计算整理。

交通基础设施的系数均不显著，对于 GDP 来说，在加入 GDP 增长率后其系数变得不再显著；而 GDP 增长率的系数均在 1%的水平上显著，对制造业就业具有明显的促进作用；城市化率的系数不显著，对制造业就业没有明显的影响。

与对第二产业的分析类似，交通基础设施能够在长期内促进制造业就业增加，制造业对土地租金、价格以及工人工资较为敏感。通常从理论上来说，交通基础设施的完善能够提升一个地区的土地价值，使得土地成本、厂房租金上升，这就会导致制造业企业向土地成本较低的区域转移。但是这个过程需要一定的时间，制造业在一个地区的聚集不是在短时期内完成的，而是各种因素的综合作用。

同样，制造业企业的迁徙也是各种因素综合作用的结果，交通基础设施只是其中的一个影响因素。就业是一个国家经济发展的重要指标之一，就业的增加通常也意味着经济向好；反过来，经济发展也会促使就业的增加。

对于我国来说，自从加入世贸组织之后，面临着前所未有的巨大市场，国家一方面通过出口退税及各种政策优惠鼓励出口，另一方面大力引进外资，而外资中有相当一部分属于制造业企业，这些因素可促使我国经济的快速发展。因此经济发展与制造业的就业是一个事物的两个方面，两者表现出较为明显的正相关关系，这与实证的分析结果相符。

3. 交通基础设施对采掘业就业的影响

交通基础设施对采掘业就业影响的估计结果见表 3.13。

表 3.13　　交通基础设施对采掘业就业影响的估计结果

变　量	(1)	(2)	(3)	(4)
lntransport	−0.067 4*	−0.003 1	−0.032 9	−0.030 0
	(0.033 2)	(0.057 3)	(0.019 5)	(0.019 0)
lnGDP		−0.108 3	0.070 0	0.097 1
		(0.069 9)	(0.051 4)	(0.057 4)
growth			1.069 4***	1.093 6***
			(0.232 6)	(0.227 1)
urbanization				−0.258 1
				(0.248 3)
Constant	2.849 2***	2.915 0***	1.692 7***	1.557 0***
	(0.366 9)	(0.482 1)	(0.374 9)	(0.403 0)
Observations	493	493	464	464
R-squared	0.013 3	0.034 9	0.062 3	0.069 9
Number of province	29	29	29	29

注：***、**、* 分别表示在 1%、5%、10%的水平上显著，括号内为标准差。

资料来源：作者计算整理。

交通基础设施对采掘业就业的影响在模型(2)、(3)、(4)中不显著，在所有的模型中系数均为负。交通基础设施对该部门有一定的影响，但是影响不够明显；控制变量中，GDP 增长率对采掘业就业具有明显的正向作用，GDP 和城市化率对采掘业就业没有明显的影响。

总体来说，交通基础设施的发展和完善会削弱该行业的发展。由于采掘业是开采各种原料、燃料的工业部门，以自然界的天然物质为开采对象，包括石油天然气开采、煤炭开采、矿产开采，其工作环境恶劣、福利条件较差，当交通基础设施完善之后，与外界的交通更加便利，就业机会增多，部分劳动力出于收入、工作环境等考虑而选择再就业，使得该行业面临劳动力流失的压力。

4. 交通基础设施对电力、煤气与水产品供应业就业的影响

交通基础设施对电力、煤气与水产品供应业就业影响的估计结果见表 3.14。

表 3.14　交通基础设施对电力、煤气与水产品供应业就业影响的估计结果

变　量	(1)	(2)	(3)	(4)
lntransport	0.074 6	−0.060 8***	−0.067 0***	−0.063 9***
	(0.061 1)	(0.019 1)	(0.017 9)	(0.018 4)
lnGDP		0.207 8***	0.211 4***	0.240 9***
		(0.030 5)	(0.023 7)	(0.031 1)
growth			−0.332 0	−0.305 8
			(0.296 6)	(0.288 3)
urbanization				−0.281 1*
				(0.160 4)
Constant	1.134 9	1.008 7***	1.104 3***	0.956 6***
	(0.675 9)	(0.269 3)	(0.284 6)	(0.316 7)
Observations	493	493	464	464
R-squared	0.018 3	0.106 9	0.102 9	0.110 4
Number of province	29	29	29	29

注：***、**、* 分别表示在 1%、5%、10%的水平上显著，括号内为标准差。

资料来源：作者计算整理。

交通基础设施的系数在模型(2)、(3)、(4)中均在 1%的水平上显著为负；而 GDP 的系数在 1%水平上显著为正，对该行业就业具有明显的推动作用。经济的增长能够推动该行业发展，提升劳动力需求。

由于电力、煤气及水产品供应业提供生产和生活所需的产品，属于城市公共产品供应，受交通的影响较小，而受一个地方人口的影响较大。

交通基础设施的发展与完善在理论上对该行业不会有明显的影响，但是，实证结果却与此相反。模型的拟合优度在加入 GDP 后介于 10%～11%之间，解释力度较弱，只能解释该行业就业波动的一部分，可能存在遗漏变量问题，使得系数估计不够准确。

5. 交通基础设施对建筑业就业的影响

交通基础设施对建筑业就业影响的估计结果见表 3.15。

表 3.15　　交通基础设施对建筑业就业影响的估计结果

变　量	(1)	(2)	(3)	(4)
lntransport	0.171 4*	0.143 0*	0.109 4*	0.106 9*
	(0.094 9)	(0.141 0)	(0.065 5)	(0.065 6)
lnGDP		0.043 6	0.377 4***	0.354 1***
		(0.115 2)	(0.097 6)	(0.103 1)
growth			2.587 7***	2.566 9***
			(0.436 7)	(0.438 3)
urbanization				0.222 3
				(0.209 2)
Constant	1.347 3	1.320 9	−1.444 5*	−1.327 7*
	(1.049 0)	(0.885 9)	(0.782 7)	(0.763 9)
Observations	493	493	464	464
R-squared	0.027 0	0.028 1	0.205 9	0.207 3
Number of province	29	29	29	29

注：***、**、* 分别表示在 1%、5%、10%的水平上显著，括号内为 t 值(基于 White 异方差稳健性标准误)。

资料来源：作者计算整理。

在模型中，交通基础设施系数均在 10%水平上通过，对建筑业就业有明显的促进作用，在模型(3)、(4)中，GDP 的系数在 1%的水平上显著，在考虑到增长率与城市化率之后，其系数为 0.354 1，表明 GDP 每增加 1 个百分点，会促进建筑业就业增加 0.354 1 个百分点。

建筑业是指专门从事土木工程、房屋建设和设备安装以及工程勘察设计工作的生产部门，其产品包括各种工厂、矿井、铁路、桥梁、港口、道路、管线、住宅以及公共设施的建筑物、构筑物和设施，具体包括房屋和土木工程以及桥梁工程建筑业、建筑安装业、建筑装饰业和其他建筑业，是国民经济各物质生产部门和交通运输部门进行生产的手段。

房地产业是建筑业中重要的一部分，自从我国于 1998 年进行住房商品化改革之后，房地产市场快速发展，产生对建筑业的大量需求，而经济的快速发展也引发对办公楼、工业厂房的大量需求，由此促使建筑业快速发展、就业人数增加。

交通基础设施本身就属于建筑产品，所以公路的大量修建会增加对劳动力的需求，促使建筑业的从业人数增加。

6. 交通基础设施对金融保险业就业的影响

交通基础设施对金融保险业就业影响的估计结果见表 3.16。

表 3.16 交通基础设施对金融保险业就业影响的估计结果

变 量	(1)	(2)	(3)	(4)
lntransport	0.187 9*	−0.038 1	−0.041 5	−0.040 0
	(0.094 0)	(0.032 8)	(0.040 5)	(0.041 4)
lnGDP		0.346 8***	0.376 9***	0.390 8***
		(0.035 3)	(0.037 9)	(0.043 3)
growth			0.157 3	0.169 7
			(0.170 0)	(0.167 6)
urbanization				−0.132 5
				(0.130 1)
Constant	0.107 9	−0.102 6	−0.335 3	−0.404 9
	(1.040 1)	(0.355 7)	(0.331 3)	(0.362 5)
Observations	493	493	464	464
R-squared	0.131 9	0.413 4	0.407 1	0.409 0
Number of province	29	29	29	29

注：***、**、* 分别表示在 1%、5%、10%的水平上显著，括号内为标准差。

资料来源：作者计算整理。

金融保险业有着悠久的历史，发展到今天，可以细分为银行业、保险业、证券行业，具体业务包括融资租赁、金融商品转让、贷款、金融经纪业以及其他金融业务。金融保险业是服务业中的一个重要行业，为相关的行业提供专门的投融资服务。

目前，中国的保险金融业还不是很完善，相对于西方国家还有较大的发展空间。金融保险业的发展需要专门的人才，而大城市具有各类专业人才，能够满足其对人才的需求，这促使金融保险业集中分布于大城市，而受交通基础设施的影响较弱。

由于交通运输能够促进经济要素流动、提高通达性、缩短通勤时间、吸引行业投资，从长期来看，交通设施的完善会使核心地区获得“相对区位优势”，提升核心地区的吸引力，而“边缘地区”的通达性相对降低；从短期来看，交通基础设施的影响需要一定的时间才能体现出来，所以对就业没有明显的影响。

从回归的结果来看，交通基础设施总体上对金融保险业就业没有明显的影响；而 GDP 的系数显著为正，能够明显地促进该行业发展，这与上面的分析结果相符。

7. 交通基础设施对批发和零售业就业的影响

交通基础设施对批发和零售业就业影响的估计结果见表 3.17。

表 3.17　　交通基础设施对批发和零售业就业影响的估计结果

变　量	(1)	(2)	(3)	(4)
lntransport	0.376 2**	0.025 8*	0.060 0**	0.058 7**
	(0.140 7)	(0.058 5)	(0.025 7)	(0.027 0)
lnGDP		−0.537 8***	−0.224 2***	−0.211 9***
		(0.060 0)	(0.055 2)	(0.054 4)
growth			2.572 6***	2.583 5***
			(0.340 1)	(0.348 3)
urbanization				−0.116 9
				(0.156 7)
Constant	7.150 7***	7.477 2***	4.884 7***	4.823 3***
	(1.556 4)	(0.437 6)	(0.482 4)	(0.498 2)
Observations	493	493	464	464
R-squared	0.150 6	0.343 2	0.344 0	0.344 7
Number of province	29	29	29	29

注：***、**、* 分别表示在 1%、5%、10%的水平上显著，括号内为标准差。

资料来源：作者计算整理。

模型中交通基础设施均在 10%水平上显著，对批发和零售业有明显的促进作用；而 GDP 的系数在 1%水平上显著为负，经济增长会减少该行业的劳动力需求；从经济增长率来看，其系数均在 1%水平上显著，经济增长速度加快会拉动该行业的劳动力需求，推动该行业发展。

批发和零售业是目前我国市场化程度最高、竞争最为激烈的行业之一，是决定经济运行速度、质量和效益的引导性力量。它分为两大类：批发业和零售业，其中，批发业是指批发商向批发、零售单位及其他企业、事业、机关批量销售生活用品和生产资料的活动以及进出口贸易和贸易经纪与代理的活动；而零售业是指从工农业生产者、批发贸易业或居民购进商品，转卖给城乡居民作为生活消费和售给社会集团作为公共消费的商品流通企业。

批发和零售业涉及产品运输、流通的各个环节，对交通运输有较大的需求。交通基础设施的完善会缩减货物的运输时间，畅通货物的流通渠道，丰富地区的产品种类，增加货物的运输需求，带来劳动力需求的增加。

8. 交通基础设施对交通运输、仓储和邮政业就业的影响

交通基础设施对交通运输、仓储和邮政业就业影响的估计结果见表 3.18。

表 3.18　　交通基础设施对交通运输、仓储和邮政业就业影响的估计结果

变　量	(1)	(2)	(3)	(4)
lntransport	0.151 0**	0.040 1*	0.081 0*	0.077 9*
	(0.070 2)	(0.030 5)	(0.042 7)	(0.044 5)
lnGDP		−0.170 2***	−0.059 7	−0.031 3
		(0.043 9)	(0.044 2)	(0.049 0)
growth			−1.268 3***	−1.243 0***
			(0.194 2)	(0.199 6)
urbanization				−0.270 7*
				(0.158 6)
Constant	4.514 8***	4.618 1***	4.381 4***	4.239 2***
	(0.776 1)	(0.372 3)	(0.411 4)	(0.439 5)
Observations	493	493	464	464
R-squared	0.351	0.530	0.531	0.570
Number of province	29	29	29	29

注：***、**、* 分别表示在 1%、5%、10%的水平上显著，括号内为标准差。

资料来源：作者计算整理。

交通基础设施的系数均在 10%水平上显著，对交通运输、仓储和邮政业有明显的促进作用;GDP 增长率的系数在 1%水平上显著为负,对该行业具有负向的作用。

由于交通运输业是专门从事货物和旅客运输服务的社会部门,对交通基础设施有很强的依赖性。交通基础设施的改善能够显著提升客货运输效率,增加客货运输量,促进交通运输业的发展。

自从加入 WTO 之后,中国融入全球贸易体系中,具有了前所未有的市场规模,大大地促使了出口贸易;而投资历来都在我国的国民经济中占有较大的比重,而基础设施建设又是投资的重中之重,在这种情况下,我国的基础设施有了快速发展,但是,人民日益增加的出行、旅游及频繁的商务出行使得对交通基础设施的需求大大增加,而现阶段交通基础设施无法满足这种需求。

此外,我国还面临着交通基础设施的结构性矛盾,东部地区交通基础设施建设跟不上人民日益增加的需求,而西部地区大规模的建设导致供过于求。另外,不论是从国土面积还是人口数量计算的运输网络密度,我国均落后于西方发达国家,因此,交通基础设施建设在未来一段时间内依旧是我国投资的重点。

3.4 本章小结

本研究从总体就业、分产业、分部门、分行业四个方面分析了交通基础设施对就业的影响,通过实证分析,可以发现以下结果:

交通基础设施对就业具有显著的促进作用。交通基础设施通过降低企业的运营成本、扩大市场规模、促进专业化与分工,促进要素流动,提高资源配置效率,促使经济发展,劳动力需求增加。

交通基础设施的发展和完善是产业结构优化和升级的重要推动因素。交通基础设施的完善使得区域的相对可达性提高,劳动力流动更加便捷,就业由第一产业向第二、第三产业转移,促进了第二和第三产业的发展,间接地推动了我国工业化和城市化进程。

交通基础设施的完善能够极大地促进流通部门的发展。由于主要服务于货物或者服务的流通,对运输服务的需求较大,因此运输条件的改善能显著地促进该部门的发展。

交通基础设施对“运输敏感型”的行业影响较大,对“运输不敏感型”的行业影响较小。对运输服务需求较大的行业,交通基础设施的完善能显著地降低企业成本、扩大市场规模。由于该类行业对交通运输的需求较大，在原材料采购、产品运输和分配等环节都需要交通运输的服务，运输成本降低能显著降低这些环节的成本，提高企业的盈利空间，促使企业规模扩大、劳动力需求增加；对交通服务需求不大或者运输服务成本只占企业运营成本很小部分的行业，运输成本降低、运输条件改善对企业运营成本的降低或者运营效率的提高作用不大，这些行业受到的影响较小，相应地，对就业的影响也较小。

第4章

高速铁路对产业聚集的影响:以长三角服务业为例

4.1 高铁对长三角服务业聚集的作用

从发达国家高速铁路(本研究简称“高铁”)建设和运营的实践经验来看,高铁必将对沿线区域和城市经济产生深远影响。长江三角洲城市群(本研究简称“长三角”)是我国城镇体系最完备、经济增长最强劲、生产力最发达、发展最具活力的区域之一。随着2010年沪宁、沪杭以及2013年宁杭甬三条高铁相继开通,以沪、宁、杭三个城市为中心的长三角高铁网络初步形成。截至2016年,长三角已开通11条高铁,标志着长三角成为我国高铁运营里程最长、运行线路最多、停靠站点最密、运输量最大的区域,分别是京沪高铁、沪宁高铁、沪杭高铁、甬台温铁路、杭长高铁、合福高铁、杭甬高铁、宁杭高铁、金温铁路、宁安高铁和宁启铁路。长三角目前已通高铁的城市(含县级市)如表4.1所示。

表4.1　长三角高铁线路及主要站点(市辖区、县级市)

线路名	开通时间	主要站点
京沪高铁	2011年6月	滁州、南京、丹阳、苏州、无锡、常州、镇江、昆山、上海
沪宁高铁	2010年7月	南京、上海、镇江、常州、无锡、苏州
沪杭高铁	2010年10月	上海、嘉兴、杭州、海宁、桐乡
甬台温铁路	2009年9月	宁波、奉化、临海、台州、温岭
杭长高铁	2014年12月	杭州、诸暨、义乌、金华

续表

线路名	开通时间	主要站点
合福高铁	2015 年 6 月	合肥、铜陵、巢湖
杭甬高铁	2013 年 7 月	杭州、绍兴、余姚、宁波
宁杭高铁	2013 年 7 月	南京、句容、溧阳、宜兴、湖州、杭州
金温铁路	2015 年 12 月	金华、永康
宁安高铁	2015 年 12 月	南京、马鞍山、芜湖、铜陵、池州、安庆
宁启铁路	2016 年 5 月	南京、扬州、泰州、如皋、南通

数据来源:国家铁路局,作者整理。

随着我国工业化和城市化的进程,服务业在 GDP 中占据主导地位,长三角服务业已成为经济增长的主要动力。与工业相比,服务业更偏好于规模经济和聚集效应(段兆广,2007)。服务业,尤其是生产型服务业,具有聚集经济和规模报酬递增的特性(Markusen,1989)。高铁可以提升可达性,导致时空收敛效应和空间溢出效应,对服务业空间格局产生重要影响,具体如图 4.1 所示。

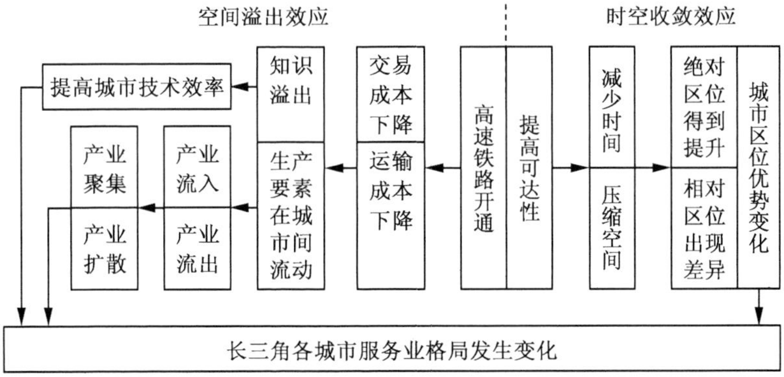

资料来源:作者整理。

图 4.1　高铁对长三角服务业格局的作用

在高铁引起的可达性提升方面,一是缩短了运输距离,减少了运输时间和费用,增强了对外联系和促进了生产要素流动,促进区域经济一体化,有助于区域竞争力和战略地位的提高;二是高铁对不同城市的影响存在分异,导致了区域空间结构的非均衡变化。

在高铁引发的时空收敛效应方面,一是高铁开通的城市,区位条件获得改善,绝对区位得到提升，增强了城市间的经济联系强度，扩大了服务业的市场空间范围，提升了城市区位优势进而影响服务业发展(张学良和聂清凯，2010)；二是时空收敛效应具有非均衡性，导致各个城市相对区位出现差异，对城市空间格局产生影响，强化中心城市的区位条件，加大与中小城市可达性的差距，导致人口和经济要素不断地向中心城市聚集。

在高铁引发的空间溢出效应方面，一是高铁推动城市对外交流，导致交易成本下降，有利于劳动力、产品、资本各种生产要素在城市间流动，带动知识和技术传播，提高各城市的技术效率；二是高铁的网络效应会降低运输成本，影响产业流入与流出、聚集与扩散，打破各个城市的原有产业格局，最终影响产业和经济的空间分布。

4.2 变量选取、模型构建与数据来源

4.2.1 变量选取

双重差分 DID(Differences in Differences)计量模型的各项变量如表 4.2 所示。

表 4.2 DID 模型中各个变量的设定

变量属性	变量名称	变量符号	变量含义
被解释变量	服务业聚集程度	LQ_{it}	各城市服务业就业密度
	细分服务行业聚集程度	PF_{it}	批发和零售业就业密度
		JT_{it}	交通运输、仓储和邮政业就业密度
		ZS_{it}	住宿和餐饮业就业密度
		XX_{it}	信息传输、计算机服务和软件业就业密度
		JR_{it}	金融业就业密度
		FDC_{it}	房地产业就业密度
		ZL_{it}	租赁和商业服务业就业密度
		KJ_{it}	科学研究、技术服务业就业密度
		SL_{it}	水利、环境和公共设施管理业就业密度
		JM_{it}	居民服务、修理和其他服务业就业密度
		JY_{it}	教育就业密度
		WS_{it}	卫生和社会工作就业密度
		WH_{it}	文化、体育和娱乐业就业密度
		GG_{it}	公共管理、社会保障和社会组织就业密度

续表

变量属性	变量名称	变量符号	变量含义
虚拟变量	高铁是否开通	G_{it}	G_{it}（开通之后＝1，开通之前＝0） GT_{it}（高铁开通的第 T 年＝1，其他＝0）
控制变量	城市规模	CYS_{it}	各城市人口密度
	信息化水平	INF_{it}	各城市电信业务总量
	市场需求水平	MAR_{it}	各城市制造业区位熵
	对外开放水平	$OPEN_{it}$	各城市实际使用外资金额
	经济发展水平	$ECOD_{it}$	各城市人均 GDP
	政府干预力度	GOV_{it}	各城市财政支出与 GDP 的比值

资料来源：作者整理。

用就业密度衡量长三角服务业及各细分服务行业的聚集水平，主要考虑到我国高铁以客运为主，对劳动力要素的流动具有重大影响。就业密度指标能较好地反映高铁对服务业聚集的影响。

本研究以城市规模、市场需求水平、信息化水平、对外开放水平、经济发展水平、政府干预力度 6 个因素作为模型的控制变量。服务业的聚集是受多种因素共同作用的结果，已有相关文献对此进行过研究。陈建军等(2009)基于 222 个地级以上城市的数据进行分析，发现知识密集度、信息技术水平、城市和政府规模对服务业聚集有显著影响，并表现出区域差异性。刘纯彬(2013)利用 2004－2010 年 20 个省市的面板数据，从地区和行业层面分析了专业化分工、工业化程度、服务效率、产业融合程度、政府规模、制造业集中度、对外开放程度等因素对我国服务业发展的影响。刘辉煌(2012)利用 2003－2009 年中部地区 81 个地级以上城市的面板数据，测算了六个细分服务行业的聚集程度并探究影响因素，研究表明制造业聚集、政府行为、金融发展程度与服务业聚集有显著的正相关性，信息化水平、对外开放程度与城市规模对服务业聚集的促进作用显著。

衡量城市规模的指标一般用城市人口规模和城市面积大小。本研究用人口密度测度城市规模（CYS_{it}），CYS_{it} 为 i 城市 t 期人口密度。

采用地区电信业务总量测度信息化水平（INF_{it}）。INF_{it} 为 i 城市 t 期的电信业务总量。陈建军等(2009)将新经济地理学的冰山“运输成本”修正为信息传递成本，两地之间的信息化水平、信息化效率为影响信息传递成本的主要因素。从城市层面看，信息化水平较高的城市拥有更大的服务半径、更低的信息传输费用，容易成为服务业聚集区。

用制造业区位熵（MAR_{it}）衡量制造业在长三角的聚集程度，测度制造业对服务业的市场需求水平。制造业的需求越大,就会吸引服务业到周边聚集发展。制造业需求反映到空间层面上,如果城市的制造业集中度越大,则该城市制造业对服务业的需求越大,服务业的聚集程度就越高。

$$MAR_{it}=\left(\frac{E_{ijt}}{E_{it}}\right)/\left(\frac{E_{jt}}{E_{t}}\right) \tag{4.1}$$

式(4.1)中,E_{ijt} 为 i 城市 t 期制造业就业人数;E_{it} 为 i 城市 t 期总就业人数;E_{jt} 为长三角制造业 t 期就业人数;E_t 为 t 期长三角总就业人数。

采用利用外资水平测度城市的对外开放水平($OPEN_{it}$)。$OPEN_{it}$ 为 i 城市 t 期使用外资金额。合理、有效地利用外资,特别是外商直接投资,能够实现聚集规模扩大、专业化分工深化、交易成本降低以及人力资本流入,促进服务业聚集。

采用各城市的人均 GDP 与长三角的人均 GDP 之比来测度各城市的经济发展水平($OPEN_{it}$)。

借鉴吴传清等(2013)的将政府对经济活动的参与度为指标,测度政府对服务业的干预力度(GOV_{it})。GOV_{it} 为 i 城市 t 期财政支出与 GDP 的比值。

4.2.2 模型构建

1. 城市服务业就业密度

借鉴 Combes 等(2008)的方法,采用每平方公里服务业从业人员数量来衡量一个城市的服务业就业密度,反映各个城市服务业的聚集程度。

$$D_{Eit}=E_{it}/Area_i \tag{4.2}$$

式(4.2)中,D_{Eit} 为 i 城市在 t 期的服务业就业密度(人/平方公里); E_{it} 为 i 城市在 t 期的服务业从业人员数量;$Area_i$ 为 i 城市的面积。

2. 可达性指数

借鉴李红昌等(2016)对可达性的测度方法,考虑到可达性不仅受到空间阻隔的影响,还受到目的地城市规模的正向影响。由于高铁对不同等级城市可达性影响不一,因而赋予目的地城市不同权重。

$$WT_{it}=(\sum M_{jt}\times T_{ijt})/\sum M_{jt} \tag{4.3}$$

式(4.3)中,WT_{it} 为 i 城市 t 期的加权平均旅行时间;T_{ijt} 为从 i 城市到 j 城市乘高铁所花费的最短旅行时间;M_{jt} 为权重,衡量 T_{ijt} 的价值。

由于各个城市的发展水平不同,对周边地区的辐射和吸引力不同,产生的交通需求也不同,用 j 城市的 GDP 和人口数来赋予权重。

$$M_{jt}=(GDP_{it}\times PEO_{it})^{\frac{1}{2}} \tag{4.4}$$

式(4.4)中，GDP_{it} 为 j 城市 t 期的 GDP；PEO_{it} 为 j 城市 t 期的年末居民人口数。

为了使可达性指标更直观地反映大小，对加权平均旅行时间的倒数指数化，测度可达性指标水平。

$$ACC_{it}=(1/WT_{it})\times 1\ 000 \tag{4.5}$$

式(4.5)中，ACC_{it} 表示 i 城市 t 期的可达性指标。

3. DID(双重差分)模型

采用双重差分(DID)模型来评价高铁对沿线城市服务业聚集的影响程度。DID 模型通常被用于评估某项政策或事件所带来的影响，该模型将“前后差异”和“有无差异”有效结合，一定程度上控制了某些除干预因素以外其他因素的影响，同时通过其他控制变量的加入，有效地控制了实验组和对照组中的某些“噪声”，弥补“自然试验”在样本分配上不能完全随机这一缺陷，能得到对实验效果的真实评估。将长三角中高铁开通的城市视为实验组，没有高铁开通的城市视为控制组(对照组)，先通过双重差分法计算实验组和对照组在高铁开通前后的产业聚集程度变化，再计算两个变化量的差值，即倍差，衡量高铁开通对城市产业发展的净影响效应。选取时间为 2009—2016 年，因为涉及多期面板数据的双重差分估计，故采用一般化的多期 DID 模型。

$$Y_{it}=\alpha_o+\alpha_1 G_{it}+\alpha_2 X_{it}+\lambda_t+a_i+\varepsilon_{it} \tag{4.6}$$

式(4.6)中，Y_{it} 为 i 城市在 t 期的服务业聚集指数；G_{it} 是虚拟变量，表示 i 城市在 t 期是否发生了“处理”，即是否高铁开通，开通当年及之后的所有年份取 1，开通之前取 0；为了衡量高铁的时间效应，定义虚拟变量 GT_{it} 为高铁开通的第 T 年取 1，其他年份取 0；X_{it} 为控制变量；λ_t 为时间趋势效应；a_i 为 i 城市的固定效应；ε_{it} 为随机干扰项；α_1 为变量 G_{it} 的回归系数，即高铁效应；α_2 为控制变量 X_{it} 的回归系数。

4. 计量回归模型

为了测度高铁引致“时空收敛效应”对细分服务行业的影响，考虑到数据可得性，采用计量回归模型如下：

$$\Delta Y_i=\alpha_0+\alpha_1\Delta ACC_i+\alpha_2\Delta X_i+\varepsilon_i \tag{4.7}$$

式(4.7)中，ΔY_i 为因变量，ΔY_{i1} 至 ΔY_{i14} 分别是 i 城市 14 个细分服务行业的

聚集程度在 2009—2016 年间的变化值；ΔACC_i 为 2009—2016 年 i 城市可达性指数的变化值；ΔX_i 为 2009—2016 年 i 城市控制变量的变化值，与 DID 模型使用的控制变量相同；回归系数 α_1 衡量空间收敛效应对细分服务行业聚集的影响程度。

4.2.3 实验组、控制组与数据来源

DID 模型的关键在于选取合适的实验组和控制组，尽量使得实验组和控制组之间本身没有差异，形成的差异均由实验变量引起。

本研究将 DID 模型中受到政策影响的城市为实验组，即高铁开通的城市；没有受到政策影响的城市为对照组（控制组），即高铁未开通的城市。

根据 2016 年 5 月国家发改委发布的《长江三角洲城市群发展规划》，长三角规划的范围包括 26 座城市。长三角行政区划及本研究选取的 40 座样本城市如表 4.3 所示。本研究中的数据来源于 2009—2016 年《全国铁路旅客列车时刻表》，以及 40 座样本城市的统计年鉴。

表 4.3　长三角行政区划详情及 40 座样本城市

省/直辖市	地级市	下辖区、县、县级市
上海	—	黄浦区、浦东新区、徐汇区、长宁区、静安区、普陀区、虹口区、杨浦区、闵行区、宝山区、嘉定区、金山区、松江区、青浦区、奉贤区、崇明区
江苏	南京	玄武区、秦淮区、建邺区、鼓楼区、浦口区、栖霞区、雨花台区、江宁区、六合区、溧水区、高淳区
	无锡	梁溪区、锡山区、惠山区、滨湖区、新吴区、江阴市、宜兴市
	常州	天宁区、钟楼区、新北区、武进区、金坛区、溧阳市
	苏州	姑苏区、虎丘区、吴中区、相城区、吴江区、常熟市、张家港市、昆山市、太仓市
	南通	崇川区、港闸区、通州区、启东市、如皋市、海门市、海安县、如东县
	盐城	亭湖区、盐都区、大丰区、东台市、响水县、滨海县、阜宁县、射阳县、建湖县
	扬州	广陵区、邗江区、江都区、仪征市、高邮市、宝应县
	镇江	京口区、润州区、丹徒区、丹阳市、扬中市、句容市
	泰州	海陵区、高港区、姜堰区、兴化市、靖江市、泰兴市

续表

省/直辖市	地级市	下辖区、县、县级市
浙江	杭州	上城区、下城区、江干区、拱墅区、西湖区、滨江区、余杭区、萧山区、富阳区、建德市、临安区、桐庐县、淳安县
	宁波	海曙区、江东区、江北区、北仑区、镇海区、鄞州区、奉化区、余姚市、慈溪市、象山县、宁海县
	绍兴	越城区、柯桥区、上虞区、诸暨市、嵊州市、新昌县
	湖州	吴兴区、南浔区、德清县、长兴县、安吉县
	嘉兴	南湖区、秀洲区、海宁市、平湖市、桐乡市、嘉善县、海盐县
	金华	婺城区、金东区、兰溪市、东阳市、永康市、义乌市、武义县、浦江县、磐安县
	舟山	定海区、普陀区、岱山县、嵊泗县
	台州	椒江区、黄岩区、路桥区、温岭市、临海市、玉环市、三门县、天台县、仙居县
安徽	合肥	瑶海区、庐阳区、蜀山区、包河区、巢湖市、肥东县、肥西县、长丰县、庐江县
	芜湖	镜湖区、弋江区、鸠江区、三山区、无为县、芜湖县、繁昌县、南陵县
	马鞍山	花山区、雨山区、博望区、含山县、和县、当涂县
	铜陵	铜官区、义安区、郊区、枞阳县
	安庆	迎江区、大观区、宜秀区、桐城市、怀宁县、潜山市、望江县、岳西县、太湖县、宿松县
	宣城	宣州区、宁国市、广德县、郎溪县、泾县、旌德县、绩溪县
	池州	贵池区、青阳县、石台县、东至县
	滁州	琅琊区、南谯区、天长市、明光市、定远县、凤阳县、全椒县、来安县

注：40 座样本城市标有“____”。

数据来源：国家发改委发布的《长江三角洲城市群发展规划》，作者整理。

本研究所指的实验组（高铁开通的城市）和控制组（高铁未开通的城市）如表 4.4 所示。

表 4.4　　实验组和控制组

实验组（高铁开通城市）	上海、南京、无锡、南通、杭州、宁波、绍兴、湖州、嘉兴、金华、台州、合肥、芜湖、马鞍山、池州、宜兴市、溧阳市、如皋市、丹阳市、诸暨市、海宁市、桐乡市、义乌市、温岭市、临海市
控制组（高铁未开通城市）	常州、舟山、安庆、江阴市、启东市、海门市、建德市、临安区、余姚市、慈溪市、嵊州市、平湖市、兰溪市、东阳市、永康市

资料来源：作者整理。

4.3 长三角服务业聚集的发展

4.3.1 长三角服务业聚集的发展变化

由公式(4.2),可得到2009—2016年40座样本城市服务业的就业密度,如表4.5所示。

表4.5　2009—2016年长三角服务业就业密度

城市\年份	2009	2010	2011	2012	2013	2014	2015	2016
上海市	962.034 7	962.034 7	981.025 2	993.438 5	1 008.754	1 319.858	1 338.044	1 347.003
杭州市	260.267 3	305.378 1	343.676 7	366.264 7	372.229 5	402.249	415.123 9	430.583 4
南京市	93.485 87	97.949 26	108.927 4	115.832 3	160.304 3	174.341 1	172.889 2	172.831 5
合肥市	25.013 24	27.717 01	30.644 99	34.103 15	42.386 87	38.684 85	42.765 9	48.003 86
常州市	30.720 48	32.472 97	36.462 16	38.460 52	47.712 45	48.899 56	56.021 76	55.722 53
南通市	3.601 925	15.841 39	16.908 39	17.821 15	21.377 95	22.760 53	22.898 39	23.329 33
宁波市	126.117	135.255 9	152.355 8	166.247	169.293 3	165.759 5	179.122 7	177.534 5
绍兴市	193.370 2	184.530 4	190.055 2	227.348 1	405.801 1	446.408 8	451.933 7	456.814 9
台州市	71.744 79	75.325 52	78.906 25	90.429 69	93.033 85	95.638 02	99.479 17	98.632 81
无锡市	32.227 15	34.555 87	39.752 41	38.695 94	51.930 73	55.897 42	56.348 38	57.065 02
芜湖市	12.813 47	14.199 3	16.042 48	17.922 5	19.488 22	22.082 31	23.395 95	12.050 45
安庆市	3.438 852	3.610 817	3.653 274	3.772 112	4.532 892	4.695 07	4.700 442	4.979 249
嘉兴市	85.227 27	92.768 6	100.413 2	111.260 3	113.636 4	119.008 3	120.041 3	123.100 2
金华市	35.273 97	37.084 15	38.209 39	42.074 36	44.520 55	47.211 35	48.287 67	47.925 64
马鞍山市	17.181 02	17.319 21	17.595 58	19.299 86	19.069 55	19.576 23	19.115 61	18.382 31
湖州市	41.225 27	42.373 96	45.373 32	54.945 76	58.136 57	59.476 71	61.710 27	62.927 89
舟山市	73.249 03	79.474 71	72.957 2	88.132 3	90.466 93	198.638 1	205.739 3	206.809 3
江阴市	58.869 82	55.410 7	56.041 57	55.132 23	74.918 87	79.537 44	77.246 89	73.532 59
池州市	35.576 6	36.944 88	37.902 25	36.772 73	37.616 57	37.978 53	40.913 84	41.718 03
丹阳市	28.212 99	29.631 33	28.612 23	29.679 08	32.127 03	33.421 2	33.539 64	34.672 4

续表

城市＼年份	2009	2010	2011	2012	2013	2014	2015	2016
海门市	26.892 44	26.506 92	26.334 4	28.209 8	37.519 7	38.450 48	38.877 53	39.169 33
海宁市	55.089 82	56.437 13	59.580 84	55.688 62	57.634 73	57.934 13	58.532 93	59.826 35
溧阳市	23.694 83	24.931 65	27.405 29	28.967 58	28.381 72	29.358 16	32.157 27	34.315 19
临安区	1.666 031	1.674 124	1.677 304	1.737 773	1.598 798	1.702 22	1.768 008	1.746 271
启东市	20.903 97	21.235 93	20.415 56	26.732 62	27.882 45	31.623 34	32.005 79	32.225 17
如皋市	18.778 15	19.261 39	20.010 05	17.055 63	31.785 52	34.721 18	32.181 64	32.170 24
嵊州市	12.458 1	12.402 23	12.793 3	12.234 64	13.854 75	13.966 48	14.134 08	12.973 74
温岭市	46.411 48	49.760 77	51.315 79	57.296 65	57.894 74	55.861 24	55.980 86	54.037 08
宜兴市	18.337 22	18.687 17	19.027 48	17.969 35	21.042 7	23.729 36	23.936 02	23.608 11
义乌市	52.579 19	55.022 62	59.457 01	59.909 5	61.628 96	65.067 87	66.153 85	66.790 95
慈溪市	28.949 3	30.786 19	34.386 48	35.488 61	37.105 07	36.149 89	36.443 79	37.504 04
东阳市	19.033 93	20.184 01	22.311 67	22.484 19	23.346 75	21.506 61	21.506 61	23.017 25
兰溪市	15.003 81	15.993 91	16.374 71	16.527 04	18.354 91	19.345 01	19.573 5	19.118 81
临海市	8.002 561	8.834 827	8.866 837	9.090 909	9.411 012	9.923 175	9.795 134	9.689 821
桐乡市	48.143 05	49.381 02	49.931 22	50.618 98	51.856 95	51.856 95	53.094 91	54.921 6
永康市	26.787 42	29.265 97	29.742 61	32.507 15	33.365 11	33.365 11	34.223 07	32.729 27
余姚市	25.649 57	27.648 23	27.115 26	28.580 95	27.848 1	28.914 06	28.780 81	27.990 01
诸暨市	20.207 7	21.116 4	21.852 01	21.116 4	21.852 01	22.674 17	22.630 9	22.026 4
建德市	8.756 345	9.560 068	10.659 9	10.956 01	11.252 12	9.771 574	9.856 176	9.814 298
平湖市	54.748 6	58.100 56	60.521 42	55.865 92	56.052 14	61.266 29	62.197 39	61.579 14
均值	68.04	70.92	74.38	78.42	87.43	100.98	103.08	103.72
标准差	151.54	152.76	157.21	160.84	169.29	216.00	219.26	221.34
最小值	1.67	1.67	1.68	1.74	1.60	1.70	1.77	1.75
最大值	962.03	962.03	981.03	993.44	1 008.75	1 319.86	1 338.04	1 347.00

数据来源:作者计算整理。

从表 4.5 可知,大部分城市就业密度在 2009—2016 年间是不断上升的,表明长三角大部分城市服务业呈现聚集态势;2009—2016 年就业密度的均值和标准差出现上升趋势，表明长三角服务业聚集程度在不断加剧，但是在 40 座样本城市之间聚集程度的差异加大，城市间的服务业分布不均衡，聚集趋势分异明显。

4.3.2 长三角细分服务行业聚集的发展变化

由公式(4.2)可得到 2009—2016 年长三角 14 个细分服务行业的就业密度，如表 4.6 所示。为了分析需要，将表 4.6 中的数据转换成折线图，如图 4.2 所示。

表 4.6 2009—2016 年长三角细分行业就业密度

行业 \ 年份	2009	2010	2011	2012	2013	2014	2015	2016
服务业	68.04	70.91	74.38	78.42	87.43	100.98	103.08	103.72
批发和零售业	11.78	12.06	12.88	13.20	13.54	17.51	17.92	17.65
交通运输、仓储和邮政业	5.74	5.87	6.33	6.72	8.01	9.18	9.33	9.22
住宿和餐饮业	4.13	4.15	4.34	4.31	4.39	5.01	4.96	4.95
信息传输、计算机服务和软件业	2.14	2.32	2.75	3.08	4.33	4.66	4.77	4.78
金融业	4.96	5.26	5.94	6.82	6.99	7.71	8.21	8.65
房地产业	2.87	3.16	3.29	3.52	4.16	5.05	5.07	5.13
租赁和商业服务业	5.32	5.63	5.54	6.07	6.81	9.26	9.67	9.79
科学研究、技术服务业	2.85	3.20	3.25	3.44	3.71	4.52	4.61	4.85
水利、环境和公共设施管理业	1.75	1.99	2.08	2.25	2.55	2.80	2.79	2.73
居民服务、修理和其他服务业	2.72	2.74	2.59	2.61	2.89	2.26	2.24	2.14
教育	9.51	9.68	10.00	10.43	11.66	12.68	12.73	12.78
卫生和社会工作	5.06	5.36	5.74	5.93	6.97	7.65	7.94	8.04
文化、体育和娱乐业	1.27	1.33	1.32	1.29	1.46	1.63	1.68	1.59
公共管理、社会保障和社会组织	7.93	8.17	8.34	8.75	9.96	11.08	11.16	11.41

数据来源：作者计算整理。

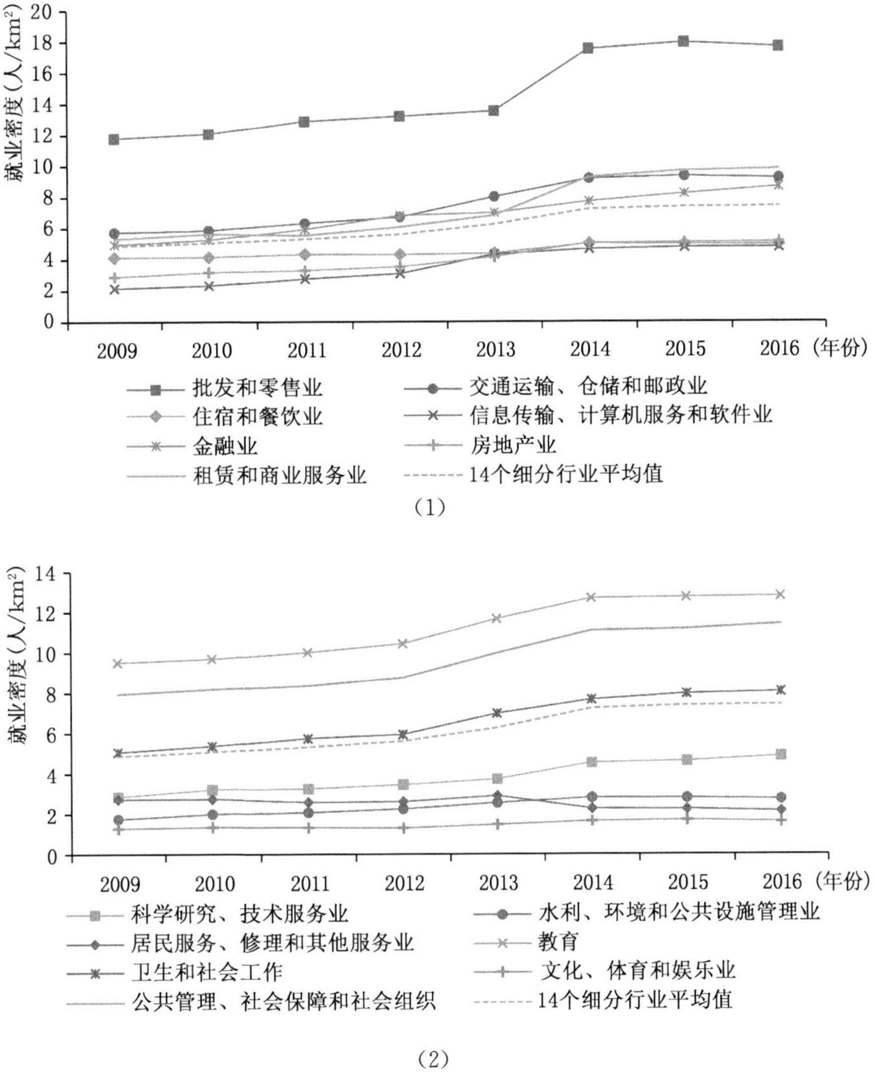

资料来源:作者自绘。

图 4.2　2009—2016 年长三角细分服务行业就业密度的发展变化

根据表 4.6 和图 4.2 可知,除了居民服务、修理和其他服务业就业密度呈现出下降态势外,其他 13 个细分服务行业均呈上升态势,但是上升速度趋缓并有下降的可能,表明绝大部分细分服务业在空间上的聚集态势明显,但聚集速度放缓,究其原因,很有可能是高铁的空间效应导致长三角细分服务业格局发生变化;批发和零售业,交通运输、仓储和邮政业,住宿和餐饮业,水利、环境和公共设施管理业，以及文化、体育和娱乐业 5 个细分服务行业的就业密度在 2009—2015 年上升，而在 2016 年降低，表明这 5 个服务行业在高铁开通后先是聚集态势明显，而在高铁开通后第 7 年聚集程度下降；行业的就业密度一直位于平均值，从高至低分别是批发和零售业，教育，公共管理、社会保障和社会组织，交通运输、仓储和邮政业，卫生和社会工作，金融业，以及住宿和餐饮业，表明 7 个服务行业的聚集程度相对较高。

为了分析需要，在 2016 年服务业就业密度数据基础上，得到高铁开通城市与服务业就业密度色阶分布复合图，颜色深浅表示服务业聚集程度高低，是否有气泡表示是否高铁开通，颜色越深，表示服务业聚集程度越高，黑色气泡表示高铁开通，如图 4.3 所示。

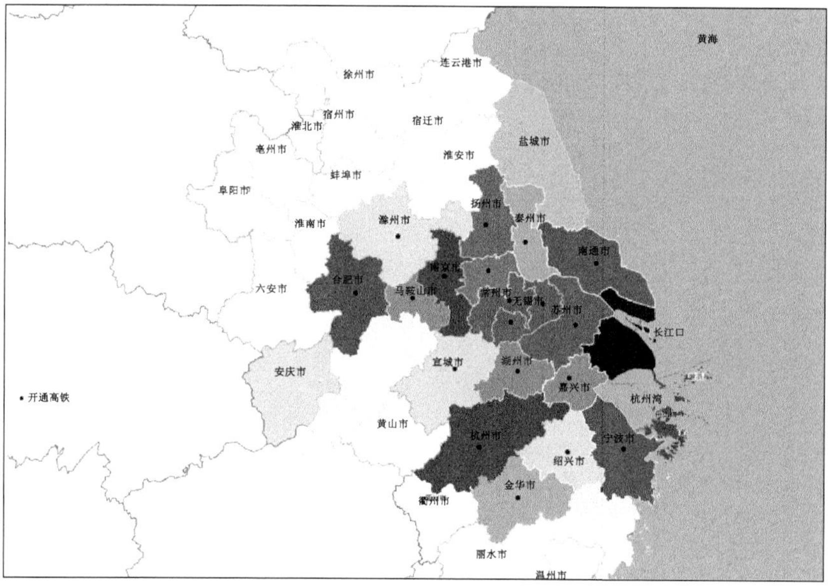

资料来源：作者自绘。

图 4.3　2016 年长三角各个城市与服务业聚集程度的色阶分布

由图 4.3 可知，高铁开通城市，就业密度的色阶较深；高铁未开通城市，就业密度的色阶较浅，表明高铁开通与否与城市服务业聚集程度存在一定程度的正相关；长三角服务业聚集呈现出以上海为核心，以南京、杭州为副中心的带状图谱，并且城市规模越大，服务业聚集程度越高。

4.3.3　长三角各个城市细分服务行业聚集的发展变化

由公式(4.2)，可得到 2016 年 40 座样本城市 14 个细分服务行业的就业密度，并计算出各细分服务行业就业密度的标准差，如表 4.7(1)、(2)所示。

表 4.7(1)　　2016 年长三角细分服务行业的就业密度

城市	批发和零售业	交通运输、仓储和邮政业	住宿和餐饮业	信息传输、计算机服务和软件业	金融业	房地产业	租赁和商业服务业
上海市	380.126 2	138.801 3	82.0189 3	72.555 21	55.205 05	80.441 64	212.933 8
杭州市	53.149 61	34.703 72	20.350 39	41.547 26	37.395 7	34.413 95	35.625 49
南京市	27.661 5	21.758 89	7.155 272	21.495 75	6.750 836	8.259 799	12.049 83
合肥市	12.645 94	6.190 597	2.037 204	3.123 433	2.583 813	2.583 114	2.025 408
常州市	4.233 225	4.222 278	3.501 346	1.461 935	5.154 86	1.514 163	4.148 155
南通市	2.900 512	2.534 183	0.241 595	0.729 284	3.704 287	0.767 654	1.641 92
宁波市	17.276 2	20.274 57	4.159 22	5.181 966	29.660 03	9.054 427	17.584 89
绍兴市	47.030 39	34.058 01	12.986 19	11.508 29	63.544 2	13.234 81	23.403 31
台州市	8.324 219	4.636 719	1.499 349	3.021 484	29.413 41	3.077 474	3.697 917
无锡市	6.399 437	4.647 623	3.866 022	5.141 189	6.369 986	3.249 43	2.445 689
芜湖市	1.020 909	1.099 237	0.450 548	0.261 699	0.862 927	0.326 751	0.172 254
安庆市	0.610 302	0.441 354	0.138 337	0.503 532	0.300 589	0.387 123	0.086 24
嘉兴市	12.270 66	8.055 785	3.689 05	3.956 612	21.936 98	10.105 37	7.202 479
金华市	4.061 644	4.920 744	0.657 045	2.214 775	6.655 577	1.467 221	2.586 106
马鞍山	1.285 122	1.184 708	0.235 375	0.132 197	0.545 831	0.311 377	0.419 162
湖州市	7.249 521	3.852 585	3.790 045	2.235 482	11.394 38	2.818 762	3.436 503
舟山市	53.112 84	30.447 47	26.264 59	3.210 117	8.073 93	7.879 377	12.937 74
江阴市	6.229 653	6.707 611	2.749 27	1.596 906	5.265 637	1.993 854	1.051 102
池州市	15.943 16	2.598 498	6.636 604	1.171 706	1.489 174	0.583 677	2.208 01
丹阳市	2.189 112	1.597 899	0.001 91	0.887 297	2.270 296	1.002 865	2.056 351
海门市	3.457 934	1.771 033	0.661 342	0.488 818	2.814 696	1.039 404	4.709 265
海宁市	4.089 82	3.591 317	1.648 204	0.470 06	1.372 754	4.529 94	5.754 491
溧阳市	1.241 375	1.597 448	0.688 061	1.221 195	9.623 747	0.242 156	1.047 39
临安区	0.104 347	0.094 751	0.056 191	0.024 858	0.062 84	0.119 494	0.037 288

续表

城市	批发和零售业	交通运输、仓储和邮政业	住宿和餐饮业	信息传输、计算机服务和软件业	金融业	房地产业	租赁和商业服务业
启东市	1.275 662	1.427 152	1.173 013	0.471 026	3.220 199	1.651 49	3.187 086
如皋市	2.719 169	1.717 158	0.141 421	1.277 48	1.384 718	1.185 657	3.077 078
嵊州市	0.649 721	0.714 525	0.237 989	—	0.469 832	0.195 531	0.248 603
温岭市	3.720 096	1.361 244	1.357 656	0.380 383	3.833 732	1.119 617	2.721 292
宜兴市	2.461 618	0.991 536	0.322 858	0.170 384	1.693 74	1.170 646	1.137 58
义乌市	2.494 118	6.189 14	1.649 774	0.898 643	6.838 009	3.222 624	4.370 136
慈溪市	4.300 514	2.009 552	0.899 339	0.224 1	2.127 112	0.319 618	1.121 234
东阳市	1.012 651	0.864 865	1.084 531	0.271 42	2.673 951	0.212 766	0.930 995
兰溪市	0.764 661	1.260 472	0.019 04	0.327 494	1.974 867	0.365 575	0.490 48
临海市	0.558 899	0.622 599	0.184 699	0.102 433	0.304 097	0.387 004	0.478 553
桐乡市	3.869 326	2.269 601	1.012 38	0.500 688	1.218 707	2.108 666	6.474 553
永康市	1.692 088	1.290 753	0.614 871	0.816 969	3.653 003	0.418 494	1.579 6
余姚市	1.203 864	1.659 56	0.986 676	0.514 324	1.529 647	0.511 659	0.822 119
诸暨市	2.488 533	0.776 287	0.465 167	0.157 075	0.510 169	0.772 393	0.354 825
建德市	0.383 249	0.532 995	0.031 303	0.145 516	0.983 503	0.331 218	0.432 318
平湖市	3.774 674	5.521 415	2.357 542	0.858 473	1.178 771	1.985 102	4.973 929
标准差	59.56	22.59	13.43	13.03	14.43	13.40	33.26

数据来源:作者计算整理。

表 4.7(2)　　2016 年长三角细分服务行业的就业密度

城市	科学研究、技术服务业	水利、环境和公共设施管理业	居民服务、修理和其他服务业	教育	卫生和社会工作	文化、体育和娱乐业	公共管理、社会保障和社会组织
上海市	72.555 21	31.545 74	55.205 05	55.205 05	42.586 75	15.772 87	52.050 47
杭州市	36.907 11	7.006 193	3.468 383	50.607 89	31.414 28	7.570 078	36.423 4
南京市	12.457 61	0.538 742	3.569 584	22.509 42	9.923 883	4.073 99	14.626 41
合肥市	3.162 926	0.569 851	0.114 197	5.296 328	3.293 899	0.821 312	3.555 845
常州市	2.449 71	2.123 341	0.119 509	10.924 83	6.400 812	1.707 339	7.761 027
南通市	0.836 77	0.527 934	0.140 482	3.899 263	2.384 452	0.192 101	2.828 896

续表

城市	科学研究、技术服务业	水利、环境和公共设施管理业	居民服务、修理和其他服务业	教育	卫生和社会工作	文化、体育和娱乐业	公共管理、社会保障和社会组织
宁波市	6.352 559	3.981 722	1.542 648	21.457 76	15.927 7	2.002 843	23.077 99
绍兴市	17.406 08	16.052 49	1.961 326	83.182 32	50.897 79	8.378 453	73.171 27
台州市	2.146 484	2.524 089	0.165 365	12.636 07	9.278 646	1.216 146	16.995 44
无锡市	2.746 047	1.584 089	0.247 723	7.302 184	5.367 189	0.956 218	6.742 197
芜湖市	0.303 02	0.312 479	0.440 923	3.298 042	1.538 5	0.175 407	1.787 753
安庆市	0.179 838	0.169 021	0.017 66	0.750 92	0.545 769	0.068 653	0.779 912
嘉兴市	6.821 281	2.465 909	0.400 826	17.101 24	13.298 55	1.649 793	14.145 66
金华市	1.137 476	1.096 869	0.590 509	8.448 141	5.637 476	1.025 44	7.426 614
马鞍山	1.345 463	0.129 433	0.037 31	5.431 598	2.886 688	0.191 617	4.246 43
湖州市	1.972 559	1.512 444	0.107 211	9.070 836	6.583 918	0.626 675	8.276 962
舟山市	4.280 156	4.377 432	9.824 903	9.338 521	7.198 444	5.155 642	24.708 17
江阴市	1.849 049	1.906 768	2.690 538	20.124 86	9.388 023	1.070 342	10.908 98
池州市	0.303 928	0.406 325	2.585 442	2.996 24	1.291 512	0.738 663	2.765 091
丹阳市	1.343 84	2.007 641	0.095 511	8.691 5	4.723 973	0.181 471	7.622 732
海门市	2.676 251	2.478 168	0.087 327	8.537 806	4.487 753	0.274 76	5.684 771
海宁市	2.028 443	1.497 006	0.112 275	15.953 59	8.200 599	1.052 395	9.525 449
溧阳市	1.152 845	0.553 313	0.031 246	4.949 876	4.887 384	0.702 383	6.376 774
临安区	0.027 46	0.117 181	0.002 428	0.432 42	0.227 078	0.029 714	0.410 221
启东市	1.505 795	1.191 225	0.098 51	6.947 848	3.645 695	0.293 874	6.136 589
如皋市	2.128 016	0.554 96	0.077 078	8.432 306	3.881 367	0.537 534	5.056 3
嵊州市	0.159 777	0.297 207	0.079 888	3.782 123	2.613 966	0.306 704	3.217 877
温岭市	0.722 488	0.525 12	0.177 033	14.680 62	9.330 144	0.452 153	13.655 5
宜兴市	0.436 754	0.561 672	0.083 585	5.349 887	3.783 36	0.408 739	5.035 755
义乌市	1.281 448	2.019 005	0.567 421	12.186 43	7.871 493	0.889 593	16.313 12
慈溪市	1.327 7	1.731 815	0.124 173	8.823 659	5.480 529	1.444 526	7.570 169
东阳市	0.158 137	1.972 973	0.029 327	4.536 515	3.795 285	0.503 738	4.970 098
兰溪市	0.194 212	1.109 673	0.035 034	5.350 343	2.736 481	0.316 07	4.174 41
临海市	0.197 183	0.338 988	0.018 566	2.806 018	1.374 84	0.115 237	2.200 704

续表

城市	科学研究、技术服务业	水利、环境和公共设施管理业	居民服务、修理和其他服务业	教育	卫生和社会工作	文化、体育和娱乐业	公共管理、社会保障和社会组织
桐乡市	0.822 558	6.320 495	0.100 413	13.755 16	7.193 948	0.466 3	8.808 803
永康市	0.455 672	2.609 152	0.057 197	6.394 662	4.762 631	0.339 371	8.044 805
余姚市	0.715 523	0.489 007	0.178 548	7.256 496	4.271 153	0.200 533	7.650 899
诸暨市	0.382 518	1.425 357	0.129 814	7.246 646	3.282 129	0.263 522	3.771 96
建德市	0.169 205	0.524 112	0.018 613	2.211 083	1.557 953	0.112 944	2.380 288
平湖市	0.793 296	2.031 657	0.094 972	13.458 1	7.547 486	1.400 372	15.603 35
标准差	12.57	5.36	8.67	15.76	10.35	2.93	13.93

数据来源：作者计算整理。

由表 4.7 可知，批发和零售业，租赁和商业服务业，交通运输、仓储和邮政业 3 个服务行业的标准差超过 20，表明这 3 个服务行业聚集程度极其不均匀，存在分异非常大；住宿和餐饮业，信息传输、计算机服务和软件业，金融业，房地产业，科学研究、技术服务业，教育，卫生和社会工作，以及公共服务业 8 个服务行业的标准差在 10—20 之间，表明这 8 个服务行业聚集程度存在一定的差异；水利、环境和公共设施管理业，居民服务、修理和其他服务业以及文化、体育和娱乐业 3 个服务行业的标准差小于 10，表明这 3 个服务行业聚集程度分异相对较小。

4.4　高铁对长三角服务业聚集程度的影响

4.4.1　控制变量的描述性统计分析

控制变量的描述性统计分析如表 4.8 所示。

表 4.8　　控制变量的描述性统计分析

控制变量	变量描述	均值	标准差	最小值	最大值
INF_{it}	电信业务总量	52.090	125.468	0	1 101.73
MAR_{it}	制造业区位熵	1.103	0.249	0	1.594
GOV_{it}	财政支出占 GDP 的比重	0.114	0.045	0.049	0.283
$OPEN_{it}$	当年实际使用外资金额	10.906	25.737	0	185.14

续表

控制变量	变量描述	均值	标准差	最小值	最大值
CYS_{it}	人口密度	822.998	583.426	168.342	3825.994
$ECOD_{it}$	人均 GDP	77 913	36 201	10 589	211 239

数据来源：作者计算整理。

4.4.2　高铁对长三角服务业聚集程度影响的 DID 实证分析

高铁对长三角服务业聚集程度影响的 DID 实证分析回归结果如表 4.9 所示。

表 4.9　　高铁对长三角服务业聚集程度影响的 DID 实证分析

变　量	(1)	(2)	(3)
G1	11.225 9***	3.845 7***	—
	(1.47)	(0.71)	
MAR		−37.848 7**	−32.058 4**
		(−2.40)	(−1.99)
GOV		−181.639 5	−114.398 6
		(−1.18)	(−0.74)
OPEN		3.323 8***	3.213 9***
		(13.68)	(13.00)
CYS		−0.095 1***	−0.106 7***
		(−7.61)	(−8.23)
ECOD		0.000 14**	0.000 13**
		(2.16)	(2.08)
INF		0.177 6***	0.178 0***
		(5.82)	(5.39)
YG			0.000 0
			(0.00)
GT1			−1.389 7
			(−0.22)
GT2			11.244 9
			(1.52)
GT3			12.007 1
			(1.44)
GT4			8.540 0**
			(0.97)

续表

变　量	(1)	(2)	(3)
GT5			22.737 4**
			(2.21)
GT6			30.508 8***
			(2.74)
GT7			18.915 0
			(1.27)
_cons	−10.672 6	69.341 5**	61.849 2**
	(−0.76)	(2.35)	(2.10)
r^2	0.966 6	0.984 0	0.984 7
N	320	319	319
时间固定	是	是	是
地区固定	是	是	是

注:括号内为 t 检验统计量的值,*、**、*** 分别表示显著性水平为 10%、5%、1%。

资料来源:作者计算整理。

长三角高铁最早开通的时间是 2010 年,至 2016 年高铁开通的时间有 7 年,因此虚拟变量 GT 有 GT1、GT2、GT3、GT4、GT5、GT6、GT7,分别表示高铁开通第 1 年,第 2 年,…,第 7 年。为了分析高铁对长三角服务业聚集程度的影响,利用 DID 模型对 40 座样本城市进行回归,结果如表 4.9 所示。模型(1)只考虑高铁开通与否对服务业聚集的影响;模型(2)在模型(1)的基础上,还考虑控制变量对服务业聚集的影响;模型(3)不仅考虑控制变量,还考虑高铁开通的时间效应对服务业聚集的影响。

由表 4.9 可知,模型(1)(2)(3)的拟合优度都在 0.9 以上,表明拟合效果非常好。模型(1)中是否高铁开通虚拟变量(G)的系数为 11.225 9。模型(2)中是否高铁开通的虚拟变量(G)的系数为 3.845 7,这表明高铁开通对长三角服务业聚集程度起到大幅度的促进作用。模型(3)中 GT1 至 GT7 呈现出从不显著到显著的正效应,再到不显著的变化趋势,说明高铁开通后第 1 至第 3 年(GT1 至 GT3),对长三角服务业聚集程度无显著影响;到了第 4 至第 6 年(GT4 至 GT6),即从 2013 至 2015 年,呈现出显著正效应且系数越来越大,表明在这段时间内高铁开通对长三角服务业聚集程度的作用越来越大,即时间趋势的聚集效应不断增大;到了第 7 年(GT7)又变得不显著,表明高铁开通对长三角服务业聚集程度无显著影响。究其原因:

一是长三角最早开通的线路是 2010 年 7 月、10 月先后开通的沪宁、沪杭高铁线路，由于高铁对服务业聚集程度的作用效果短期内难以体现出来，因而高铁对经济活动的冲击存在一定的时间滞后效应。

二是随着京沪高铁和宁杭高铁在 2011 年 6 月、2013 年 6 月先后开通，长三角高铁网络初步完善，尤其是 2008 年 11 月出台了进一步扩大内需、促进经济平稳较快增长的“四万亿计划”，更多的高铁线路相继开通，长三角高铁网络趋于完善。高铁对沿线停靠城市服务业聚集程度的影响呈现出增强趋势，新增一条高铁线路有助于提升区域可达性，增加对外交流，加快生产要素和从业人员流动。因此，从 2013 至 2015 年，高铁对长三角服务业聚集程度的作用表现为显著正效应，高铁时间趋势的聚集效应显现。

三是随着高铁开通到了一定时点，高铁网络完善到了一定程度，高铁空间溢出效应并不仅仅出现正向的效应。由于前几年服务业聚集程度提升较快，环境条件改善跟不上服务业发展的需求，就会出现负的外部性，如拥挤效应。生产要素价格逐渐上升，企业开始向沿线要素价格更低的城市扩散，运输成本下降带来服务企业的流入或流出，高铁为服务业重新布局提供了新的机遇，因此 2016 年长三角服务业聚集程度出现减弱趋势。

4.4.3　高铁对长三角细分服务行业聚集程度影响的 DID 实证分析

高铁对长三角 14 个细分服务行业聚集程度的 DID 实证分析回归结果如表 4.10(1)(2)(3)所示。

表 4.10(1)　高铁对长三角 14 个细分服务行业聚集程度的 DID 实证分析

变量	批发和零售业		交通运输、仓储和邮政业		住宿和餐饮业		信息传输、计算机服务和软件业		金融业	
	(1)	(2)	(1)	(2)	(1)	(2)	(1)	(2)	(1)	(2)
G1	−1.258 5	—	−0.253 7	—	−0.359 9	—	0.191 5	—	1.156 1*	—
	(−0.93)		(−0.36)		(−0.85)		(0.35)		(1.92)	
MAR	−5.611 5	−4.234 2	−0.908 0	−0.340 5	−0.672 8	−0.732 4	0.238 7	0.435 2	−5.079***	−4.453**
	(−1.43)	(−1.04)	(−0.45)	(−0.16)	(−0.54)	(−0.57)	(0.15)	(0.27)	(−2.90)	(−2.54)
GOV	43.096 8	46.525 5	6.447 6	11.192 7	9.630 5	7.061 5	−25.524*	−18.547	−34.22**	−22.467
	(1.12)	(1.19)	(0.32)	(0.56)	(0.80)	(0.57)	(−1.65)	(−1.20)	(−2.00)	(−1.34)
OPEN	0.720 1***	0.721 2***	0.422 4***	0.416 7***	0.033 8*	0.039 6**	0.357 2***	0.343 3***	0.184 4***	0.159 8***
	(11.88)	(11.53)	(13.45)	(12.94)	(1.77)	(2.00)	(14.61)	(13.86)	(6.83)	(5.95)
CYS	−0.007 2**	−0.008 0**	−0.008***	−0.009***	−0.001 0	−0.000 6	−0.000 5	−0.001 7	−0.011***	−0.012***
	(−2.32)	(−2.47)	(−4.96)	(−5.29)	(−1.03)	(−0.58)	(−0.45)	(−1.36)	(−7.75)	(−8.93)

续表

变量	批发和零售业		交通运输、仓储和邮政业		住宿和餐饮业		信息传输、计算机服务和软件业		金融业	
	(1)	(2)	(1)	(2)	(1)	(2)	(1)	(2)	(1)	(2)
ECOD	0.000 03*	0.000 03*	0.000 02**	0.000 02**	0.000 01	0.000 01*	0.000 01*	0.000 01	0.000 02***	0.000 02**
	(1.89)	(1.96)	(2.12)	(2.06)	(1.61)	(1.73)	(1.74)	(1.52)	(2.62)	(2.45)
INF	0.043 7***	0.047 6***	0.020 8***	0.021 1***	0.002 6	0.003 1	0.018 0***	0.017 1***	−0.002 4	−0.005 3
	(5.74)	(5.69)	(5.29)	(4.91)	(1.10)	(1.18)	(5.89)	(5.18)	(−0.72)	(−1.49)
GT1		−2.658 7		−0.539 4		−0.359 5		0.140 3		0.636 4
		(−1.64)		(−0.65)		(−0.70)		(0.22)		(0.92)
GT2		−0.083 8		0.211 3		−0.351 6		0.598 4		2.073 4***
		(−0.04)		(0.22)		(−0.59)		(0.81)		(2.58)
GT3		0.235 5		0.441 2		−0.507 5		0.425 1		2.671 5***
		(0.11)		(0.41)		(−0.76)		(0.51)		(2.96)
GT4		−1.568 9		−0.937 5		−0.848 3		0.318 1		3.330 2***
		(−0.71)		(−0.82)		(−1.21)		(0.36)		(3.49)
GT5		0.633 8		1.534 7		−1.015 0		2.553 4**		3.431 2***
		(0.24)		(1.15)		(−1.23)		(2.48)		(3.07)
GT6		−0.104 5		1.942 3		−1.312 9		3.181 2***		5.282 5***
		(−0.04)		(1.34)		(−1.47)		(2.85)		(4.36)
GT7		−3.012 6		0.337 1		−1.245 9		2.110 5		6.672 6***
		(−0.80)		(0.17)		(−1.05)		(1.42)		(4.13)
_cons	−5.983 0	−6.920 0	0.050 0	−0.579 7	−1.535 6	−1.333 4	2.824 6	2.254 7	11.351***	10.311***
	(−0.81)	(−0.93)	(0.01)	(−0.15)	(−0.66)	(−0.57)	(0.95)	(0.77)	(3.46)	(3.23)
r^2	0.986 9	0.987 1	0.972 9	0.973 6	0.979 1	0.979 3	0.943 5	0.946 3	0.949 4	0.953 8
N	319	319	319	319	319	319	319	319	319	319

注:括号中的数值为 t 检验统计量,*、**、*** 分别表示显著性水平为 10%、5%、1%。

资料来源:作者计算整理。

表 4.10(2)　　高铁对长三角 14 个细分服务行业聚集程度的 DID 实证分析

变量	房地产业		租赁和商业服务业		科学研究、技术服务业		水利、环境和公共设施管理业		居民服务、修理和其他服务业	
	(1)	(2)	(1)	(2)	(1)	(2)	(1)	(2)	(1)	(2)
G1	0.323 9	—	−0.793 8	—	0.099 6	—	0.152 4	—	0.295 3	—
	(0.86)		(−0.61)		(0.29)		(0.70)		(0.53)	
MAR	−2.414 6*	−1.974 8*	0.675 1	1.708 3	−2.290 7**	−2.058 3**	−1.025 1	−1.004 8	−1.037 6	−1.4705
	(−2.19)	(−1.77)	(0.18)	(0.44)	(−2.26)	(−2.00)	(−1.62)	(−1.54)	(−0.64)	(−0.88)
GOV	−4.536 6	0.210 6	71.205 7*	80.016**	3.623 7	6.832 5	−5.569 7	−3.276 0	−38.062**	−43.58***
	(−0.42)	(0.02)	(1.92)	(2.14)	(0.37)	(0.70)	(−0.90)	(−0.53)	(−2.40)	(−2.74)
OPEN	0.194***	0.187 4***	0.907 2***	0.897***	0.169***	0.166***	0.119***	0.114***	−0.336***	−0.326***
	(11.44)	(10.98)	(15.46)	(14.96)	(10.80)	(10.56)	(12.27)	(11.50)	(−13.45)	(−12.82)

续表

变量	房地产业		租赁和商业服务业		科学研究、技术服务业		水利、环境和公共设施管理业		居民服务、修理和其他服务业	
	(1)	(2)	(1)	(2)	(1)	(2)	(1)	(2)	(1)	(2)
CYS	−0.002 **	−0.003 ***	−0.011 ***	−0.012 ***	−0.003 ***	−0.004 ***	−0.005 ***	−0.006 ***	0.003 **	0.004 ***
	(−2.35)	(−3.28)	(−3.51)	(−3.91)	(−4.71)	(−5.29)	(−10.78)	(−11.02)	(2.47)	(3.13)
ECOD	0.000 01	0.000 01	0.000 03	0.000 02	0.000 0	0.000 0	0.000 0	0.000 0	−0.000 0	0.000 0
	(1.46)	(1.38)	(1.64)	(1.59)	(1.02)	(1.08)	(1.07)	(0.96)	(−0.07)	(0.10)
INF	0.017 ***	0.018 ***	0.053 ***	0.054 ***	0.019 ***	0.019 ***	0.004 ***	0.004 ***	−0.01 ***	−0.01 ***
	(8.16)	(8.09)	(7.29)	(6.74)	(9.81)	(9.49)	(3.77)	(3.30)	(−4.73)	(−4.07)
GT1		−0.095 5		−1.177 6		−0.146 6		0.045 0		0.348 5
		(−0.22)		(−0.76)		(−0.36)		(0.17)		(0.53)
GT2		0.812 6		0.010 4		0.639 5		0.436 7		0.036 0
		(1.59)		(0.01)		(1.35)		(1.46)		(0.05)
GT3		0.701 9		0.464 1		0.231 0		0.169 8		−0.389 2
		(1.22)		(0.23)		(0.44)		(0.51)		(−0.45)
GT4		0.422 8		−2.616 5		−0.370 3		0.458 1		0.703 5
		(0.70)		(−1.23)		(−0.66)		(1.29)		(0.78)
GT5		2.085 5 ***		2.511 2		0.929 0		0.718 9 *		−1.737 3
		(2.94)		(1.01)		(1.42)		(1.73)		(−1.64)
GT6		2.337 6 ***		3.546 9		1.840 4 ***		1.087 1 **		−2.070 2 *
		(3.04)		(1.31)		(2.59)		(2.41)		(−1.80)
GT7		0.356 8		0.237 2		−0.148 4		0.794 4		−1.532 5
		(0.35)		(0.07)		(−0.16)		(1.32)		(−1.00)
_cons	1.609	1.039	−12.905 *	−14.087 **	0.766	0.373	2.913 **	2.749 **	6.900 **	7.480 **
	(0.78)	(0.51)	(−1.81)	(−1.98)	(0.40)	(0.20)	(2.46)	(2.31)	(2.27)	(2.47)
r^2	0.977 0	0.978 5	0.942 1	0.944 0	0.977 4	0.978 8	0.951 9	0.953 3	0.965 2	0.966 6
N	319	319	319	319	319	319	319	319	319	319

注：括号中的数值为 t 检验统计量，*、**、*** 分别表示显著性水平为 10%、5%、1%。
资料来源：作者计算整理。

表 4.10(3)　　高铁对长三角 14 个细分服务行业聚集程度的 DID 实证分析

变量	教育		卫生和社会工作		文化、体育和娱乐业		公共管理、社会保障和社会组织	
	(1)	(2)	(1)	(2)	(1)	(2)	(1)	(2)
G1	2.073 5 ***	—	1.209 4 ***	—	0.028 3	—	0.981 2	—
	(3.20)		(2.91)		(0.27)		(1.61)	
MAR	−8.006 1 ***	−7.360 2 ***	−5.410 0 ***	−4.945 8 ***	−0.800 8 ***	−0.794 9 **	−5.506 0 ***	−4.831 6 ***
	(−4.24)	(−3.85)	(−4.47)	(−4.08)	(−2.58)	(−2.47)	(−3.10)	(−2.70)
GOV	−95.510 2 ***	−84.804 1 ***	−51.966 5 ***	−44.127 4 ***	−4.023 1	−4.191 9	−56.227 4 ***	−45.233 4 ***
	(−5.18)	(−4.63)	(−4.41)	(−3.81)	(−1.33)	(−1.36)	(−3.25)	(−2.65)
OPEN	0.170 6 ***	0.149 6 ***	0.146 5 ***	0.130 7 ***	−0.019 4 ***	−0.018 6 ***	0.254 1 ***	0.231 6 ***
	(5.86)	(5.10)	(7.86)	(7.03)	(−4.05)	(−3.77)	(9.30)	(8.46)

续表

变量	教育		卫生和社会工作		文化、体育和娱乐业		公共管理、社会保障和社会组织	
	(1)	(2)	(1)	(2)	(1)	(2)	(1)	(2)
CYS	−0.018 7***	−0.020 4***	−0.011 0***	−0.012 3***	−0.000 9***	−0.000 9***	−0.018 1***	−0.019 9***
	(−12.50)	(−13.29)	(−11.53)	(−12.61)	(−3.73)	(−3.51)	(−12.92)	(−13.85)
ECOD	0.000 0	0.000 00	0.000 00	0.000 00	0.000 00	0.000 00	0.000 01	0.000 01
	(0.40)	(0.24)	(0.77)	(0.56)	(0.33)	(0.45)	(0.93)	(0.72)
INF	0.003 9	0.003 0	0.002 8	0.002 1	0.002 5***	0.002 9***	0.005 2	0.003 3
	(1.09)	(0.77)	(1.24)	(0.87)	(4.20)	(4.52)	(1.51)	(0.90)
GT1		1.354 1*		0.696 5		−0.037 8		0.404 5
		(1.79)		(1.45)		(−0.30)		(0.57)
GT2		3.106 4***		1.863 1***		0.103 7		1.788 5**
		(3.53)		(3.34)		(0.70)		(2.18)
GT3		3.205 5***		2.050 9***		−0.057 6		2.364 4**
		(3.25)		(3.28)		(−0.35)		(2.57)
GT4		3.917 3***		2.793 1***		−0.043 8		2.9 821***
		(3.76)		(4.23)		(−0.25)		(3.06)
GT5		4.589 1***		3.009 4***		0.066 2		3.426 6***
		(3.76)		(3.89)		(0.32)		(3.01)
GT6		5.957 0***		3.965 6***		0.010 6		4.844 9***
		(4.51)		(4.73)		(0.05)		(3.92)
GT7		5.563 7***		3.815 2***		−0.415 4		5.382 2***
		(3.15)		(3.41)		(−1.40)		(3.27)
_cons	27.678 3***	26.660 5***	15.461 0***	14.722 3***	1.347 0**	1.346 1**	18.862 9***	17.831 3***
	(7.83)	(7.65)	(6.83)	(6.66)	(2.32)	(2.30)	(5.68)	(5.47)
r^2	0.952 1	0.955 0	0.954 5	0.958 1	0.974 0	0.974 4	0.939 4	0.943 6
N	319	319	319	319	319	319	319	319

注:括号中的数值为 t 检验统计量,*、**、*** 分别表示显著性水平为 10%、5%、1%。

资料来源:作者计算整理。

分析高铁对长三角 14 个细分服务行业聚集程度影响的差异及其原因,利用 DID 模型进行回归,结果如表 4.10 所示。模型(1)考虑高铁开通与否和控制变量对长三角细分服务行业聚集程度的影响,模型(2)考虑高铁开通的时间效应和控制变量对长三角细分服务行业聚集程度的影响。

从表 4.10 可知,模型(1)(2)的拟合优度都在 0.9 以上,表明模型的拟合效果都非常好,具体到长三角 14 个细分服务行业:

一是批发和零售业,交通运输、仓储和邮政业,住宿和餐饮业,租赁和商业服务业,文化、体育和娱乐业 5 个细分服务行业,无论是仅仅考虑高铁开通(G1)还是考虑高铁开通的时间效应(GT1 至 GT7)都没有通过显著性检验,表明高铁对这 5 个细分服务行业聚集程度的影响难以判断。另外,由于居民服务、修理和其他服务业的聚集程度呈分散趋势,不列入讨论范围内;

二是水利、环境和公共设施管理业,高铁开通的前 4 年(GT1 至 GT4)对其聚集程度的作用效果不显著,到了第 5 至第 6 年(GT5 至 GT6),高铁作用效果显著为正,但在第 7 年(GT7),高铁作用效果又不显著;

三是科学研究、技术服务业,高铁开通前 5 年(GT1 至 GT5)都没有通过显著性检验,第 6 年(GT6)通过显著性检验,系数为负,但第 7 年(GT7)又没有通过显著性检验;

四是教育行业,高铁开通(G1)通过显著性检验,系数为 2.073 5,表明高铁开通对其聚集程度作用效果非常明显,GT1 至 GT6 通过显著性检验,系数逐渐上升,表明高铁的时间效应作用效果明显且呈逐步增强趋势;

五是卫生和社会工作行业,高铁开通(G1)通过显著性检验,系数为 1.209 4,表明高铁开通对其聚集程度的作用效果明显,GT2 至 GT7 通过显著性检验,系数逐步增加,表明高铁开通第 2 年开始,高铁的时间效应作用效果明显且呈逐步增强趋势;

六是公共管理、社会保障和社会组织行业,GT2 至 GT6 通过显著性检验,系数逐步增大,表明高铁的时间效应对其聚集程度的作用效果明显且呈现逐步增强趋势;

七是信息传输、计算机服务和软件业,GT5 至 GT6 通过显著性检验,系数为正,表明高铁开通第 5 至第 6 年,对其聚集程度影响的作用效果明显;

八是金融业,G1 通过显著性检验,系数为 1.156 1,表明高铁开通对其聚集程度的作用效果显著,GT2 至 GT7 通过显著性检验,系数不断增加,表明高铁的时间效应作用效果呈现逐步增强趋势;

九是房地产行业,GT5 至 GT6 通过显著性检验,系数为正,表明高铁开通第 5 至第 6 年对其聚集程度作用效果显著。

4.4.4　可达性对长三角细分服务行业聚集程度影响的实证分析

为了分析可达性对长三角细分服务行业聚集程度的影响,针对 2009 至 2016 年的数据,将可达性指标变化值为自变量,14 个细分服务行业聚集程度的变化值为因变量,利用公式(4.3)进行回归,结果如表 4.11(1)(2)所示。

表 4.11(1)　　可达性对长三角细分服务行业聚集程度影响的实证分析

变量	批发和零售业	交通运输、仓储和邮政业	住宿和餐饮业	信息传输、计算机服务和软件业	金融业	房地产业	租赁和商业服务业
	(1)	(2)	(3)	(4)	(5)	(6)	(7)
ΔACC_i	1.881	2.6	−0.285	1.688	10.36*	2.668	1.316
	(8.086)	(3.879)	(3.432)	(2.220)	(5.365)	(1.820)	(5.570)
MAR	9.474	4.911	0.469	−0.25	−2.515	−0.0733	12.72
	(13.956)	(6.696)	(5.925)	(3.832)	(9.261)	(3.141)	(9.615)
GOV	130	51.38	36.51	37.89	−88.13	2.264	159.6**
	(101.534)	(48.713)	(43.101)	(27.881)	(67.373)	(22.849)	(69.948)
OPEN	1.116***	0.616***	0.0444	0.500***	0.273***	0.320***	1.410***
	(0.139)	(0.067)	(0.059)	(0.038)	(0.092)	(0.031)	(0.096)
CYS	−0.011 4	−0.006 7**	−0.002 0	0.000 2	−0.013 5***	−0.001 3	−0.012 7***
	(0.007)	(0.003)	(0.003)	(0.002)	(0.004)	(0.002)	(0.005)
ECOD	0.000 2**	0.000 1**	0.000 0	0.000 08***	0.000 0	0.000 04**	0.000 2***
	(0.000)	(0.000)	(0.000)	(0.000)	(0.000)	(0.000)	(0.000)
INF	0.000 6	−0.004 8	0.004 5	0.013 6**	−0.015 8	−0.003 1	−0.007 3
	(0.020)	(0.010)	(0.009)	(0.006)	(0.014)	(0.005)	(0.014)
Constant	−8.146	−4.3	−1.008	−4.789**	0.691	−2.269	−11.57**
	(6.882)	(3.302)	(2.921)	(1.890)	(4.566)	(1.549)	(4.741)
Observations	40	40	40	40	40	40	40
R^2	0.732	0.778	0.092	0.898	0.458	0.818	0.899

注:括号中的数值为 t 检验统计量,*、**、*** 分别表示显著性水平为 10%、5%、1%。

资料来源:作者计算整理。

表 4.11(2)　　可达性对长三角细分服务行业聚集程度影响的实证分析

变量	科学研究、技术服务业	水利、环境和公共设施管理业	居民服务、修理和其他服务业	教育	卫生和社会工作	文化、体育和娱乐业	公共管理、社会保障和社会组织
	(8)	(9)	(10)	(11)	(12)	(13)	(14)
ΔACC_i	1.97	2.323	0.864	13.83**	8.633**	1.013	8.874*
	(1.366)	(1.703)	(2.973)	(5.520)	(3.489)	(0.825)	(5.053)
MAR	−0.175	0.994	−4.762	−2.707	−1.564	−0.472	−0.749
	(2.358)	(2.939)	(5.131)	(9.529)	(6.023)	(1.424)	(8.722)
GOV	3.81	1.55	−74.82*	−136.1*	−64.9	−10.11	−79.78
	(17.153)	(21.384)	(37.327)	(69.321)	(43.818)	(10.359)	(63.455)

续表

变量	科学研究、技术服务业	水利、环境和公共设施管理业	居民服务、修理和其他服务业	教育	卫生和社会工作	文化、体育和娱乐业	公共管理、社会保障和社会组织
OPEN	0.259***	0.135***	−0.496***	0.187*	0.161**	−0.0345**	0.321***
	(0.024)	(0.029)	(0.051)	(0.095)	(0.060)	(0.014)	(0.087)
CYS	−0.003 1**	−0.006 6***	0.003 8	−0.0191***	−0.010 5***	−0.000 8	−0.017 7***
	(0.001)	(0.001)	(0.002)	(0.005)	(0.003)	(0.001)	(0.004)
ECOD	0.000 03***	0.000 0	−0.000 07**	−0.000 0	−0.000 0	−0.000 0	−0.000 0
	(0.000)	(0.000)	(0.000)	(0.000)	(0.000)	(0.000)	(0.000)
INF	0.000 2	−0.003 5	0.002 3	−0.012 2	−0.010 2	0.001 2	−0.015 8
	(0.003)	(0.004)	(0.008)	(0.014)	(0.009)	(0.002)	(0.013)
Constant	−1.715	−0.896	4.363*	0.671	0.059 6	0.121	0.74
	(1.163)	(1.449)	(2.530)	(4.698)	(2.970)	(0.702)	(4.301)
Observations	40	40	40	40	40	40	40
R^2	0.844	0.593	0.796	0.543	0.51	0.313	0.551

注:括号中的数值为 t 检验统计量,*、**、*** 分别表示显著性水平为 10%、5%、1%。

资料来源:作者计算整理。

由表 4.11 可知,除住宿和餐饮业,文化、体育和娱乐业两个服务行业的拟合优度低于 0.5 之外,其余 13 个服务行业的拟合优度接近或者超过 0.5,有些行业高达 0.8 以上;金融业、教育、卫生和社会工作、公共服务业 4 个服务行业的可达性指标(ΔACC_i)都通过显著性检验,系数为正且数值较大,表明可达性引起的时空收敛效应对长三角细分服务行业聚集程度的作用效果非常明显;其他 10 个服务行业的可达性指标(ΔACC_i)都没有通过显著性检验,表明可达性引起的空间收敛效应对这些行业聚集程度的影响难以判断。

4.5　本章小结

本研究在构建高铁对服务业聚集影响的作用机理上从长三角选取 40 座城市作为样本,分成实验组和对照组。基于 2009—2016 年的数据,分析长三角服务业、细分服务行业、各个城市细分服务行业聚集的发展变化,利用 DID 模型实证分析高铁对长三角服务业、细分服务业聚集程度的影响,采用回归模型实证分析可达性对长三角细分服务业聚集程度的影响,得出下列结论:

(1)长三角大部分城市服务业呈现聚集态势,聚集程度分异不断加剧,聚集速度放缓;高铁开通与否,和城市服务业聚集程度存在正相关关系,长三角服务业聚集呈现出以上海为核心,以南京、杭州为副中心的带状图谱;批发和零售业,租赁和商业服务业,交通运输、仓储和邮政业 3 个服务行业聚集程度差异非常大;住宿和餐饮业,信息传输、计算机服务和软件业,金融业,房地产业,科学研究、技术服务业,教育,卫生和社会工作,以及公共服务业 8 个服务行业聚集程度存在一定的差异。

(2)高铁开通对长三角服务业聚集程度起到显著的促进作用,时间趋势效应的作用轨迹是高铁开通初期无显著影响,过了一段时间起到显著影响,但是到了一定时点后又变得没有显著影响,原因是高铁对服务业聚集程度的作用效果存在时间滞后效应。随着高铁网络的完善,区域可达性呈现几何级数提升,作用效果倍增。但是随着高铁网络完善到一定程度,由于城市环境条件改善跟不上服务业聚集发展需求,空间溢出效应出现负外部性,服务业流向沿线要素价格更低的城市,服务业聚集程度减弱。

(3)高铁对水利、环境和公共设施管理业,科学研究、技术服务业,教育,卫生和社会工作,公共管理、社会保障和社会组织,信息传输、计算机服务和软件业,金融业,房地产业 8 个服务行业聚集程度影响的时间趋势效应作用轨迹,遵循规律均是开通初期无显著影响,过了一段时间起到显著影响,影响强度不断增加,过了一定时点后又变得没有显著影响,但是具体到这 8 个服务行业,作用轨迹和强度存在一定的差异。

(4)可达性引起的时空收敛效应对金融业,教育,卫生和社会工作,公共管理、社会保障和社会组织 4 个服务行业聚集程度的作用效果非常明显。

第二部分

组团式城镇形态打造：多维邻近性、知识溢出与产业聚集效应

在发展道路上，从城市化到城镇化，再到新型城镇化；在发展模式上，从单个城市蔓延发展到大、中、小城市组团式发展，从经济带到城市群，再到都市圈；在发展观念上，从“优先发展大城市，还是发展中小城市和小城镇的争论”，逐渐统一到“以城市群为主体构建大、中、小城市和小城镇协调发展”，再到“城市群内部以超大、特大城市或辐射带动功能强的大城市为中心、以1小时通勤圈为基础的城镇化空间形态”。顶层设计层面已经将区域一体化着力点从城市群转向都市圈。

2018年，习近平主席在首届中国国际进口博览会开幕式上发表主旨演讲时提出，将支持长江三角洲区域一体化发展并上升为国家战略，同“一带一路”倡议、京津冀协同、长江经济带发展、粤港澳大湾区建设一道，构成完善的中国改革开放空间布局。长三角区域一体化发展，跟建设中国特色社会主义市场经济密切相关。中国特色社会主义市场经济不是条条块块主导的市场经济，而是要素可以自由流动、区域协调发展的市场经济。长三角一体化搞成了，对全国区域发展将会是一个很大的提升，有助于形成和完善中国特色社会主义市场经济体制。

马歇尔(1986)最早提出产业集群用于解释企业生产过程在同一区域中聚集，从而产生外部性，带来规模报酬。进入20世纪90年代，Krugman(1991)提出了“中心—外围”理论，通过构建模型，阐述产业聚集的形成机制。外部性是理解聚集经济的基础，知识溢出是外部性的重要来源之一。邻近即为接近或靠近，研究者已将邻近形式从地理空间拓展到经济、技术、信息等，多种形式的邻近性都有可能是影响知识溢出的重要渠道。知识溢出是产业聚集区域内创新传播、积累、扩散的动态过程。知识溢出是一种无意识的传播过程，既可以在较小的空间范围，

也可以在较大的空间范围。产业聚集效应是各种产业和经济活动在空间上集中产生的经济效果以及吸引经济活动向一定地区靠近的向心力，是导致城市形成和不断扩大的基本因素。

本部分在分析多维邻近性、知识溢出与产业聚集效应的影响机理基础上，先以长江三角洲城市群为对象，分析多维邻近对知识溢出的影响，再选取技术密集型、知识密集型的电子信息产业，以长江经济带为对象，分析知识溢出对产业集群的聚集效应的影响，验证马歇尔外部性对产业集群的作用。

第5章
多维邻近性、知识溢出与产业聚集效应的影响机理

5.1 几个主要概念

1. 多维邻近性

邻近性(proximity)通常简单地被理解为地理或空间的接近或者靠近。产业聚集的相关理论认为,大量相关的中小企业为了获得外部规模经济而在产业区内聚集。这种企业在空间上的聚集现象,就是地理邻近性的表现。一般学者认为,邻近性概念在20世纪90年代得到重大发展和重视。法国邻近动力学派的学者在这一时期的研究拓展了原有的邻近概念。Rallet和Torre(1999)基于全球化的经济视角,指出传统的地理邻近对于知识转移的影响不应该被孤立地看待。同时随着信息技术的发展,作者认为认知因素的差异也不容忽视,并强调组织邻近在知识转移过程中的重要性。随着软件技术的进步,众多学者从不同产业、不同地域的角度,对认知邻近、组织邻近、社会邻近、制度邻近、关系邻近、技术邻近等多种邻近维度进行了研究,发现多种形式的邻近性都有可能是影响知识溢出的重要渠道(Boschma,2015;Caragliu和Nijkamp,2013;李琳和韩宝龙,2011;李琳和杨田,2011;党兴华和弓志刚,2013)。

综合国内外已有文献对邻近性及知识溢出的研究,邻近性可以被定义为资源不同的经济主体(可以是国家、区域、产业、企业、大学科研院所等组织及其个人)在交互行动的生产、服务、资源创造等实践过程中所具有的社会、经济、地理或制度等方面的共同特性。

但目前的研究成果存在着不足:一方面,由于学者们研究的目的不同、分析视角各异,出现了相同邻近概念界定不清和不同邻近维度概念交叉的现象。概念的模糊性和重叠性制约了对邻近性与知识溢出关系论题的进一步探讨;另一方面,不同地区、行业中各类邻近维度的影响强度与该地区的实际环境和基本情况相适应。对于特定区域知识溢出效应的研究要根据具体情况进行分析。

根据我国目前发展的实际环境和基本情况,本小节对我国区域知识溢出效应影响较大的几个邻近性进行了分析和梳理,包括地理邻近、经济邻近、技术邻近和信息邻近,为分析多维邻近性对知识溢出效应的影响研究做一个初步的框架性分析。

2. 知识溢出

知识溢出效应是指知识在聚集区域内积累、传播、扩散的动态过程。知识溢出的源头是知识。我们一般将社会实践和科学研究活动中所获得的认知,通过加工和处理形成的概念信息称为知识。Polanyi(1966)最早将知识按照其存在方式分为显性知识(explicit knowledge)和隐性知识(tacit knowledge,又称缄默知识)两大类。显性知识就是人们一般所认为的书籍、文字、信息、数据等可编码的知识,可以通过符号和语言的方式记录、存储和传播。隐性知识与显性知识相对应,是指人们在生产实践中所积累,但又难以通过具象化的形式进行编码或纪录保持的知识信息,常常伴随着个体的活动。

知识溢出效应既包含显性知识的溢出,也包含隐性知识的溢出。显性知识受限于实物的传播,其溢出过程受到多种因素的影响。隐性知识由于难以编码的特点,只能基于连续的、重复的面对面交流来表达、扩散和传播。这种基于面对面方式产生的知识交流使得隐性知识存在一定的空间局限性,传播过程离不开地理环境等因素的影响。不同的溢出路径也会对溢出效应的强度和效率造成差异。

知识溢出效应作为显性知识和隐性知识扩散的重要方式,是影响产业聚集和经济增长的重要因素。在大多数文献中,常常对知识溢出(knowledge spillover)、知识转移(knowledge transfer)、知识传播(knowledge diffusion)和知识扩散(knowledge transmission)不加区分,因为它们在强调知识的流动性方面含义是相同的。知识溢出作为区域外部性的特定形式,增加了区域内聚集企业的知识存量,使得企业更加有效地指导生产运营,从而吸引更多的企业在地理空间中聚集,提高产业的聚集程度。

基于知识内涵的相关研究,早期知识溢出效应的研究者一般认为知识具有公共物品的特征。知识溢出效应使得组织研发活动所创造的知识被其他企业以极低的成本获得并利用，而知识的创造者几乎没有补偿（Arrow，1962）。知识的模仿者与知识的创造者之间进行信息交换，通过得到的知识获得收益，而知识的创造者获得的补偿很低，或者远低于所创造知识本身的价值（Jaffe 和 Palmer，1997）。同时来自区域外部知识溢出效应的强度会伴随着空间距离的加大而降低。这就意味着知识创新活动的溢出效应的空间范围可能存在着地理边界，因此造成了知识创造和知识创新的组织的空间集中化倾向和产业专业化倾向，反过来也促进了产业集群内部的学习交流（Keller，2002）。在某一区域范围内，相同或相近产业的从业人员聚集在一起，为知识的传播和分享创造了有利的环境，从而促进地区产业的创新和发展（Glaeser，1992）。知识溢出与产业聚集的密切关系也从一定程度上解释了大多数文献偏好从产业聚集的角度研究分析知识溢出效应。

知识从知识的生产方溢出后，知识的接收方将经过识别、内化、利用、创新等一系列复杂的动态循环过程。在这一过程中，知识溢出往往会因为主体之间互动、交流方式的不同，有着多种形式和类别。

一是基于知识人才的知识溢出效应。人作为知识的载体，在区域间的活动也会将相应的管理经验与技术知识传播开来。Almeida 和 Kogut（1999）在研究中发现，人力资源在不同空间范围内的活动促进了不同群体间的交流和互动。高素质人才的流动除了能促进新知识的创新，还能加快知识在不同区域之间的传播。知识人才之间的流动使区域或企业不会只处于一个相对有限的空间范围内活动和发展。创新性知识在更大的范围内传播将有利于不同的地区和企业吸收更多的知识。

显性知识可以用语言、书籍的方式编码并进行传播；而隐性知识无法编码，主要负载在人力资本上，伴随着人与人之间的交流进行传播、转移，因此，人力资本的交流是知识的传播和吸收的重要形式。侯爱军等人（2015）的研究发现，区域内专业知识人才的流动表现出了知识溢出效应。尤其在我国的东部地区，通过在空间范围内与他人发生信息或知识的交流，人力资本会促进知识创造，显著提升区域知识产出。

二是基于科研合作的知识溢出效应。企业、高等院校和其他科学研究部门被看作知识创造和溢出的重要力量，能够不断地生产创造新的知识。大部分的技术知识溢出是以隐性知识为主，是一种非显性的经验类知识。不同组织之间通过科研合作的方式，进行正式或非正式的交流，从而实现技术知识的溢出效应。除了学术研讨会、产学研合作等科研合作方式，专利引用与文献合作也可以看作科研合作的一种。当一项专利在引用另一项专利时，意味着该项专利是在其他专利的知识基础上设计创造的。刘雯(2018)认为，专利反映了基于合作学习而形成的知识溢出，通过我国的专利数据可以捕捉到知识溢出的痕迹，从而分析我国知识溢出对区域创新的影响效应。

三是基于贸易投资的知识溢出效应。Blomström 和 Kokko(1998)对跨国企业的研究发现，知识溢出效应是国外直接投资的重要现象之一。跨国公司通过对东道国进行投资，对当地的本土企业起到了生产示范作用，通过同东道国企业交易、合作产生知识的溢出。资本流动受国别的限制较小。资本要素丰裕地区的边际生产力低于资本要素相对短缺地区的边际生产力。所以为了提高资本的边际生产力，资本会由要素丰裕的地区流向相对短缺的地区，从而形成资本流动，最终使得各国资本存量趋同，提高各国的经济产出。Keller(2002)认为，先进的知识通过贸易投资提高了落后地区学习前沿知识的机会。通过掌握和应用前沿知识进行创新模型，落后地区得以提高自身的发展水平和竞争力。张建华和周凤秀(2016)基于我国省级面板数据的研究发现，国家间的贸易投资不仅带来了物化的知识溢出，也会以服务或产品为载体带来非物化的知识溢出，比如管理经验、生产工艺等。图 5.1 为产业集群知识溢出的主要形式。

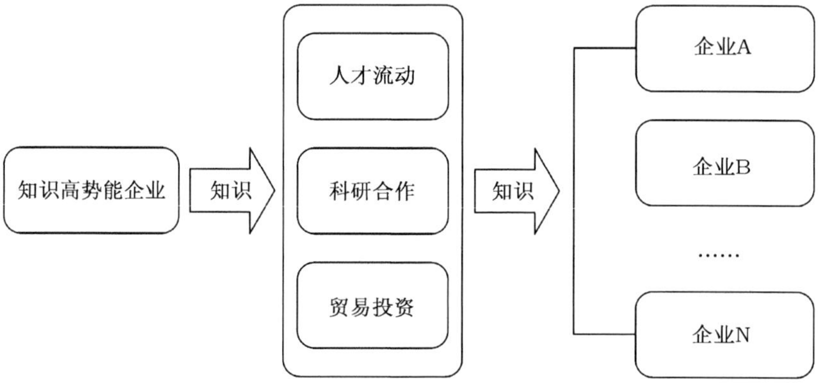

图 5.1　产业集群知识溢出的主要形式

3. 产业集群与产业聚集效应

产业集群最早被用于解释在企业的生产过程中基础设施、企业在同一地理区域上形成聚集，并通过产生外部性带来规模报酬。企业由于专业化劳动在地理上形成了集中的趋势，不同企业间基础设施的共享以及信息与技术的充分交流和沟通带来了规模报酬。在同一区域内，产业集群存在最佳规模，一旦小于或者超过该规模，都不能带来最佳的收益，当超过产业集群的最佳规模时，会发生产业扩散。产业的集群不仅能提高本身的增长速度，也能通过乘数效应带动其他经济部门的迅速增长。

产业集群的主体一般是特定区域中某一领域的生产商、供应商、其他关联企业，例如上游供应商、下游营销网络、顾客等，还包括政府、大学、评估机构、智库等支撑机构。它们之间存在着紧密的联系，在地理上形成聚集。对单个企业而言，区域内部的企业能够利用地理的接近性，通过规模经济使生产成本接近最低状态。原本无法获得内部规模经济的单个企业通过外部合作的方式获得了规模经济。在这一过程中，大量的中小企业级相关机构为了追求更大的经济效益和生产效率，在空间中形成聚集，形成了专业化的中间体组织。

本研究中产业集群是指在同一特定区域内，某一特定行业的相关企业、组织的大量聚集。

产业集群的聚集效应（本研究简称“产业聚集效应”）是指各种产业和经济活动在空间上集中产生的经济效果以及吸引经济活动向一定地区靠近的向心力，是导致城市形成和不断扩大的基本因素。

产业集聚效应是一种常见的经济现象，如美国硅谷，聚集了几十家全球 IT 巨头和数不清的中小型高科技公司。企业聚集有利于知识的传播和共享。聚集效应是通过知识管理使知识能有控制地在产业内进行尽量广泛的共享和传播。

4. 广域集群

广域集群是基于经济带空间范围的产业集群，也就是在同一个经济带空间范围内，具有竞争与合作关系的最终产品生产商、原材料供应商、中间品和专业服务提供商，相关产业领域的企业、政府及关联机构，如高校、研究机构、职业培训机构、行业协会等，基于产业关联和产业链整合发展，以及产业内部联系和地域及经济社会环境相互作用而形成的，具有相对的稳定结构和一定的布局特征的产业聚集有机体。

在经济带空间范围内，众多行业间可以划分出若干个相对独立的广域集群。广域集群是产业集群发展的高级形态，具有产业集群的一般特征，同时具有自己的独特性质，具体如下：

一是地理特征上，重社会关系，轻地理邻近。广域集群的空间边界很少由自然地理所限定，相反由社会关系所规定。集群空间范围是这样一个区域，它尽可能地包含了所有能体现出新特征、带来“集群效应”的实体间关系。广域集群的地理边界不一定与行政区边界有显著的重合性，结合经济带的内涵与特征，其地理边界往往与经济带边界具有显著的重合性。

二是内部成员关联特征上，重产业（或产品）内分工，轻纵向一体化。经济带内部各次中心区域在资源禀赋、技术和传统文化等决定经济行为的主要外生变量上具有如此多的相似性，决定了经济主体行为必然具有高度的相似性，由此导致各区域间的产业结构具有相似性。这揭示了经济带内部存在着紧密的产业内分工现象，在某些行业还形成了事实上的产品链的垂直分工，使得经济带内的产业同构在某种程度上成为促进经济带内部经济联系、形成跨行政区域合作的重要基础。

三是经济外部性特征上，重交流创新，轻固步自封。为了创造有利于学习和知识溢出的环境，广域集群中的企业在整个经济带内共享资源，发展人才市场，由易到难，不断构建 R&D、采购、营销、信息、资金、物流、教育、公共服务等各式各样相互联系的统一大平台，提高交易效率。企业之间在贸易和非贸易方面相互依赖，交流隐含经验类知识。在应对技术变化以及商业环境变化的过程中，经济带内经济行为主体之间通过大量的正式交易和非正式交流所建立的关系，是其他区域不能模仿的关键资源。广域集群中的企业彼此间发展了高效的竞争和合作关系，深深地根植在经济带经济和社会的环境中。多个企业互动和相互学习，形成高度、灵活、专业化的生产协作网络，具有极强的内生发展动力，依靠不竭的创新能力保持产业竞争优势。经济带成为知识积累与流通和技术创新的场所。

四是社会文化特征上，重文化融合，轻文化分异。经济带的文化是广域集群产生和内部要素联结的非常有效的凝结剂，也是广域集群发展的重要支撑要素，它对广域集群因素有着广泛且深入的影响。长三角的文化是山地与平原在文化上的历史衔接和融合，基本以海派文化为文化基调，注重中西兼备。广域集群过程是经济向文化提升、文化向经济回落双向互动的过程。经济带的文化通过融合，广泛渗透、弥漫于整个经济领域，既表现为动力、资源，又构成经济运作的“润滑剂”。

5.2　相关文献综述

5.2.1　邻近性相关文献

法国临近动力学派最早提出多维邻近性的概念，并将邻近性从地理邻近拓展到组织邻近、制度邻近、社会邻近、技术邻近、文化邻近等多个维度。Maillat(1997)指出地理邻近的企业更有机会在创新活动中培养出知识创造和共享的机会。Boschma(2005)梳理总结了五种邻近维度的概念及其特征，分别是认知邻近、组织邻近、社会邻近、制度邻近和地理邻近。Boufaden 和 Plunket(2005)以法国巴黎地区生物技术企业为研究对象，对多维邻近性和企业创新进行了实证研究，指出单一的地理邻近并没有对企业创新产生显著影响，但地理邻近通过技术邻近的作用间接影响了企业创新。Benosa 等(2014)以欧盟 7 个国家 1990—2005 年的数据分析了邻近性在区域经济增长中的作用，研究了地理邻近与经济、技术发展之间的关系，认为地理邻近及技术外溢有助于区域经济发展，呼吁在欧盟范围内制定更多致力于积累人力资本和区域协同的政策。党兴华与弓志刚(2013)基于 1999 至 2009 年中国 30 个区域间的共同申请专利数据进行了实证研究，结果表明认知邻近性、制度邻近性、地理邻近性是跨区域技术创新合作的显著影响因素。涉及邻近性的相关文献如表 5.1 所示。

表 5.1　已有文献涉及邻近主要维度汇总

邻近性	研究学者
地理邻近	Maillat(1997)，Boschma(2005)，Boufaden 和 Plunket(2005)，Caragliu 和 Nijkamp(2013)，党兴华等(2013)，Benosa 等(2014)，Paci 等(2014)，李琳和韩宝龙(2011)，李晨等(2017)
认知邻近	Boschma(2005)，李琳和韩宝龙(2011)，Caragliu 和 Nijkamp(2013)，党兴华等(2013)
组织邻近	Boschma(2005)，李琳和杨田(2011)，Paci 等(2014)
制度邻近	Boschma(2005)，党兴华等(2013)
社会邻近	Boschma(2005)，Caragliu 和 Nijkamp(2013)，Paci 等(2014)
技术邻近	Boufaden 和 Plunket(2005)，Caragliu 和 Nijkamp(2013)，李晨等(2017)，陈凯等(2017)
关系邻近	Caragliu 和 Nijkamp(2013)，Schmitt 和 Biesebroeck(2013)

续表

邻近性	研究学者
经济邻近	任英华等(2015),李琳和曾巍(2016),李晨等(2017)
信息邻近	徐德英和韩伯棠(2015),罗晓琴和彭莉娜(2017)

资料来源:作者整理。

5.2.2 知识溢出相关文献

知识溢出的概念最早从聚集理论中发展而来。Marshall提出聚集理论的同时也提到了外部性,即溢出效应。他在其所著的《经济学原理》一书中认为产业在地理空间上的聚集可以提高生产的专业化程度,产生规模经济,同时也可以促进劳动力、技术、信息等方面在产业内部流通,促进区域经济的发展。后来学者们将聚集的动因归纳为劳动力蓄水池效应、中间品投入和知识溢出效应。Marshall在聚集理论中提到知识溢出的概念之后,Arrow(1962)在研究中对这一概念进行了早期的探究。他认为知识是非竞争性、非排他性的,具有公共物品的特征。组织通过研发活动所创造的知识,被其他企业以极低的成本获得并利用,而对知识的创造者几乎没有补偿。Jaffe和Palmer(1997)对知识溢出效应有相似的观点,他们认为模仿者与知识的创造者之间进行信息交换,通过得到的知识获得收益,而知识的创造者获得的补偿很低,或者远低于所创造知识本身的价值。Glaeser等(1992)指出,知识溢出与产业聚集有着密切的关系。在某一区域范围内,相同或相近产业的从业人员聚集在一起,为知识的传播和分享创造了有利的环境,从而促进地区产业的创新和发展。Bode(2004)对德国20世纪90年代区域间的知识溢出效应进行了探究,发现区域间的溢出效应对地区的知识创造有着显著的促进作用。虽然较高的空间交易成本使得知识的溢出程度有限,但低R&D密度的地区还是能显著受益于高R&D地区的知识溢出。Ellison,Glaeser和Kerr(2010)使用美国制造业1972到1997年的数据来验证马歇尔的聚集理论。研究结果表明降低了原材料供应和成品供给的运输成本,促进了劳动力的蓄水池效应,同时强化了知识溢出效应。韩峰和郑腾飞(2013)将全国284座地级及以上城市作为研究对象,探讨空间聚集所带来的外部性对区域内劳动生产率的影响,发现从专业劳动力可得性、中间产品可得性和知识溢出三个维度来看,聚集对劳动力效率的促进作用在一定空间距离内显著和稳定。同时研究还考虑地方保护主义对外部性的影响,发现虽然保护性的政策可以显著抑制专业劳动力和中间品投入的外部性效果，但对知识溢出效应没有显著的影响。陈兰华和赵红岩(2016)通过对上海市 10 个产业集群走访调研，发现产业集群内的组织个体会形成社会资本，包括社会网络、信任和规范等。这些社会资本会对知识溢出有着显著的正向影响，使得企业通过模仿学习提高自身的技术水平，带动产业结构的高级化演进。

综合已有的研究发现，知识溢出效应是知识扩散外部性的一种具体表现形式。知识由于具有非排他性的特点，使得知识的生产者通过多种隐形的方式无意识地将已有的知识溢出给其他的知识接收者。知识溢出在企业和地区的实际环境中不仅有效地提高了企业的创新能力与生产效率，也能促进产业集群整体的经济增长，从而提高整个产业集群的效益。

而知识由于其非实物的存在方式，很难直接进行测度。众多学者都对其进行了尝试。在具体的研究中，常见的知识溢出测度方法包括知识生产函数法、全要素生产率等。知识溢出相关文献如表 5.2 所示。

表 5.2　　知识溢出相关文献汇总

作　者	研究对象	模型	变　量
Bode(2004)	20 世纪 90 年代德国	OLS	空间交易成本、R&D 密度、创新绩效等
Ellison, Glaeser 和 Kerr(2010)	美国制造业	OLS	行业匹配度、专利引用等
韩峰和郑腾飞(2013)	全国 284 座城市	GMM	人力资本水平、土地价格、市场潜力、地方分权等
陈兰华和赵红岩(2016)	上海产业集群	OLS	社会福利、企业生产成本、技术更新速度、区域经济水平等
王立平(2005)	我国高技术产业	SEA	研发支出、从业人员数量、服务业人员数量、大学数量等
Autant-Bernard 等(2011)	法国制造业	MLRE	人均产业增加值、人均资本、人力资本、人均研发强度、劳动力平均薪资等
Caragliu 和 Nijkamp(2013)	欧洲国家	SDM	人力资本、研发强度、直接对外投资等
韩玮(2015)	我国省级数据	OLS	研发投入、知识吸收能力、人才流动、距离、运输条件等
李健旋和程中华(2017)	我国省级数据	SAR	研发资本存量、人员投入、外商直接投资、专业化溢出、多样化溢出等

资料来源：作者整理。

Anselin 等(2000)运用空间计量模型，对知识溢出效应做了早期测度研究。研究改进了前人提出的知识创新函数，综合考虑了区位因素、覆盖距离因素和距离衰减因素等，从空间异质性和空间依赖性的角度描绘了空间外部性，即溢出效应的形成过程，也验证了聚集效应的存在。王立平(2005)以高技术产业为例，以空间计量经济学理论和知识生产函数模型为基础框架，对与我国高等院校研发活动相关的知识溢出效应进行了实证研究。结果表明，在高技术产业中，区域内高等院校能显著扩大高技术产业知识溢出的空间范围和增加强度，同时也提升了邻近区域的知识存量。企业对研发活动的资金投入可以直观地反映企业对知识创新的投入程度。Autant-Bernard 等(2011)选取法国研发投入和生产力数据构建计量模型，研究该地区研发投入资金的知识溢出效应，发现溢出效应由于企业在空间的聚集会对企业的生产力造成影响，相应地也会带来技术和效率的改变。有效专利也可以衡量组织吸收和创新知识的能力。Caragliu 和 Nijkamp(2013)对欧洲 264 个领土单位 1999—2005 年的专利数据进行了研究，发现除了地理距离外，社会关系、认知、文化、技术等因素都会影响地区对溢出知识的吸收能力。韩玮(2015)利用区域的全员劳动生产率来测度知识溢出效应，探究高新产业集群中的知识溢出。研究综合考量了人员流动、知识吸收能力、研发投入、交易运输条件、空间距离等多个变量，发现研发资金的投入是影响我国高新产业知识溢出的最主要因素。李健旋和程中华(2017)根据 MAR 外部性和 Jacob 外部性的理论，对知识溢出效应做了区分。研究将知识溢出效应按照产业的专业化程度区分为专业化溢出(产业内溢出)和多样化溢出(产业外溢出)。基于 2003—2014 年我国省际面板数据，发现由于知识溢出效应对专业化溢出的吸收能力较低，其对区域创新能力的提升有显著的负向影响。而对产业外溢出、国际贸易溢出等其他形式的知识溢出则有不同程度的正向作用。

5.2.3 产业聚集效应相关文献

马歇尔(1986)最早提出产业集群用于解释企业生产过程在同一区域中聚集，从而产生外部性，带来规模报酬。进入 20 世纪 90 年代，Krugman(1991)提出了“中心—外围”理论，通过构建模型，阐述产业聚集的形成机制。他认为区域内部企业需求和成本的关联是聚集力，空间内企业之间的竞争是分散力。两种力量的大小最终决定是否会形成产业聚集。产业集群聚集效应的相关文献如表 5.3 所示。

随着产业集群理论发展日趋成熟，国内外学者更多利用经济数据对这一主题的研究进行了更加具体的实证研究。Falck 等(2010)从产业集群的政策角度出发，评估了德国 1999 年引入的以产业聚集为导向的政策，发现这一类政策通过促进区域内企业的合作，显著提升了企业的创新能力和竞争力，一方面，面向集群的政策提高了目标行业成为创新者的可能性，另一方面，这些创新措施降低了目标行业企业的研发成本，提高了企业与公共科研机构的合作。Erole 和 O'Neill(2017)研究了 2000 至 2009 年印度尼西亚的多个城市中，聚集经济对各个制造行业和行业内企业的影响。研究发现印度尼西亚的制造业增长与专业化集群和企业竞争有关，同时还受到当地人口密度的影响。

表 5.3　　产业集群聚集效应的相关文献汇总

作　者	研究对象	模型	变　量
Falck 等(2010)	德国	OLS	研发成本、企业创新能力、成本因素
Erole 和 O'Neill(2017)	印度尼西亚城市	GMM	人口密度、企业数量、政策因素
雷平(2009)	我国电子信息产业	OLS	企业数量、工业增加值、地区生产总值
张云飞(2014)	山东半岛城市群	GMM	人均产出、EG 指数
刘宏曼(2016)	京津冀地区制造业	PCA	劳动力要素、技术要素、服务业发展水平
党兴华和弓志刚(2013)	我国省级数据	OLS	跨区域技术创新、市场化程度、地方保护程度、专利数量

资料来源：作者整理。

我国关于产业集群的聚集效应理论的相关研究主要在 20 世纪 90 年代之后。雷平(2009)聚焦我国电子信息产业的聚集特征，借助省际面板数据对我国电子信息制造业的聚集情况做了进一步的细化和研究。结果发现在省际水平上，我国的电子信息制造业具有较强的雅各布(Jacob)外部性，而一般认为在高科技产业中较为显著的马歇尔外部性并不显著，表明在省际层面上该产业的集群优势还未完全凸显出来。张云飞(2014)采用动态面板广义矩估计(GMM)方法对城市群内产业聚集与经济增长的关系进行了实证检验，实证结果表明城市群内产业聚集与经济增长之间也存在倒 U 形曲线关系，具体表现为“门槛效应”——产业聚集初期推动经济增长，达到一定程度后，过度聚集引起的负外部性会抑制经济增长。刘宏曼(2016)选取区位熵作为衡量指标，从制造业的具体行业分析了京津冀地区产业聚集的现状，在此基础上利用主成分分析法探究该地区制造业产业聚集的主要影响因素。研究结果表明劳动力、技术要素以及第三产业的发展水平是主要影响因素,而资本要素对产业聚集的影响不显著。

5.3 多维邻近性、知识溢出与产业聚集效应的影响机理

5.3.1 邻近性对知识溢出的影响机理

知识溢出效应是不同主体之间通过多种方式进行互动、交流而产生的无意识的知识传播过程。赵勇和白永秀(2009)认为这一过程的地理边界不是固定的,知识溢出既可以在较近的空间范围内,也可以在比较大的空间范围内。区域之间的多种邻近维度则是影响知识溢出空间范围和扩散效率的重要因素。图 5.2 为各维邻近性对知识溢出的影响机理。

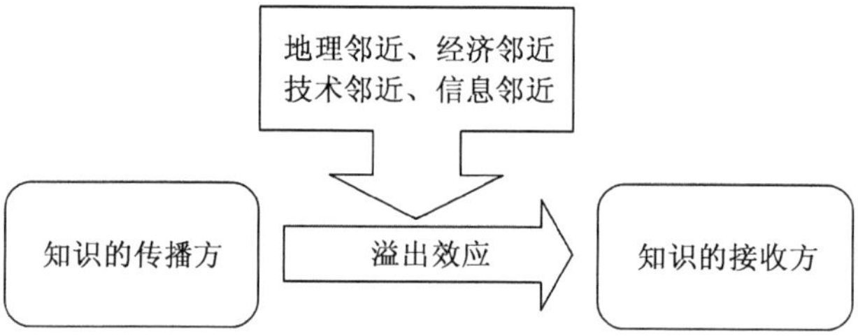

图 5.2 多维邻近性对知识溢出的影响机理

1. 地理邻近性

地理邻近性,是知识溢出相关研究中最广泛也是最基本的一种邻近形式。地理邻近反映的是两地之间地理距离的远近。知识溢出主体的地理邻近性越高,空间距离越近,意味着地区间行为人见面的可能性越高,基于面对面交流的知识扩散也越多,知识溢出的成本也就越低。这种最基本的邻近模式满足了隐性知识的需求。度量的方法上,可以用两地之间的绝对地理距离来衡量,也可以用两地之间的交通时间进行衡量,具体测度方法包括 0—1 法(相邻为 1,不相邻为 0)、欧氏距离法、地表弧度法等。虽然度量方法上存在着差异,但反映的都是主体间空间距离的远近。

随着信息通信技术的发展,运输交通成本得到了极大的降低,经济主体的联系越来越紧密。虽然企业进行知识生产和创新所需要的要素投入受到地理约束

的程度大大降低，但 Porter(2000)和黎振强等(2011)仍然认为地理邻近对知识溢出具有重要意义。企业在区位的选择上既要考虑资本、劳动力等要素投入成本和运输成本，也要考虑自身生产力的提升。这两者都离不开企业对知识的创造和创新。信息通信技术的发展可以减少信息和知识的传递成本，提高传播速度，但其中隐性的知识难以通过可视化的方式编码，主要通过人与人之间的面对面交流。溢出主体在地理上的接近提高了彼此交流的可能性，从而促进隐性知识的扩散和传播。

2. 经济邻近性

有学者对于地理的邻近性提出了质疑，提出“death of distance”理论(Cairncross,1997)，认为空间距离并不能完全解释知识溢出效应在地区技术水平提高和经济发展中所起到的作用。因此，区域间的知识溢出可能还存在地理邻近之外的其他影响因素。

在国内关于邻近性和知识溢出的相关研究中，经济邻近是常见的研究对象之一。经济邻近性，反映的是地区之间经济发展水平的差异。李婧等(2010)鉴于不同区域经济水平存在空间相关性的客观事实，通过建立代表经济距离的空间矩阵来描述区域间的关系，认为相邻地区间经济发展水平的差异程度越小，在经济上的相互联系程度就越大，越有利于知识的溢出。任英华等(2015)基于经济地理学的观点，认为地区之间的活动也是经济系统之间的活动。经济系统内部与周围环境之间的物质交流和技术活动会影响空间溢出。因此，知识溢出效应并不仅仅受到地理邻近性的影响，还会受到经济邻近性的影响。两地经济发展水平越接近，越有利于人力、信息等资源的流动，越有利于知识溢出。

3. 技术邻近性

技术邻近性描述的是不同地区技术专业程度的相似性。不同地区的技术环境对地区知识水平和经济活动的影响作用是不同的。

Padilla(2008)认为，不同的产业存在着特定的知识，有相容技术产品和技术水平的地区，更容易获得潜在的技术溢出。技术邻近提高了技术思想交流的可能性，从而促进了知识的传播。区域经济想要实现知识溢出和协同发展，必须具有技术和知识的邻近性，才能有效地吸收先进技术，加强思想的交流和合作，实现技术创新和产品升级。反之，区域间的不同产业的专业化程度差异较大，沟通成本越高，新的技术和知识越难吸收，越难形成合作。但同时，也有学者认为如果两地技术水平过于接近,则意味着区域间的产业结构可能趋同,造成生产要素和产品市场过度的竞争,反而不利于区域间的技术交流和知识溢出。适当的差异有利于互补的知识相互融合(Ejermo,2005)。多元产业中互补性的知识交换提高了学习的效率,知识的跨部门流动促进了知识产出。所以技术邻近性可能对知识溢出过程存在复杂的影响机制。虽然专业化的技术环境和互补的技术环境对知识溢出的作用存在着不同的观点,但两者都强调了知识溢出的主体在知识学习过程中对外部技术环境的依赖性。

4. 信息邻近性

近年来,随着各地信息化的建设,5G 网络、大数据、人工智能和区块链已经逐渐成为现代社会发展的重要趋势。城市信息化应用水平不断提升,智慧城市的概念应运而生。过去由于地理距离的障碍使得信息技术的发展逐渐减慢,地区之间人才和知识的交流更加便利通畅,因此信息技术的邻近性逐渐受到重视。徐德英和韩伯棠(2015)认为,由于互联网、电子商务的发展,打破了以往交易的地理限制,各地区的资源得以快速、全面地交流。尤其像长三角这样的经济、技术发达地区,拥有阿里巴巴、苏宁、携程等众多大型的互联网企业。随着区域信息化水平的不断提高,区域间的交流方式也发生了很大的变化,视频会议、远程控制等方式打破了地理的限制,隐性知识溢出的渠道更加便捷。因此,信息技术和互联网可能会在地区创新活动的知识溢出中产生重要的作用,两地的信息技术发展水平越接近,越有利于两地进行知识的交流与溢出。

5.3.2 知识溢出对产业聚集效应的影响机理

知识溢出效应提高了产业集群内部企业的知识创新能力,实现企业生产效率的提高和经济效益的增长,从而吸引企业聚集,形成聚集效应。图 5.3 为知识溢出对产业聚集效应的影响机理。

概括来说,知识溢出效应对产业集群的聚集效应主要体现在以下几个方面:

(1)降低生产成本,提高生产效率。知识溢出效应的存在,使企业可以更有效地吸收外部知识,并根据自身的生产目标来创新知识和技术。新的技术和知识会给生产带来进步,提高生产效率和产品的使用性能,降低生产成本。同时,知识的溢出也能为企业提供管理经验和技术指导,降低企业的运营风险。

(2)提升企业创新能力。知识溢出区别于简单知识扩散过程的部分在于,主体在吸收知识之后,并不是仅仅将知识直接投入生产,而是会继续进行创新,形成

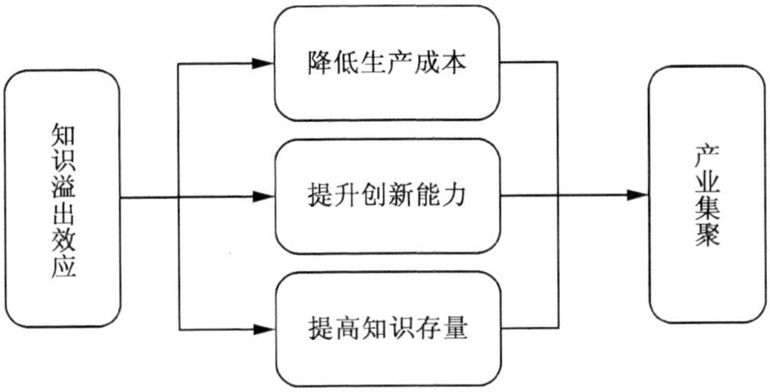

图 5.3　知识溢出对产业聚集效应的影响机理

新的知识。企业在吸收知识后经过自身的消化和吸收，根据自身的需求进行创新。产业集群内部新技术新知识生产之后，又会通过溢出的方式传播开来，并被其他企业获取，使得产业集群地区内部的知识技术快速更新。知识溢出效应促进了企业对知识技术的再创新，提高了企业的创新能力。

(3)提升企业知识存量。企业为了保持自身的竞争力，会尽可能地获取知识更新技术，提高自身的知识存量。但隐性知识抽象性、难以编码化的特点，使得其不宜获取。企业为了获取这部分隐性知识，在区位选择上更倾向于在地理上靠近从事相关互补产品生产或相似产品的企业，从而形成产业聚集效应。集群区域内部企业通过非正式合作、人才交流等形式的知识溢出，激发企业的创新意识，提高企业的生产技术水平和知识存量，最终提升企业的竞争力。

知识溢出效应对产业集群的发展起到了推动的作用。集群在一定地域范围内的企业可以通过知识的溢出减少生产成本，提升企业创新能力，提高企业的知识存量，实现技术进步。企业间通过知识溢出交流知识，进行学习、模仿和创新，从而加快集群内部知识的扩散，提高了区域整体的生产效率。企业间普遍追求技术知识给生产带来规模效应，也说明了知识溢出效应是产业集群的重要动力。

第 6 章

多维邻近性对知识溢出效应的影响：以长江三角洲城市群为例

近年来，知识与技术已经成为全球竞争发展的焦点，城市间知识传播和技术创新已经成为提高城市竞争力的重要手段。本区域要素投入已经无法满足城市发展需求，城市间协同发展越来越受到重视。通过知识溢出方式引入外部知识，激发创新活力，实现城市创新能力的提高。长江三角洲城市群（本研究简称“长三角”）是我国经济发达、技术创新和对外开放的重要区域之一，其内部空间格局和知识溢出机制备受关注。

6.1 研究假设提出

1. 知识溢出

知识溢出效应是指在经济聚集区域内创新传播、积累、扩散的动态过程。Arrow 最早用资本的外部性来解释知识溢出效应，认为资本的积累使生产技术得以进步，生产率得到提高，新的投资产生的知识溢出效应也会使其他企业的生产率得到提升。国内外学者通过对专利数据的研究，发现各个区域可以通过加强专利创新在本区域内部的转移而实现知识溢出，对技术进步和经济增长有重要的作用，但其传播和外溢的速度受到区域制度环境、地理位置、语言、工业专业度差异等多重因素影响。已有的研究验证了我国省际知识溢出效应的存在性，发现对地区经济发展和企业生产效率提升都有显著的影响，但对于某一特定区域的研究较少。本研究提出假设 1。

H1：长三角城市间知识产出存在空间知识溢出效应，邻近城市的经济活动会通过知识溢出效应对本地区的知识产出造成影响。

2. 邻近模式

知识溢出效应是如何产生和传播的呢？赵勇和白永秀认为，知识溢出效应是一种无意识的传播过程，既可以在较小的空间范围，也可以在较大的空间范围。而影响知识传播的空间范围是邻近性。早期观点认为是企业在空间上的聚集现象，即地理邻近。20 世纪 90 年代，Rallet 和 Torre 将邻近性的概念进行了拓展，认为认知因素和组织因素的差异在知识溢出中不容忽视。Boschma 细致、全面地梳理了组织间交互学习和创新过程中多种邻近维度对知识溢出机制的影响。国内学者将不同维度的邻近性进行界定，发现邻近性的影响存在行业差异。不同地区、行业中，各类邻近维度的影响强度与该地区的实际环境和基本情况相适应。本研究针对长三角的实际情况，选取地理邻近、经济邻近、技术邻近和信息邻近四种邻近维度进行分析。

地理邻近性是知识溢出相关研究中最广泛的一种邻近形式，反映的是区域间空间距离远近。距离越近，意味着地区间行为人见面的可能性越高，知识扩散越容易。本研究提出假设 2。

H2：长三角城市间由于地理邻近性而产生知识溢出效应，本地区的知识产出将受到地理邻近城市经济活动和创新活动的影响。

Cairncross 对于地理的邻近性提出了质疑，提出“death of distance”理论，认为空间距离并不能完全解释知识溢出效应在地区技术水平提高和经济发展中所起到的作用。空间知识传播可能还存在其他影响因素。

经济邻近性是近年来使用较多的一种度量空间依赖性的邻近模式，反映的是地区之间经济发展水平的差异。任英华等认为地区间的活动也是经济系统间的活动，经济系统与周围环境间的活动会影响空间溢出效应。地区间经济发展水平越接近，越有利于资源流动，从而产生知识溢出。本研究提出假设 3。

H3：长三角城市间由于经济邻近性而产生知识溢出效应，本地区的知识产出将受到经济邻近地区经济活动和创新活动的影响。

技术邻近性描述的是不同地区技术专业程度的相似性。Padilla 认为有相容技术的地区更容易获得潜在的技术溢出效应。区域间不同产业的专业化程度差异较大，沟通成本越高，新的技术和知识越难被吸收，越难形成合作。也有学者认为，如果两地技术水平过于接近，则意味着区域间的产业结构可能趋同，造成生产要素和产品市场过度的竞争,反而不利于区域间的技术交流和知识溢出。因此,技术邻近性对知识溢出过程可能存在复杂的影响机制。本研究提出假设 4。

H4:长三角城市由于技术邻近性而产生知识溢出效应,本地区的知识产出将受到技术邻近地区经济活动和创新活动的影响。

信息邻近性逐渐受到研究者的重视。随着信息化建设的快速发展,移动互联网、大数据已经成为社会发展趋势。徐德英和韩伯棠认为互联网、电子商务打破了以往交易的地理限制,各地区人才和知识的交流更加便利。长三角拥有众多大型互联网企业总部及分支机构,信息技术可能在知识溢出中发挥着重要的作用。本研究提出假设 5。

H5:长三角城市会由于信息邻近性而产生知识溢出效应,本地区的知识产出将受到信息邻近地区经济活动和创新活动的影响。

6.2 变量选取与模型构建

1. 长三角空间范围的界定

本研究以国家发改委发布的《长江三角洲城市群发展规划》为依据,将沪、苏、浙、皖 26 座地级市和直辖市作为研究空间范围,包括上海,江苏的南京、无锡、常州、苏州、南通、盐城、扬州、镇江、泰州,浙江的杭州、宁波、嘉兴、湖州、绍兴、金华、舟山、台州,安徽的合肥、芜湖、马鞍山、铜陵、安庆、滁州、池州、宣城,共 26 座城市(见图 6.1)。由于 2011 年安徽巢湖市的行政区划变动,本研究以变动后的行政区划作为观察标准,对发生变化的区域进行调整合并。

2. 变量选取

本研究选用地区专利授权数量来衡量知识的产出(Pat),解释变量包括 R&D 经费投入和人力资本,控制变量为外商直接投资、人均地区产值,虚拟变量为是否是上海。表 6.1 为模型变量含义及描述性统计分析。

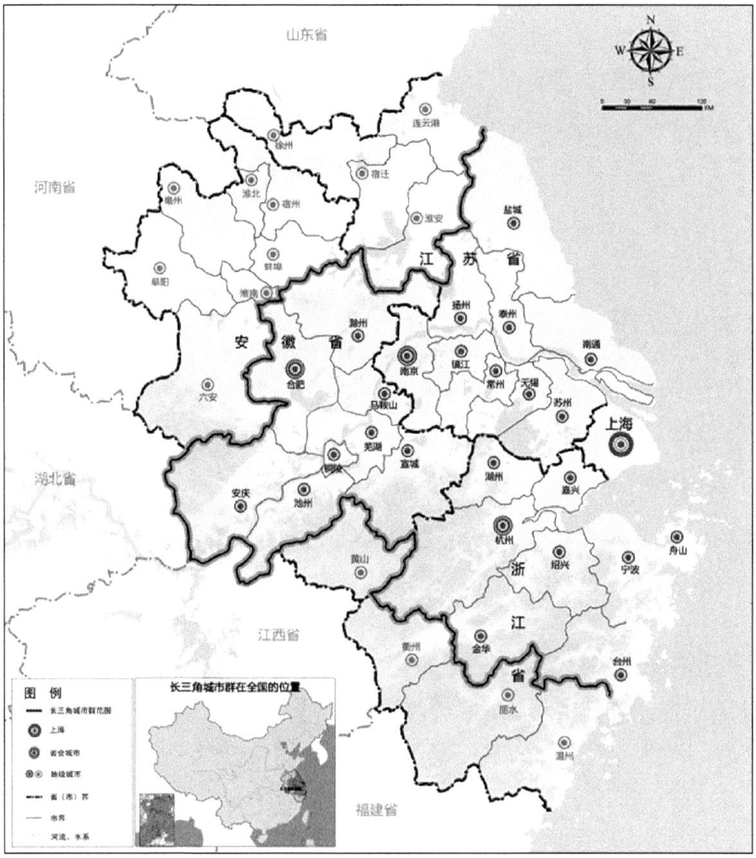

资料来源:国家发改委发布的《长江三角洲城市群发展规划》。

图 6.1　长江三角洲城市群空间范围

表 6.1　　模型变量的含义及描述性统计分析

变量符号	变量的含义及单位	均值	标准差	最大值	最小值
Pat	地区年专利授权数(件)	2 782	4 630	26 848	4
Cap	年末从业人员数量(人)	763 027	1 045 381	7 522 600	63 800
R&D	地区研发对外支出费用(万元)	29 977.7	60 243.1	606 621.0	155.9
FDI	外商直接投资金额(万美元)	160 164.3	250 360.7	1 845 923.0	212.0
PGDP	人均地区生产总值(元/人)	52 409.3	44 198.0	218 421.6	3 781.5
SH	当该城市为上海时值为 1	—	—	1	0

资料来源:作者计算整理。

3. 模型构建

本研究的回归模型借鉴柯布—道格拉斯函数，认为创新产出(Pat)主要来自研发资金(R&D)、人力资本(Cap)的投入以及其他控制变量(C)，

$$Pat_{it}=Cap_{it}^{\beta_1}\times R\&D_{it}^{\beta_2}\times C_{it}^{\gamma}\times e^{\mu_{it}} \tag{6.1}$$

对式(6.1)两边取对数，得

$$\ln(Pat_{it})=\beta_1\ln(Cap_{it})+\beta_2\ln(R\&D_{it})+\gamma(C_{it})+\mu_{it}\ln(e) \tag{6.2}$$

4. 邻近模式的度量

本研究构建多种形式的权重矩阵对地区间的邻近性进行度量。

地理邻近性的权重矩阵如式(6.3)。$d_{i,j}$ 表示两地之间的地理距离。两地区之间地理距离越近，赋予的权重越大；反之，权重越小。

$$W_{i,j}=\begin{cases}\dfrac{1}{d_{i,j}^2}, & i\neq j\\ 0, & i=j\end{cases} \tag{6.3}$$

经济邻近性的权重矩阵如式(6.4)。x_i 表示 i 地区的人均地区生产总值。两地区人均生产总值差异越小，代表经济水平越接近，被赋予的权重越大；反之，权重较小。

$$W_{i,j}=\begin{cases}\dfrac{1}{|x_i-x_j|}, & i\neq j\\ 0, & i=j\end{cases} \tag{6.4}$$

借鉴 Caragliu 等的方法，技术邻近性的权重矩阵如式(6.5)，采用两地区各行业从业人员比例的欧氏距离来反映地区间技术水平的接近程度。x_{si} 表示 i 地区 s 行业的从业人员比例。两地区技术水平和行业结构越接近，赋予的权重越大；反之，权重越小。

$$W_{i,j}=\begin{cases}\dfrac{1}{\sum\limits_{s=1}^{20}(x_{si}-x_{sj})^2}, & i\neq j\\ 0, & i=j\end{cases} \tag{6.5}$$

信息邻近性的权重矩阵如式(6.6)。x_i、x_j 分别表示 i、j 地区互联网宽带用户接入数量。两地区互联网接入用户数差异越小，信息化发展水平越接近，被赋予的权重越大；反之，权重越小。

$$W_{i,j}=\begin{cases}\dfrac{1}{|x_i-x_j|}, & i\neq j\\ 0, & i=j\end{cases} \tag{6.6}$$

5. Moran I 指数

Moran I 指数衡量的是各个地理单元之间的相似程度,即产业在这个经济带的聚集程度。全局 Moran I 指数的计算公式为:

$$I=\frac{n\sum_{i=1}^{n}\sum_{j=1}^{n}\omega_{ij}(x_i-\bar{x})(x_j-\bar{x})}{\sum_{i=1}^{n}\sum_{j=1}^{n}\omega_{ij}\sum_{i=1}^{n}(x_i-\bar{x})^2} \tag{6.7}$$

其中,x_i 代表 i 地区的观测值,ω_{ij} 是空间权重系数矩阵。

6.3　多维邻近性对知识溢出效应的影响分析

6.3.1　知识溢出的空间格局

依据历年知识溢出产出,即年专利授权数量,将各个城市从高到低分为四个梯度,如表 6.2、图 6.2 至图 6.5 所示。

表 6.2　2001、2006、2011、2016 年长三角知识产出梯度表

梯度类型	2001 年	2006 年	2011 年	2016 年
第一梯度	上海	上海	上海	上海、苏州、杭州
第二梯度	苏州、杭州、南京、宁波、无锡	苏州、杭州、宁波、无锡	苏州、杭州、南京、宁波、无锡	南京、宁波、无锡、合肥
第三梯度	南通、盐城、扬州、镇江、泰州、嘉兴、绍兴、金华、舟山、台州	南京、常州、南通、嘉兴、绍兴、台州、金华、舟山	合肥、南通、盐城、扬州、镇江、泰州、嘉兴、绍兴、金华、舟山、台州	南通、盐城、扬州、镇江、泰州、嘉兴、绍兴、金华、舟山、台州、芜湖
第四梯度	合肥、芜湖、马鞍山、湖州、铜陵、安庆、滁州、池州、宣城	合肥、芜湖、湖州、盐城、泰州、扬州、镇江、马鞍山、铜陵、安庆、滁州、池州、宣城	芜湖、马鞍山、铜陵、安庆、湖州、滁州、池州、宣城	芜湖、马鞍山、铜陵、安庆、湖州、滁州、池州、宣城

资料来源:作者计算整理。

从知识产出分布来看,高产出的城市沿交通线路呈Z形分布。上海的知识产出水平一直保持在第一梯度,南京、宁波、无锡等城市的知识产出水平大多数年份里稳定在第二梯度,江苏中部的城市主要处于第三梯度,安徽除合肥外的大部分城市处于第四梯度。从空间异质性看,知识产出水平较低的城市主要分布在安徽省中西部和江苏北部。高产出的城市主要聚集在沪宁和杭甬发展轴上,沿沪汉蓉高速铁路(上海—南京段)、沪杭甬高速公路呈Z形分布。

从各城市梯度分布的变动情况来看,合肥市的知识溢出产出水平不断提高。合肥市专利授权数量由原本的第四梯度跃升至第二梯度,带动了周边的芜湖市从第四梯度提升至第三梯度,合肥市成为长三角的新增长极。

从不同时间的梯度分布来看,选取四个年份专利授权数构成横截面数据,长三角的知识产出格局演化过程明显,空间聚集倾向基本相同。2001至2006年长三角知识产出格局,由于南京的掉队,由“1+5+X”变为“1+4+X”,并在2011年重新变为“1+5+X”的格局。2016年,由于苏州、杭州、合肥等城市的快速发展,呈现出“3+4+X”的格局。上海、杭州、苏州等城市组成Z形的区域聚集程度提高,长三角呈现出多城市协同发展的格局。

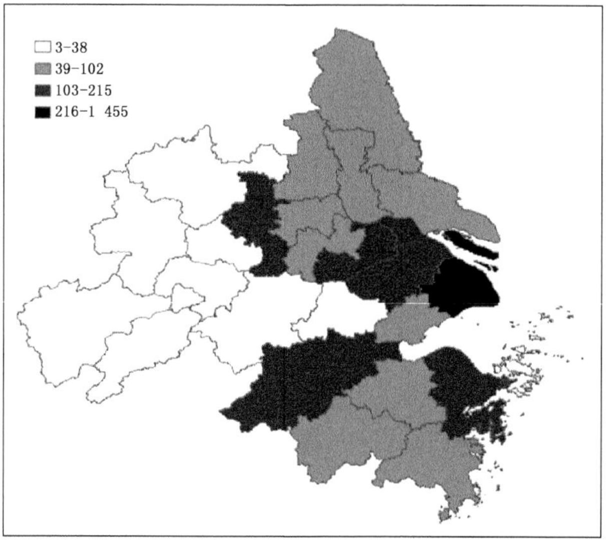

资料来源:作者自绘。

图6.2 2001年长三角知识产出水平空间分布

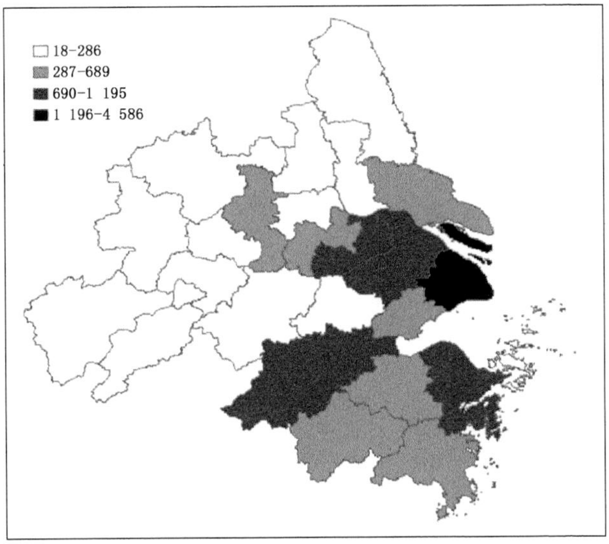

资料来源:作者自绘。

图 6.3　2006 年长三角知识产出水平空间分布

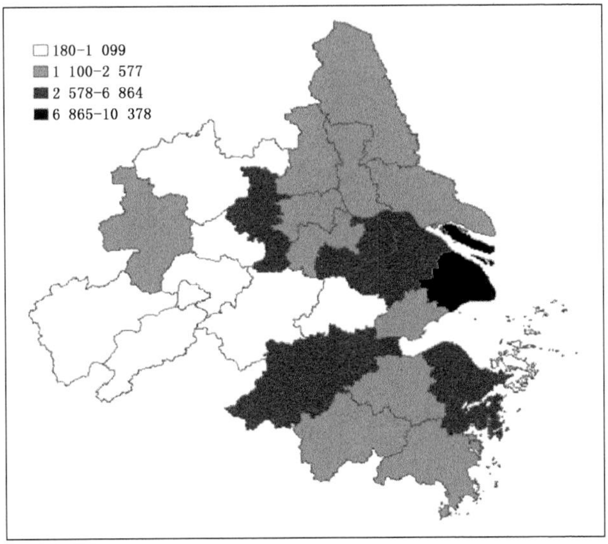

资料来源:作者自绘。

图 6.4　2011 年长三角知识产出水平空间分布

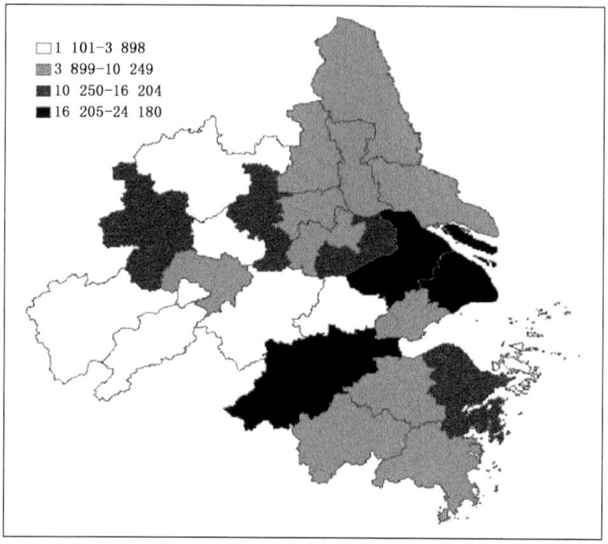

资料来源：作者自绘。

图 6.5　2016 年长三角知识产出水平空间分布

6.3.2　空间相关性

利用 Moran 指数对长三角知识溢出进行空间自相关检验，如图 6.6 所示。

四种邻近维度的全局 Moran 指数都显著为正，整体呈增加趋势，说明四种邻近维度下长三角创新活动均存在显著的全局空间正相关，同时长三角知识溢出呈现空间聚集形态不断强化的趋势。城市之间的人才、经济、信息和技术交流愈发密切，空间聚集的程度也越高。

接下来横向比较四种邻近，信息邻近的全局 Moran 指数要高于另外三种邻近维度，表明城市间互联网和信息化建设水平的相似性对于长三角城市间知识溢出效应的发生具有重要的影响。最后，地理邻近与技术邻近的全局 Moran 指数自 2009 年以来趋于平缓，甚至有下降的趋势。这可能是由于这两种邻近维度对于长三角城市间知识溢出效应的作用已经趋于饱和。图 6.6 为 2001—2016 年长三角全局 Moran 指数变化趋势。

选取 2016 年的横截面数据，利用 LISA 分析绘制局部 Moran 指数散点图，横坐标(z)表示本区域的统计量，纵坐标(Wz)表示邻近区域的统计量，如图 6.7 至图 6.10 所示。

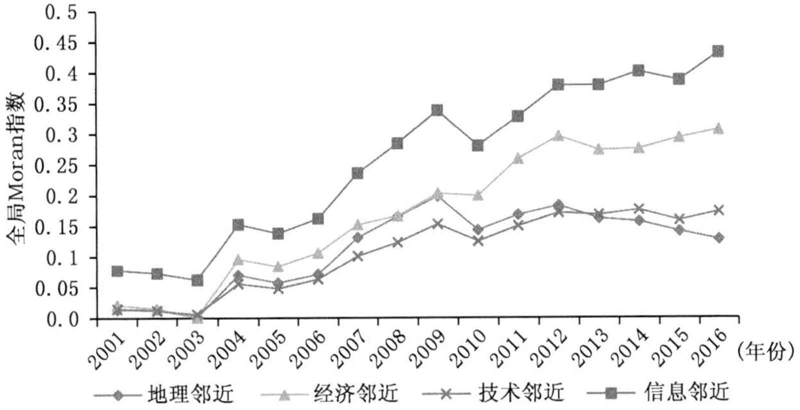

资料来源：作者自绘。

图 6.6　2001—2016 年长三角全局 Moran 指数变化趋势

上海、苏州、无锡和南通等城市位于 HH 象限，说明知识溢出产出存在正向的空间相关性，是一个较高的聚集区；南京、合肥和宁波等城市位于 HL 象限，说明知识溢出产出与周围城市存在负的空间相关性，本地区高水平的知识溢出产出没有显著带动周边地区；安徽大部分城市和镇江、扬州等城市位于 LL 象限，说明知识溢出产出上它们与周边城市都比较低；湖州、嘉兴等城市位于 LH 象限，说明周边城市的知识溢出产出水平较高，但它们的产出水平较低，如图 6.7 所示。

上海、苏州、南京、杭州、无锡和宁波等城市位于 HH 象限，说明这些城市自身的知识溢出产出水平较高，也会带动长三角其他经济发展水平相近的城市，形成基于经济邻近性的聚集；合肥位于 HL 象限，说明自身的知识溢出产出水平相对较高，但对周围经济发展水平相近的城市的带动作用不足；安徽大部分城市、江苏中北部城市和浙江部分城市位于 LL 象限，说明自身和经济邻近城市的知识溢出产出水平均较低；镇江和舟山等位于 LH 象限，说明自身创新活动产出水平较低，但同一经济水平（经济邻近）的城市大多具有较高的产出水平，如图 6.8 所示。

上海、杭州、南京、苏州、宁波等城市位于 HH 象限，说明存在正向的空间相关性，对相同技术水平和产业结构的城市有拉动作用，形成基于技术邻近性的聚集；马鞍山、芜湖、盐城等城市位于 LL 象限，说明与技术水平相同城市的知识溢出产出水平均较低；嘉兴、铜陵、镇江、台州和金华等城市位于 LH 象限，说明它们的知识溢出产出水平较低，但与技术水平和产业结构相似的城市大多有较高的产

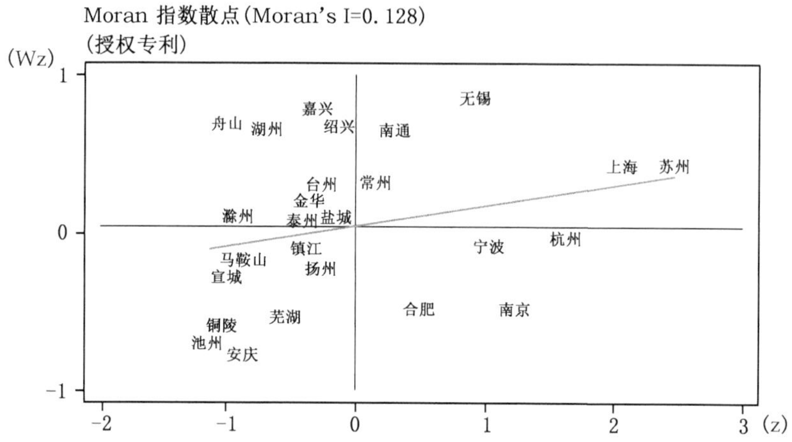

资料来源:作者自绘。

图 6.7　2016 年长三角专利授权数 Moran 指数散点图——地理邻近维度

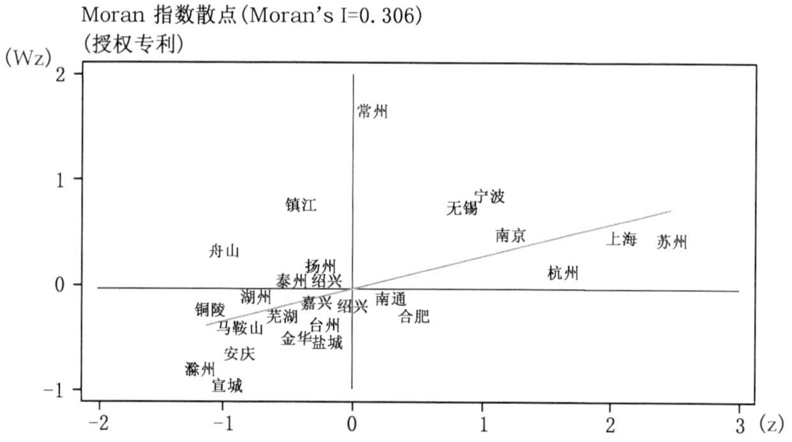

资料来源:作者自绘。

图 6.8　2016 年长三角专利授权数 Moran 指数散点图——经济邻近维度

出,如图 6.9 所示。

上海、苏州、南京、杭州、宁波、合肥等城市位于 HH 象限,说明对于相似信息化水平的城市创新产出具有拉动作用;江苏中北部和安徽大部分城市位于 LL 象限,说明本区域以及信息化水平相似地区的创新产出水平都比较低;金华、嘉兴等城市位于 LH 象限,说明它们的创新产出水平较低,信息化水平相近的城市没有

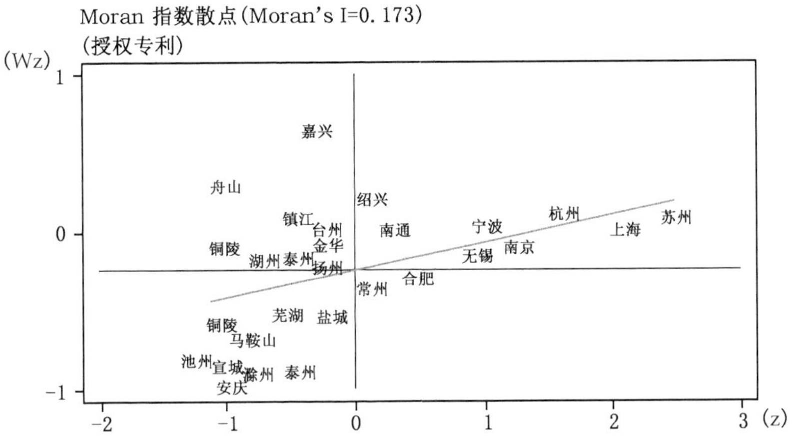

资料来源:作者自绘。

图 6.9　2016 年长三角专利授权数 Moran 指数散点图——技术邻近维度

对该地区起到显著的带动作用,如图 6.10 所示。

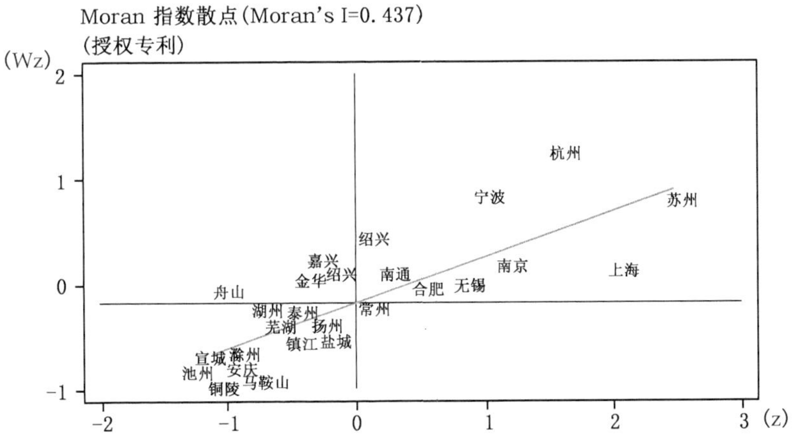

资料来源:作者自绘。

图 6.10　2016 年长三角专利授权数 Moran 指数散点图——信息邻近维度

表 6.3 为多种邻近维度下各城市局部 Moran 指数分布。长三角发展水平最高的区域(沪、宁、苏、锡、常、杭、甬等地)的大部分邻近维度上呈现正向溢出效应,本地区与周边城市协同发展;安徽除合肥外的大部分城市以及江苏中部的部分城市由于经济水平和基础设施建设相对落后,形成低值的聚集;合肥作为安徽省省

会和发改委规划的长三角 I 型城市，在地理邻近、经济邻近和技术邻近维度上对周边邻近城市的带动作用有限；南京和常州分别为长三角 I 型城市和 II 型城市，由于位于江苏省和安徽省交界处，都不能有效地带动周边城市的知识溢出产出；在信息邻近维度上，大多数城市都分布在 HH 象限和 LL 象限，这意味着在信息邻近维度上地区间正向溢出效应非常显著，只要某一地区具有较高的知识溢出产出水平，就能有效地带动邻近城市的产出。

表 6.3　多种邻近维度下各城市局部 Moran 指数分布的汇总

邻近维度	HH 象限	HL 象限	LH 象限	LL 象限
地理邻近	上海、苏州、无锡、南通、常州	杭州、宁波、南京、合肥	嘉兴、湖州、舟山、台州、金华、滁州、绍兴	泰州、镇江、扬州、马鞍山、宣城、芜湖、铜陵、池州、安庆、盐城
经济邻近	上海、苏州、南京、杭州、宁波、无锡、常州	合肥、南通	镇江、舟山、扬州、泰州	湖州、嘉兴、绍兴、铜陵、马鞍山、芜湖、金华、台州、盐城、滁州、安庆、池州、宣城
技术邻近	上海、苏州、南京、杭州、宁波、无锡、南通	合肥、常州	舟山、镇江、台州、铜陵、湖州、金华、泰州、扬州、绍兴	芜湖、盐城、马鞍山、池州、宣城、安庆、滁州
信息邻近	上海、苏州、南京、杭州、宁波、无锡、合肥、南通、常州	—	嘉兴、金华、绍兴	湖州、芜湖、泰州、扬州、舟山、镇江、盐城、宣城、滁州、安庆、池州、马鞍山、铜陵

资料来源：作者计算整理。

6.3.3　回归结果及其讨论

表 6.4 为基于不同邻近维度的 LM 检验、Wald 检验级 Hausman 检验结果。

表 6.4　基于不同邻近维度的 LM 检验、Wald 检验级 Hausman 检验结果

模型检验	地理邻近		经济邻近		技术邻近		信息邻近	
	统计量	P 值	统计量	P 值	统计量	P 值	统计量	P 值
LM 检验	43.82	0.000	49.04	0.000	45.98	0.000	56.04	0.000
Wald 检验	65.15	0.000	32.96	0.000	27.81	0.000	33.70	0.000
Hausman 检验	−10.25	0.000	4.23	0.376	−5.63	0.000	1.25	0.869

资料来源：作者计算整理。

常用的空间计量模型包括 SDM 模型、SAR 模型和 SEM 模型三种。本研究通过在不同邻近维度下进行 LM 检验和 Wald 检验,发现检验统计量都显著,说明该模型的扰动项和因变量都存在空间效应,使用 SEM 模型和 SAR 模型都是合理的。本研究构建同时支持 SEM 和 SAR 的更稳健的广义空间模型,即 SDM 模型,再利用 Hausman 检验,确定采用随机效应模型还是固定效应模型。在四种邻近维度下,地理邻近和技术邻近的霍斯曼检验的结果都拒绝原假设,故使用固定效应模型;经济邻近和信息邻近由于 Hausman 检验结果显示随机效应模型的基本假设(个体效应与解释变量不相关)得不到满足,所以也应该选择固定效应模型,本研究选择 SDM 的固定效应模型。

利用 SDM 模型对面板数据进行回归估计,结果如表 6.5 所示,其中经典模型为普通面板估计结果。

表 6.5　　普通面板回归模型及不同邻近维度下 SDM 模型回归结果

变　量	经典模型	地理邻近	经济邻近	技术邻近	信息邻近
ln(Cap)	0.378*** (4.42)	0.312*** (7.56)	0.300*** (5.89)	0.352*** (6.86)	0.271*** (4.97)
ln(R&D)	0.477*** (5.28)	0.364*** (6.55)	0.254*** (5.95)	0.297*** (7.02)	0.332*** (7.74)
ln(FDI)	0.0422 (0.71)	0.126*** (6.84)	0.224*** (9.25)	0.136*** (5.62)	0.197*** (7.81)
ln(pgrp)	1.161*** (16.23)	0.357*** (5.92)	0.569*** (6.94)	0.595*** (7.72)	0.406*** (5.40)
SH	−1.006*** (−3.94)	—	—	—	—
_cons	−20.40*** (−28.57)				
W×ln(Cap)		0.064 (−0.58)	−0.208** (−2.13)	0.567* (1.71)	0.0553 (0.50)
W×ln(R&D)		−0.468*** (−4.66)	−0.135 (−1.43)	0.982*** (3.73)	−0.310*** (−3.47)
W×ln(FDI)		0.251*** (5.13)	−0.00342 (−0.07)	−0.471*** (−2.96)	0.104** (2.09)
W×ln(pgrp)		−0.152 (−0.92)	−0.874*** (−5.47)	1.527*** (4.19)	−0.104 (−0.66)
Spatial rho		0.752*** (16.39)	0.0969 (1.44)	−0.804*** (−4.20)	0.272*** (3.79)
R-square	0.8287	0.9579	0.1904	0.9023	0.9286
N	416	416	416	416	416

注:括号中的数值为 t 检验统计量,*、**、*** 分别表示显著程度为 10%、5%、1%。

资料来源:作者计算整理。

从各个模型的回归结果来看，主要结论有：

(1)空间计量模型优于传统的面板数据回归模型。从模型拟合效果的角度看，在引入空间计量模型后，除了经济邻近外的三种模型解释程度都明显提高，这说明涵盖空间权重矩阵的空间计量模型比传统的普通面板模型具有更强的解释力。

从变量的角度看，所有模型本地区的人力资本、研发投入、对外直接投资和人均地区生产总值都对区域专利授权量有着显著的正向影响。但在传统面板数据回归模型中，对外直接投资的弹性系数要远远低于其他要素投入，人均地区生产总值的弹性系数则远高于其他变量。同时虚拟变量 SH 的弹性系数为负，说明在其他资源投入都相同的情况下，上海市创新活动的产出将比其他地区低 1.006%，结果显然与现实情况存在很大的差异。在引入空间权重矩阵的空间模型中，首先，空间自相关系数显著，说明长三角存在知识溢出效应，验证了 H1 的假设；其次，各个解释变量的弹性系数，即要素投入对知识产出的影响程度相对均衡，本地区专利授权量的变动受到相邻地区要素投入的影响。模型回归结果显示虚拟变量 SH 为冗余变量，在计算过程中被程序自动剔除，说明在长三角，上海市对要素投入的利用效率与其他城市没有显著的差异。

从理论的角度看，空间计量模型对于长三角的知识溢出效应的解释相比传统的面板数据回归模型更加合理。

从现实的角度看，长三角呈现出多城市协同发展的格局，区域知识创新方面的同城化趋势越来越明显，同时结果也表明上海在长三角中的核心地位还需要进一步加强。

(2)不同邻近维度下城市间知识溢出存在差异。横向比较四个空间计量模型，在地理邻近、技术邻近和信息邻近维度方面，本地区的年专利授权数量均受到邻近城市的影响，基于地理邻近、技术邻近和信息邻近的模型空间自回归系数均在 1%的水平上显著，验证了 H2、H4 和 H5；但是基于经济邻近的模型空间自回归系数不显著，H3 得不到验证。

技术邻近模型的空间自相关系数绝对值最大，略高于地理邻近回归模型的空间自相关系数，说明技术邻近性在知识溢出过程中起到了非常重要的作用。这一结论与 Paci 等学者的研究结果一致，与国内以省际知识溢出效应的研究结论存在差异，国内研究一般认为地理邻近是影响我国省际知识溢出效应的最主要的因素。长三角是我国经济增长的引擎，轨道交通与高铁、高速公路形成立体的交通网络，城市间交通便利，地理空间上对知识溢出效应的制约作用较小。技术邻近性逐渐成为影响长三角区域协同发展的关键因素。

信息邻近回归模型的空间相关系数虽然数值低于地理邻近模型和技术邻近模型，但在 1%的水平上显著，说明随着互联网的发展，长三角城市间的知识溢出将越来越受益于地区的信息化建设，大数据、人工智能等信息技术将在更大程度上促进城市间知识溢出。

经济邻近的回归模型的空间效应不显著，可能是由于长三角的范围由原来的两省一市扩充到"泛长三角"三省一市之后，区域间经济发展的不平衡性进一步凸显。一些城市的经济水平较低，与其他城市的经济联系还未突破临界值，没有产生溢出效应。

(3)各自变量在不同邻近维度下产生溢出效应对地区知识溢出产出的作用存在差异。将参数估计结果分解为直接效应(本地区要素投入的影响)和间接效应(邻近地区要素投入对本地区的影响，即溢出效应)，如表 6.6 所示。三类回归模型的直接效应没有明显差异。但在不同的邻近维度下，间接效应，即该城市周围地区各变量对于本地区产出的影响机制存在差异。

表 6.6　　直接效应和间接效应

变量	地理邻近			技术邻近			信息邻近		
	直接效应	间接效应	总效应	直接效应	间接效应	总效应	直接效应	间接效应	总效应
ln(Cap)	0.381*** (7.83)	1.175** (2.45)	1.556*** (3.06)	0.342*** (7.14)	0.170 (0.87)	0.513** (2.45)	0.278*** (5.20)	0.172 (1.19)	0.449*** (2.86)
ln(R&D)	0.320*** (6.81)	−0.752** (−2.33)	−0.432 (−1.39)	0.273*** (6.51)	0.451*** (2.68)	0.724*** (4.15)	0.319*** (7.51)	−0.286** (−2.43)	0.0327 (0.27)
ln(FDI)	0.207*** (8.74)	1.348*** (4.68)	1.555*** (5.12)	0.155*** (6.98)	−0.352*** (−3.65)	−0.197* (−1.90)	0.208*** (8.68)	0.205*** (3.31)	0.413*** (6.06)
ln(prgp)	0.383*** (5.48)	0.468 (0.74)	0.851 (1.27)	0.560*** (7.53)	0.631*** (2.70)	1.191*** (4.71)	0.404*** (5.36)	0.008 (0.04)	0.412* (1.85)

资料来源：作者计算整理。

人力资本的溢出效应主要通过地理邻近性影响地区的知识产出，周围城市每增加 1%的人力投入，本地区的产出将增加 1.175%。但是，人力资本在技术邻近和信息邻近模型中的间接效应都不显著。相比于其他要素，人具有一定的地域归属感。虽然地理空间距离已经不是影响长三角城市间知识溢出效应的最主要因素，但从人力资本的角度看，人才流动的溢出效应主要体现在地理邻近维度上。

资本投入在地理邻近和信息邻近维度表现出负向溢出效应，邻近城市研发投入的增加会降低本地区的知识产出。在地理邻近维度、信息邻近维度方面，相邻地区资本投入的增加会吸引本地区的资源流出，与本地区形成竞争关系，反而会降低本地区的资本使用率。只有当地区之间存在相匹配的技术水平和产业结构时,先进的技术和思想才能得以更好的交流和被吸收,资本投入才能表现出正向的拉动作用。

控制变量中境外投资对地理邻近性和信息邻近性的城市具有正向的溢出效应,但对技术邻近性的城市具有负向的溢出效应,这说明互联网的发展能有效提高本地区和邻近地区的国际资本利用效率,形成知识溢出;长三角民营经济发达,在吸引外资和产业对接方面表现出了较强的协同性。但是对于具有技术邻近性的城市,FDI 对本地区产生挤出效应,降低本地区的知识溢出产出水平。

6.4 本章小结

本研究通过构建多维邻近性的权重矩阵,研究长三角城市间的知识溢出机制。首先,利用 Moran 指数和 LISA 分析展示了长三角知识产出的空间格局;其次,基于地理邻近、经济邻近、技术邻近和信息邻近,利用长三角 26 座城市的空间面板数据,选取空间杜宾模型进行回归,并对参数的直接效应和间接效应进行分解,研究不同投入要素的作用机制。

结果显示:一是长三角知识产出总体呈现 Z 形分布,存在显著的空间相关性。苏锡常都市圈和环杭州湾都市地区的飞速发展使得长三角核心区域溢出效应逐渐凸显;二是地理邻近、技术邻近和信息邻近都对长三角城市间的知识溢出效应存在显著的影响,基于行业结构的技术邻近可以在一定程度上突破地理空间对于知识溢出的限制作用,信息邻近对于地区的知识溢出也有着不可忽视的显著作用,经济邻近的作用并不显著;三是对解释变量的作用做进一步分析发现,邻近城市人力资本投入对于本地区产出的影响主要是通过地理邻近,周围地区其他要素的投入由于影响路径的差异,既有可能推动地区发展,也有可能带来阻碍。

本研究认为需要进一步加强长三角城市间的协同发展,充分考虑本地区政策和创新活动给其他城市带来的外部性。相应措施有:完善区域间铁路、公路、水运、航空、管道等基础设施网络,减少空间地理距离对于知识溢出效应的限制;加强人才交流,促进各个产业在创新活动中协同合作,让技术邻近在知识溢出中发挥更大的作用;加强信息、互联网建设,提升城市间信息的互通互联,为人工智能、大数据、云计算等技术发展铺平道路;政府部门构建城市间协同治理机制,打破行政壁垒,各城市主动融入长三角。

第 7 章

知识溢出对产业聚集效应的影响：以长江经济带电子信息产业为例

7.1 研究假设提出

由于电子信息产业技术密集、人才密集的特点决定了它对新技术、新知识的迫切需求，同时也与地区信息化建设有着密切的联系，因此选取长江经济带电子信息产业作为研究对象来进一步探究知识溢出与聚集效应的关系。

电子信息产业是我国国民经济重要的基础性、战略性行业，也是我国极具创新活力的行业。根据国家统计局和各省市统计局的数据，2017 年我国规模以上工业企业主营业务收入达到 115.9 万亿元，其中，电子信息产业主营业务收入达到 9.96 万亿元，占比为 8.6%。电子信息产业的发展对国民经济增长起到了极大的推动作用。电子信息产业的发展，对我国产业总体上从中低端转型至中高端起到关键作用。

电子信息产业一般是指研发和生产各类电子元件、仪器等设备的产业，包括电子通信，计算机软、硬件等。按照我国《电子信息产业行业分类注释》的划分，电子信息产业包括制造业和服务业两大行业，具体包括 12 个细分行业，如图 7.1 所示。

本研究选取的电子信息产业数据更侧重于制造工业，包括计算机制造、通信设备制造、广播电视设备制造、雷达及配套设备制造、视听设备制造、电子器件制造、电子元件制造以及其他电子设备制造。这个产业在国民经济行业分类代码表中为C类39大类。

电子信息产业不同于其他制造行业，对知识、技术和资金等要素的需求更大，具体如下：

一是对知识和技术的需求大。电子信息产业属于技术密集型产业，其研发和制造过程需要大量的专业技术人员和科研工作者。

二是信息和产品更新快。在当前数字化背景下，信息交流的频率和质量高，知识和技术扩散传播的速度非常快，在这样的信息背景下加快了技术的更新速度。

三是成本投入高，风险大。与电子信息产业关联的相关行业领域要远远多于传统行业，其研发的投入和门槛要大于传统行业。

四是对标准化的要求高。由于电子信息行业在生产、应用等环节需要许多上下游厂商提供配套的部件产品和服务。为了各个环节能够协调运行，因而对标准化控制的需求也高，这也是企业技术和生产竞争力的体现。

结合电子信息产业的特征，影响电子信息产业空间聚集的区位因素可以大致分为三点：

一是人力资源。电子信息产业技术依赖性的特点使得其研发和制造过程需要大量的专业技术人员及科研工作者。高水平的研发能力和技术资源有利于电子信息企业的发展。因此，电子信息产业在选址时一般会将高素质的人力资源作为重要的考量标准。

二是技术资源。一方面，由于电子信息产业对技术的依赖性高，产品和技术更新快，技术创新已经成为推动其发展的核心驱动力之一。电子信息产业中，技术知识资源是企业提升竞争力的基础。另一方面，技术和知识资源的丰富也有利于企业规模经济效益的提高，降低了成本投入，提升了生产效率。

三是资本资源。电子信息产业在发展过程中需要大量的资金投入。电子信息行业厂商产品研发、推广、上市等都需要资本的支持。同时，由于电子信息产业研发风险高，前期大量的研发投资不一定会有稳定的产出。企业没有完善、有效的资金体系将难以为继。

本研究在研究知识溢出与产业集聚关系时结合马歇尔的产业集聚理论与电子信息产业的特点，考虑了劳动力池、政府作用、经济基础、工业规模等控制变量，提出下列假设：

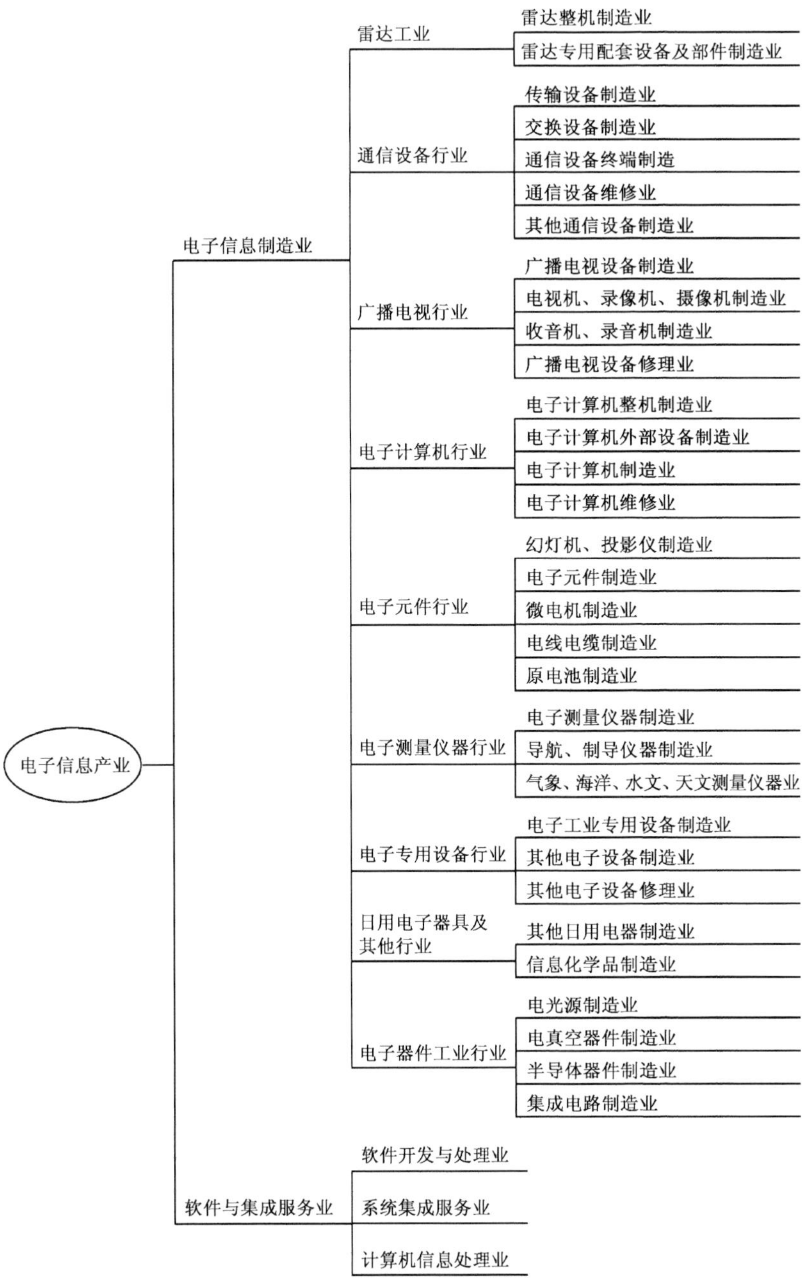

资料来源：《中国工业信息统计年鉴》。

图 7.1　电子信息产业行业划分

H1:知识溢出对长江经济带电子信息产业集聚程度有影响,知识溢出强度越大,电子信息产业集聚程度越高;

H2a:行业从业人员数量对长江经济带电子信息产业集聚程度有影响,从业人员数量越多,电子信息产业集聚程度越高;

H2b:研发人员数量对长江经济带电子信息产业集聚程度有影响,研发人员数量越多,电子信息产业集聚程度越高;

H3:政府作用对长江经济带电子信息产业集聚程度有影响,政府作用的强度越大,电子信息产业集聚程度越高;

H4:经济基础对长江经济带电子信息产业集聚程度有影响,经济发展水平越高,电子信息产业集聚程度越高;

H5:地区工业规模对长江经济带电子信息产业集聚程度有影响,地区工业规模越大,电子信息产业集聚程度越高;

H6:外商直接投资(FDI)对长江经济带电子信息产业集聚程度有影响,FDI越大,电子信息产业集聚程度越高。

7.2 研究对象界定、变量选取与模型构建

7.2.1 研究对象界定与数据来源

按照《电子信息产业行业分类注释》的划分,电子信息产业包括制造业和服务业两大行业,共12个细分行业。本研究选取的电子信息产业数据更侧重于制造工业,包括计算机制造、通信设备制造、广播电视设备制造、雷达及配套设备制造、视听设备制造、电子器件制造、电子元件制造以及其他电子设备制造,对应《国民经济行业分类与代码》(GB/T4754—2017)中C39大类。

长江经济带的空间范围包括九省两市,具体划分为东部两省一市(上海、浙江、江苏)、中部四省(安徽、江西、湖北、湖南)、西部三省一市(重庆、四川、贵州、云南)。

基于各区域电子信息产业特征和数据可得性,本研究选取的时间范围为2007至2016年,相关数据均来源于各省市统计局的统计年鉴。

7.2.2 变量选取及描述性统计

利用电子信息产业的区位熵作为因变量,衡量各地区的产业集聚程度。知识

溢出的测度则选取专利数据来度量各地区的知识产出水平，采用空间计量模型测度地区间的溢出效应。

为了对产业集聚进行更为全面、系统的分析，本研究选取了多个控制变量，一方面根据马歇尔集聚理论中产业集聚的动因，除了考虑知识溢出外，回归模型中还选取了劳动力相关指标，如行业从业人数、研发人员数量，对劳动力池的影响作用进行研究；另一方面，结合电子信息产业的特征，选取了政府一般财政支出、地区生产总值和地区规模以上企业数量三个指标，来衡量产业集聚中政府因素、地区经济因素和工业基础的影响(见表 7.1)。另外，模型还包含虚拟变量来区分各省市所处的地理位置。东部地区、中部四省和西部四省市分别对应(1,0)、(0,0)和(0,1)。

表 7.1　　变量选取及描述性统计

变量类别		变量符号	变量描述及单位	最大值	最小值	平均值	标准差
因变量	产业集聚	LQ	地区区位熵系数	2.509 4	0.028 8	0.730 2	0.651 0
自变量	知识产出	Patent	年专利授权数量(件)	40 952	176	5 251	7 001
控制变量	劳动力池	Labor	电子信息行业从业人数(万人)	1 005	22	231	281
		Rdlabor	大中型工业企业R&D人员全时当量(人)	451 885	5 018	79 767	97 949
	政府作用	GOV	政府一般性财政支出(亿元)	9 982	768	3 900	1 944
	经济基础	GDP	地区生产总值(亿元)	77 388	2 741	19 939	14 125
	工业规模	CorpNum	地区规模以上企业数量(个)	2 983	8	526	712
	外商直接投资	FDI	外资协议金额(万美元)	5 955 372	37 397	1 214 568	1 534 246
	地理位置	Zone1、Zone2	虚拟变量，区分各省地理位置	1	0	—	—

资料来源：作者计算整理。

7.2.3 模型构建

1. 空间计量模型

为了减少样本的异方差性，对自变量取对数，利用空间计量模型进行建模，如公式(7.1)所示。

$$LQ_{it}=\beta_0+\beta_1\ln(Patent_{it})+\beta_2\ln(Labor_{it})+\beta_3\ln(RDLabor_{it})+\beta_4\ln(FDI_{it})+\beta_5\ln(GOV_{it})+\beta_6\ln(GRP_{it})+\beta_7\ln(CORPNUM_{it})+\beta_8 Zone1+\beta_9 Zone2+\mu \tag{7.1}$$

2. 区位熵

区位熵的计算方法为某区域某产业占该区域所有产业的比重，与该区域所有产业占整个区域所有产业的比重之比，如公式(7.2)所示。

$$LQ=\frac{e_{ij}/e_i}{E_j/E} \tag{7.2}$$

其中，e_{ij} 为 i 地区 j 产业的产值，e_i 为 i 地区的工业总产值，E_j 为长江经济带 j 产业的工业总产值，E 为全国工业总产值。当 $LQ>1$ 时，说明 i 地区 j 产业占比高于全国水平，存在集聚态势；反之，则不存在集聚态势。

3. Moran's I

Moran's I 是反映空间集聚程度的指标，计算过程如公式(7.3)所示。

$$\text{Moran's } I=\frac{\sum_{i=1}^{n}\sum_{j=1}^{n}w_{ij}(x_i-\bar{x})(x_j-\bar{x})}{\sum_{i=1}^{n}(x_i-\bar{x})^2} \tag{7.3}$$

其中，x_i、x_j 分别为 i 地区和 j 地区电子信息产业的工业总产值，w_{ij} 为标准化的空间权重矩阵。本研究利用经纬度计算欧式距离，距离的倒数即为 w_{ij} 的值。两地相距越近，赋予的权重越高；反之，距离越远，赋予的权重越低。

7.3 长江经济带电子信息产业集聚态势及其空间分布格局

7.3.1 长江经济带电子信息产业集聚态势

长江经济带电子信息产业正处于蓬勃发展阶段，电子信息产业的工业总产值从2007年的1.6万亿元增加到2016年的4.5万亿元,增长了1.6倍,如图7.2所示。从东、中、西部三大板块看,东部从2007年的1.5万亿元增加到2016年的2.7万亿元,增长了83.9%;中部从2007年的1 250.6亿元增加到2016年的9 208.1亿元,增长了6.3倍;西部从2007年的669.7亿元增加到2016年的8 128.6亿元,增长了10.6倍。从各个省市看,增长最快的省市有重庆、湖南、贵州、安徽,分别增长了73.2、27.9、22.0、17.1倍,都超过了10倍,江西、四川、云南、湖北、江苏紧随其后,分别增长了7.7、4.8、2.7、1.8、1.3倍,翻了一番甚至几番,而浙江、上海只增长了81.4%、2.1%。

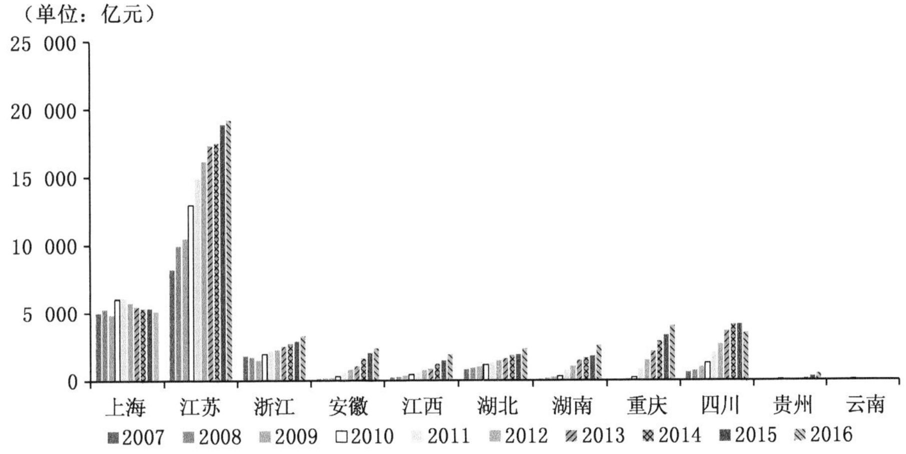

资料来源:作者自绘。

图7.2 2007—2016年各省市电子信息产业的工业总产值

从电子信息产业的内部结构看,东部所占比重有所下降,从2007年的88.5%下降至2016年的61.4%,但是仍然占绝大多数份额;中部、西部所占比重均获得较大提升,中部从2007年的7.3%上升至2016年的20.5%,西部从2007年的4.1%上升至2016年的18.1%,分别如图7.3和图7.4所示。从各个省市看,东部两省一市均步入下降通道,上海、江苏、浙江分别从2007年的29.4%、48.4%、10.7%下降至2016年的11.3%、42.8%、7.3%;重庆、湖南、贵州、安徽均步入快速上升通道,分别从2007年的0.3%、0.5%、0.1%、0.7%上升至2016年的9.0%、5.7%、1.1%、5.3%;江西、四川、云南、湖北也表现不俗,分别从2007年的1.3%、3.5%、0.1%、4.8%上升至2016年的4.3%、7.8%、0.2%、5.2%。

国家区域发展战略和产业政策对促进电子信息产业发展发挥着重要作用。

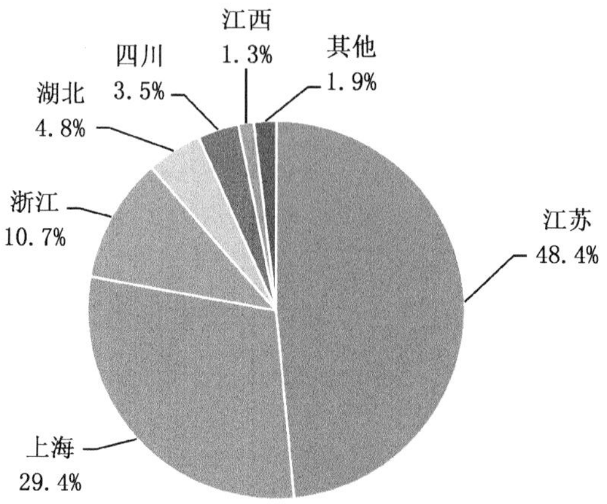

资料来源:作者自绘。

图 7.3　2007 年各省市电子信息产业份额

2008 年全球金融危机爆发后,经济发展由出口导向型战略转向扩大内需战略;2010 年发布《国务院关于加快培育和发展战略性新兴产业的决定》,新一代信息技术被确立为重点培育与发展的七大战略性新兴产业之一;2015 年国务院印发《中国制造 2025》,推动信息化与工业化深度融合,出台《国务院关于积极推进“互联网+”行动的指导意见》,把互联网的创新成果与经济社会各领域深度融合;2014 年,国务院印发《关于依托黄金水道推动长江经济带发展的指导意见》,到 2016 年,中共中央国务院印发《长江经济带发展规划纲要》,长江经济带发展上升为国家级发展战略;等等。长江经济带电子信息产业迎来了大发展的机遇,一方面,电子信息产业转型升级促使产业链重新布局,如阿里巴巴抓住移动互联网的机遇,为浙江确立消费大数据的主导地位,成为订单分配者;另一方面,电子信息产业由东部沿海地区加快向中西部特大城市、大城市迁移,如合肥的中科系、武汉的光谷系,以及成都、贵阳的电子、光电产业等。特别值得一提的是,2013 年贵州提出“数字贵州”,到当下的“云上贵州”,“换道超车”战略带动电子信息产业出现急剧增长,2013 至 2016 年仅仅四年就增长了 7.3 倍。

东部省市是长江经济带电子信息产业发展的核心区域,尤其是上海和江苏两地,区位熵是最高的,表现出高度的集聚态势,如表 7.2 所示。重庆、四川的区位熵上升得非常明显,2007 年还是 0.144 8 和 0.628 9,并未出现集聚态势,到了 2012 年,分别为 1.323 4、0.994 9,2013 年分别为 1.571 0、1.201 5,意味着出现集聚态势。

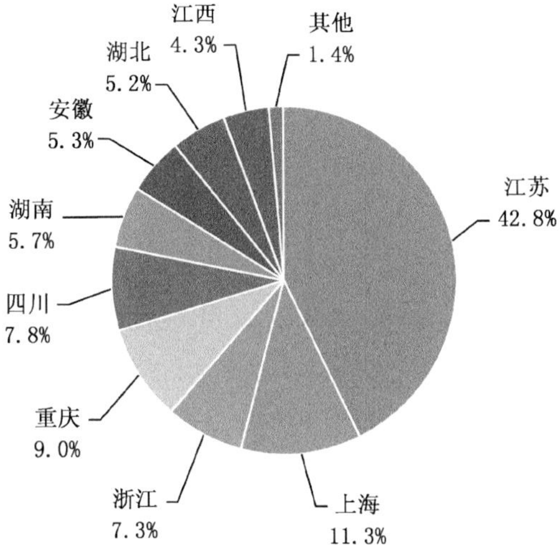

资料来源：作者自绘。

图 7.4　2016 年各省市电子信息产业份额

表 7.2　　2007—2016 年长江经济带电子信息产业区位熵

区域＼年份		2007	2008	2009	2010	2011	2012	2013	2014	2015	2016
东部	上海	2.509 4	2.363 1	2.268 2	2.262 4	2.095 6	2.017 2	1.871 3	1.819 0	1.867 6	1.790 0
	江苏	1.791 2	1.706 0	1.664 5	1.636 8	1.608 2	1.569 1	1.505 4	1.426 4	1.469 4	1.419 1
	浙江	0.586 1	0.486 7	0.424 9	0.445 5	0.445 4	0.445 9	0.466 6	0.470 2	0.505 1	0.556 3
中部	安徽	0.193 0	0.169 1	0.170 3	0.184 9	0.264 5	0.319 8	0.370 9	0.510 4	0.595 4	0.640 1
	江西	0.236 7	0.264 9	0.296 6	0.332 0	0.371 7	0.420 4	0.401 5	0.505 9	0.554 9	0.665 0
	湖北	0.983 6	0.788 9	0.766 4	0.620 1	0.536 9	0.506 4	0.485 6	0.493 1	0.487 7	0.557 5
	湖南	0.122 0	0.155 8	0.203 3	0.194 2	0.317 8	0.428 4	0.545 5	0.562 4	0.584 3	0.759 5
西部	重庆	0.144 8	0.153 6	0.183 1	0.286 9	0.802 0	1.323 4	1.571 0	1.791 3	1.809 7	1.961 2
	四川	0.628 9	0.570 6	0.626 0	0.645 2	0.781 2	0.994 9	1.201 5	1.252 1	1.188 3	0.980 2
	贵州	0.097 9	0.113 0	0.130 7	0.119 1	0.100 5	0.113 8	0.088 2	0.159 8	0.334 2	0.500 8
	云南	0.061 5	0.061 5	0.061 5	0.061 5	0.061 5	0.061 5	0.061 5	0.061 5	0.028 8	0.092 6
东部		1.356 9	1.278 8	1.229 8	1.221 3	1.188 9	1.159 5	1.115 2	1.065 3	1.105 3	1.081 5
中部		0.345 8	0.316 8	0.327 1	0.300 2	0.328 8	0.368 7	0.397 4	0.451 7	0.482 8	0.567 5
西部		0.307 4	0.298 0	0.339 1	0.365 3	0.524 4	0.696 7	0.835 2	0.923 6	0.935 6	0.918 7

资料来源：作者计算整理。

东部区位熵明显高于中部、西部，虽然出现下降趋势，但是始终大于 1，说明东部产业集聚程度高于中部、西部，一直保持集聚态势，但集聚程度趋于下降；中部区位熵虽然稳步提升，但是仍然小于 1，说明中部产业集聚程度有小幅度的上升，但并未呈现出集聚态势；西部区位熵的变化幅度是最大的，2007 年为 0.307 4，到了 2015 年，增长到 0.935 6，之后数值趋于稳定，如图 7.5 所示。西部区位熵增长主要来自重庆、贵州、四川电子信息产业的快速发展，由于云南电子信息产业基础差，导致西部区位熵没有超过 1，还未达到产业集聚态势。虽然东部仍是长江经济带电子信息产业的发展重心，但是影响力在逐渐降低。

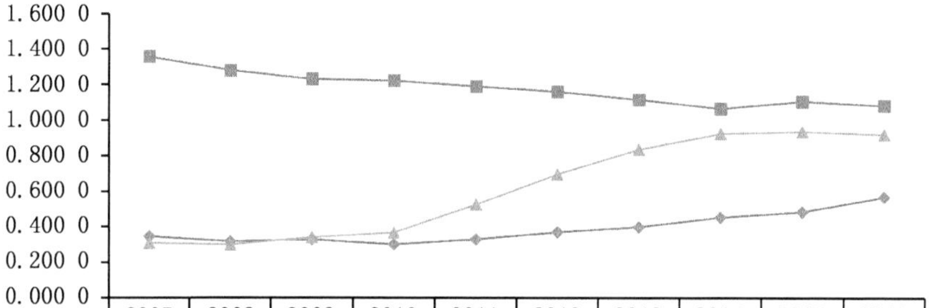

	2007	2008	2009	2010	2011	2012	2013	2014	2015	2016
东部	1.3569	1.2788	1.2298	1.2213	1.1889	1.1595	1.1152	1.0653	1.1053	1.0815
中部	0.3458	0.3168	0.3271	0.3002	0.3288	0.3687	0.3974	0.4517	0.4828	0.5675
西部	0.3074	0.2980	0.3391	0.3653	0.5244	0.6967	0.8352	0.9236	0.9356	0.9187

资料来源：作者自绘。

图 7.5　2007—2016 年东部、中部、西部省市区位熵的变化

7.3.2　长江经济带电子信息产业空间分布格局

2007—2016 年长江经济带电子信息产业全局自相关系数均大于 0，表明区域内电子信息产业存在显著的正相关，具有一定的集聚态势；全局自相关系数从 2007 年的 0.305 降到 2016 年的 0.087，出现下降趋势，说明区域内电子信息产业的空间相关性在降低，产业集聚态势在不断减弱，如图 7.6 所示。

根据图 7.7 至图 7.10 可以比较 2007 年、2010 年、2013 年、2016 年四个年份局部自相关系数的横截面数据变化，厘清长江经济带电子信息产业分布格局的演化过程。

一是东部江苏、上海一直位于高—高象限（第一象限），表明电子信息产业的

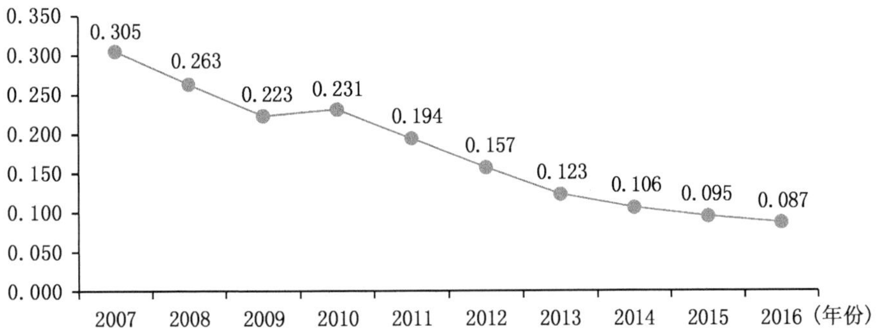

资料来源：作者自绘。

图7.6　2007—2016年长江经济带电子信息产业全局Moran's I指数的变化

规模一直超过长江经济带的平均水平，属于最强的两个省市，同时被产业发展水平高的省市所包围，溢出水平高，带动了周边省市电子信息产业发展，在空间上呈现集聚态势。但是，由于上海电子信息产业转型升级，发展速度放缓，出现不断向低—高象限(第二象限)靠近的趋势。

二是东部浙江从高—高象限(第一象限)在2010年就移动到低—高象限(第二象限)，说明浙江电子信息产业增长速度缓慢，被发展水平高的省市所包围，产业规模已经落后于长江经济带的平均水平。这可能与浙江电子信息产业转型升级有关，发展重心由原来的电子信息制造业转变为以互联网为代表的电子信息服务业。本研究选取的数据不能反映浙江在电子信息产业转型升级的变化。

三是中部安徽、江西从低—高象限(第二象限)移动到低—低象限(第三象限)。2007年位于低—高象限(第二象限)，说明自身产业基础差，但周边省市产业发展水平高，如东部两省一市，但并未与周边省市产生协同效应。在2013年移动到低—低象限(第三象限)，表明两省的电子信息产业产值虽然在稳步增长，但没有达到长江经济带的平均水平，周边相邻省市电子信息产业增速放缓，如浙江，并没有受益于区域间的协同创新发展。

四是中部湖南、湖北两省与西部四省市一直位于低—低象限(第三象限)，说明中部、西部省市原来的产业基础就比较薄弱，自身产业规模还达不到长江经济带的平均水平，自身没有产业优势，周边省市的产业基础也比较薄弱。

五是西部重庆、四川虽然位于低—低象限(第三象限)，但是位置有明显变化，不断地朝低—低象限(第三象限)与高—低象限(第四象限)交界处靠近，表明重庆、四川电子信息产业获得快速发展，横坐标小幅移动，说明两省市电子信息产业已经在不断接近并超越周围省市，自身产业规模也将达到长江经济带的平均水平。四川在 2013 年，重庆在 2016 年分别移动到了低—低象限(第三象限)与高—低象限(第四象限)交界处附近。

综上，东部省市产业基础雄厚，是长江经济带电子信息产业的发展重心，但增长速度缓慢，西部的重庆、四川、贵州增长势头迅猛，中部四省的产业规模也在稳步提升，从发展趋势看，长江经济带的集聚态势在逐步减弱，电子信息产业的重心由东部向西部的重庆、四川、贵州转移。

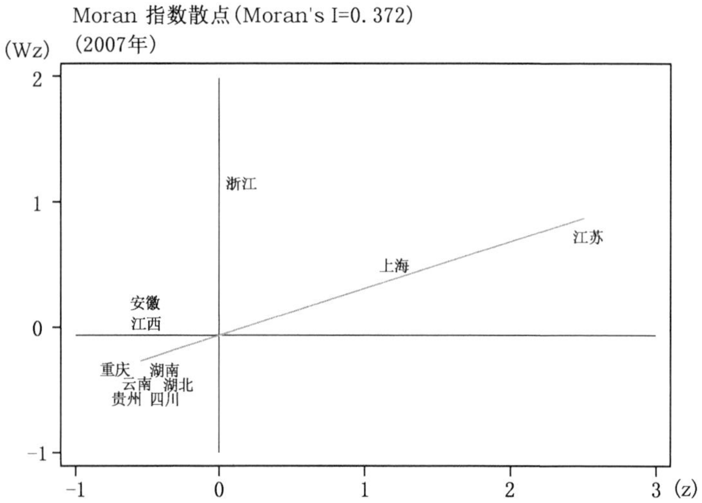

资料来源：作者自绘。

图 7.7　2007 年局部 Moran's I 散点图

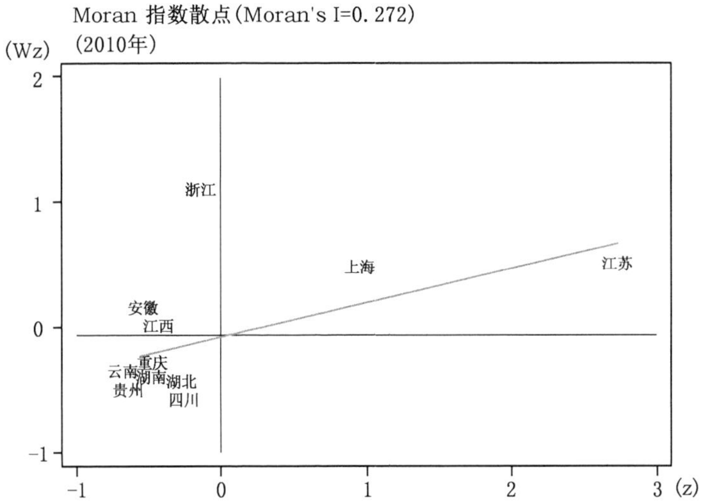

资料来源：作者自绘。

图 7.8　2010 年局部 Moran's I 散点图

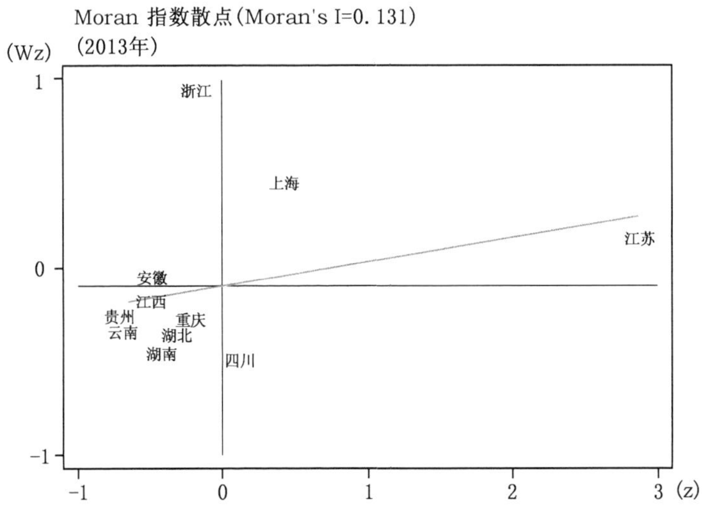

资料来源：作者自绘。

图 7.9　2013 年局部 Moran's I 散点图

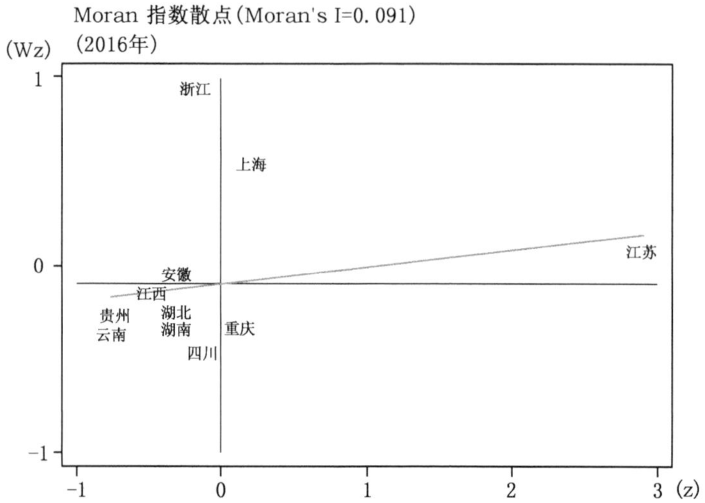

资料来源:作者自绘。

图 7.10　2016 年局部 Moran's I 散点图

7.4　知识溢出对长江经济带电子信息产业聚集的影响

7.4.1　模型选择

在模型的选择上,通过拉格朗日乘数(LM)检验和瓦尔德(Wald)检验来判断是采用 SAR 模型、SEM 模型还是 SDM 模型,再利用霍斯曼(Hausman)检验判别面板数据模型采用随机效应还是固定效应。由表 7.3 可知,检验的统计量都非常显著,说明该模型的扰动项和被解释变量都存在空间效应,使用 SEM 模型和 SAR 模型都是合理的。先构建同时支持 SEM 模型和 SAR 模型的更稳健的广义空间模型,即 SDM 模型,然后通过对空间内不同地区经纬度欧式距离进行测算,构建空间权重矩阵,再对数据分别采用随机效应和固定效应进行回归,利用 Hausman 检验判别面板数据模型采用随机效应还是固定效应。检验结果显示 P 值为 0,代表该结果在 99.9%的水平上拒绝随机效应模型的原假设,故选择固定效应模型进行回归分析。

表 7.3　　LM 检验、Wald 检验及 Hausman 检验结果汇总

模型检验	统计量	P 值
LM 检验	32.48	0.0000
Wald 检验	27.15	0.0001
Hausman 检验	60.55	0.0000

资料来源：作者计算整理。

7.4.2　回归分析

以区位熵为因变量，运用 SDM 模型对面板数据进行回归估计，结果如表 7.4 所示，其中经典模型为 OLS 估计结果，模型 1 和模型 2 为 SDM 估计结果。

首先，从拟合程度来看，OLS 回归模型拟合系数为 0.6078，略低于回归模型 2，说明 SDM 模型的拟合程度略优于 OLS 回归模型。其次，模型 1 和模型 2 的空间相关系数都在 5%的水平上显著，说明存在空间相关性。最后，模型 1 与模型 2 中知识溢出（Patent）对产业集聚有着显著的正向作用，说明本地知识存量可以通过溢出的方式提高电子信息产业集聚程度。

虽然 OLS 回归模型中大部分变量都对产业的集聚度起到了显著的正向作用，但是无论行业从业人员（Labor）还是研发人员（RD Labor）都没有表现出显著影响，这与实际经验存在差异。虚拟变量是否为西部省市（Zone 2）显著，说明除了模型中的影响因素外，西部省市电子信息产业的区位熵仍然比平均水平低 0.274 9 单位，还有其他因素对不同省市产业集聚程度造成影响。在两个 SDM 模型中，虚拟变量 Zone 1、Zone 2 在计算中被识别为冗余变量被系统剔除，表明该模型可以更好地解释长江经济带电子信息产业集聚程度的差异。

表 7.4　　OLS、SDM 模型回归结果汇总

变　量	经典模型	模型 1	模型 2
ln(Patent)	0.3793*** (3.60)	0.5122*** (4.61)	0.5011** (2.38)
ln(Labor)	−0.1128 (−0.98)		0.5593*** (3.38)
ln(RD Labor)	0.0810 (0.55)		0.2905*** (3.81)
ln(GOV)	0.4199** (2.20)		0.5618* (2.25)

续表

变　量	经典模型	模型 1	模型 2
ln(CorpNum)	0.4608*** (6.55)		0.3077*** (3.88)
ln(GDP)	1.0533*** (3.36)		—0.3211* (—1.11)
ln(FDI)	0.4434*** (6.52)		0.2981* (2.23)
Zone 1	0.3587 (1.64)		—
Zone 2	—0.2749*** (—2.68)		—
W×ln(Patent)		0.1974** (2.42)	0.1982* (1.73)
W×ln(Labor)			0.4071 (1.22)
W×ln(RD Labor)			0.2036* (1.69)
W×ln(GOV)			0.2423* (1.88)
W×ln(CorpNum)			0.2970* (1.85)
W×ln(GDP)			1.1527*** (2.79)
W×ln(FDI)			—0.0938 (—1.03)
Spatial Rho		0.2585** (2.39)	0.2670** (1.98)
R-sq Within	0.6078	03089	0.6826
N	110	110	110

注:括号中的数值为 t 检验统计量的值,*、**、*** 分别表示在 10%、5%、1%水平下通过了显著性检验。

资料来源:作者计算整理。

7.4.3 结果讨论

为了进一步了解模型中各个影响因素对产业集聚的影响作用,把回归结果分解为直接效应与间接效应,如表 7.5 所示。直接效应表示本地区某一自变量变化一单位对该地区区位熵(即产业集聚程度)的平均作用;间接效应(空间溢出效应)表示该地区周边区域某一自变量变化一单位对本地区区位熵(即产业集聚程度)的平均作用。总效用则是区域某一自变量整体变化一单位,直接效应与间接效应对本地区区位熵(即产业集聚程度)的综合作用。

表 7.5　回归结果的分解

变　量	直接效应	间接效应	总效应
ln(Patent)	0.482 6**	0.193 7*	0.676 3**
	(2.30)	(1.79)	(2.52)
ln(Labor)	0.552 4***	0.384 3	0.936 8***
	(3.43)	(1.24)	(2.62)
ln(RD Labor)	0.292 0***	0.193 5*	0.485 5***
	(3.73)	(1.70)	(3.63)
ln(GOV)	0.433 1**	0.210 0	0.643 2**
	(2.17)	(1.62)	(2.53)
ln(CorpNum)	0.311 4***	0.181 4	0.492 8***
	(3.72)	(1.49)	(4.34)
ln(GDP)	−0.347 0	1.161 0***	0.813 9*
	(−1.20)	(−2.72)	(1.82)
ln(FDI)	0.283 5**	−0.114 9	0.168 6*
	(2.11)	(0.70)	(1.77)

注:括号中的数值为 t 检验统计量的值,*、**、*** 分别表示在 10%、5%、1%水平下通过了显著性检验。

资料来源:作者计算整理。

首先,分析知识溢出对电子信息产业集聚的作用。长江经济带电子信息产业的集聚程度不仅受本地区知识产出的正向影响,也受到周边地区知识溢出的显著作用,H1 得到验证。一方面,本地区知识产出每提高 1%,本地区电子信息产业的区位熵就会提高 0.482 6 单位;另一方面,周边地区知识产出每提高 1%,本地区电子信息产业的区位熵就会提高 0.193 7 单位,这一结果验证了 Marshall 集聚理论中知识溢出对产业集聚的促进作用。长江经济带各省市之间通过知识创新和知识交流的扩散,促进了电子信息产业的空间集聚。

其次,分析劳动力池对电子信息产业集聚的作用。回归模型分别选取了电子信息产业从业人数和研发人员数量两个变量进行研究,发现从业人员的数量主要通过直接效应影响本地区电子信息产业的集聚程度,溢出效应并不显著,但整体上对电子信息产业区位熵的影响还是正向显著的，从而接受 H2a。研发人员数量对电子信息产业集聚也起到了重要作用，直接效应和间接效应的系数分别为 0.292 0 和 0.193 5。研发技术人员不仅能提高本地区电子信息产业的发展水平，也能通过溢出效应提高周边地区的产业集聚程度，H2b 得到验证。这一结果验证了 Marshall 集聚理论中劳动力池对产业集聚的促进作用。劳动力对电子信息产业集聚的作用相对复杂，一方面，由于人员的流动受到地理因素的限制较大，本身具有地域归属感，产业的基础劳动力对产业集聚的溢出作用不明显；另一方面，随着电子信息产业的转型与发展，企业从过去简单地追求低技能劳动力逐步升级为对高素质技术人才的需求。

再次，分析政府作用、经济基础、工业规模对电子信息产业集聚的作用。政府财政投入的提高和地区经济基础的发展能显著提升本地区电子信息产业集聚程度。政府财政支出每提高 1%，本地区电子信息产业的区位熵提高 0.433 1 单位，H3 得到验证。本地区的经济基础对产业集聚的直接效应并不显著，这说明经济基础对本地区产业集聚程度的影响已经趋于饱和，但其对于周边地区的产业集聚仍然能起到显著的溢出作用，表现出显著的总效应，H4 得到验证。工业规模对产业集聚的作用主要通过直接效应体现出来，企业数量每提高 1%，本地区电子信息产业的区位熵就提高 0.311 4 单位。虽然没有表现出显著的溢出效应，但总效应是显著的，接受 H5。电子信息产业是国民经济的基础性、战略性产业，在人才引进、资金投入方面离不开政府的作用。产业的发展也离不开上下游相关企业的支持和配合。可能由于地方保护主义政策或其他因素的影响，不同地区之间的政府和行业的协同作用有限，政府作用受到了行政边界的限制。

最后，分析 FDI 对电子信息产业集聚的作用。FDI 对本地区的产业集聚表现出正向的推动作用，这与我国电子信息产业发展情况相符，从而接受 H6。但是 FDI 的作用并未表现出显著的溢出效应，同时作用系数小于其他变量，说明该变量对产业集聚整体的影响强度相对较低。这可能是由于近年来外资制造企业在我国的发展遇到了“瓶颈”，同时本土电子信息企业的崛起进一步压缩了外资企业在本地的市场份额。多种因素综合导致了 FDI 只提高了本地电子信息产业的空间集聚程度。

7.5 本章小结

知识溢出效应对长江经济带电子信息产业聚集效应有着显著的促进作用，验证了马歇尔聚集理论中关于产业聚集动因的观点。长江经济带的知识创新产出不仅可以通过直接作用促进本地区电子信息企业集聚，也可以通过溢出效应显著提高产业聚集程度。

长江经济带的集聚态势在逐步减弱，随着产业的转型升级，电子信息产业的重心将由东部向西部转移，存在中心向外围扩散趋势。东部省市电子产业基础雄厚，是长江经济带电子信息产业的发展重心，但增长速度缓慢，西部的重庆、四川、贵州增长势头迅猛，中部四省的产业规模也在稳步提升。从发展趋势看，长江经济带的集聚态势在逐步减弱，电子信息产业的重心由东部江苏、上海、浙江逐步向西部重庆、四川、贵州转移。

验证了 Marshall 集聚理论中知识溢出和劳动力池是产业集聚动因的观点。一方面，知识溢出对电子信息知识产业集聚有着显著的促进作用。本地区知识产出不仅可以通过直接效应促进本地区电子信息产业集聚，而且本地区知识产出也可以通过溢出效应促进周边地区电子信息产业集聚。另一方面，电子信息产业对人力资源的需求不仅限于基础从业人员，对高素质技术人才也有一定的需求。研发技术人员对电子信息产业集聚起到了非常重要的作用。研发技术人员数量不仅能提高本地区电子信息产业的发展水平，而且能通过溢出效应提高周边地区的产业集聚程度。

政府作用、经济基础、工业规模和对外直接投资对电子信息产业集聚的作用不容小觑。政府财政支出、地区工业规模和对外直接投资会直接影响本地区电子信息产业集聚。经济基础能对周边地区电子信息产业集聚起到显著的溢出作用。

通过广域集群，长江经济带电子信息产业具有孵化出世界级产业的可能，成为长江经济带的增长极，是长江经济带的发展机遇。广域集群通过打造技术链、延长产业链、提升价值链，从而获得核心竞争力。如东部三省一市电子信息产业具有明显的优势，产业基础好、规模大，是长江经济带产业发展的核心区域；中部四省起到了很好的产业承接作用；西部地区的川渝经济区增速快，产业规模与产业聚集程度增长明显。

第三部分

增长极培育：中心城市的核心功能

都市圈的形成与中心城市的发展息息相关。作为都市圈的增长极，中心城市依据自身的区位优势和条件较好的产业，产生类似“磁极”作用的向心力和离心力，对周边的大、中、小城市和小城镇进行聚集和辐射。中心城市在发展的初始时期，把周边的大、中、小城市和小城镇的相关要素、产品、产业聚集到中心城市，中心城市发展到一定程度，将相关要素、产品、产业溢出到周边的大、中、小城市和小城镇，经历聚集阶段、溢出阶段之后，中心城市和周边的大、中、小城市和小城镇进入涟漪阶段，形成相对均衡和一体化的发展态势。

都市圈是城市群的“硬核”，聚集科技创新资源，发展战略性新兴产业是城市化和区域一体化的核心价值所在。2019 年，党中央、国务院发布的《培育发展现代化都市圈的指导意见》，要求加快推动中心城市集聚创新要素，提升经济密度，增强高端服务功能，推动服务业与制造业深度融合，形成以现代服务经济为主的产业结构。

长江三角洲是我国产业链最完备、产业创新最突出的区域，中心城市上海与周边城市产业互补性很强。上海拥有高度发达的金融、贸易、航运等现代服务业和先进制造业，而周边城市均拥有发达的制造业。研发、设计、营销环节在上海，制造业生产环节在周边城市的产业梯度分工格局已经形成。目前，长三角一体化的关键是强心，即增长极培育问题。

作为长江三角洲的中心城市，中央对上海提出建设具有全球影响力的科技创新中心与建设国际经济、金融、贸易、航运中心的战略要求。上海对照主攻方向和重点任务，围绕城市的核心功能，聚焦关键重点领域，推进国际经济中心综合实力、国际金融中心资源配置功能、国际贸易中心枢纽功能、国际航运中心高端服务功能和国际科技创新中心策源能力取得新突破。

为此，本部分选取中心城市上海的典型城区，国际金融中心功能的核心承载区小陆家嘴、国际航运中心功能的核心承载区北外滩、国际贸易中心功能的核心承载区虹桥经济技术开发区，作为研究对象，深入分析以金融服务业为主导的产业生态圈、以航运服务业为主导的产业生态圈和以贸易型服务业为主导的产业生态圈企业空间分布。核心功能的提升和增长极的培育，有助于上海提升国际金融中心全球资源配置功能、国际航运中心高端服务功能和国际贸易中心强有力的辐射功能，为城市能级和核心竞争力的提升提供不竭动力，从而助力建设卓越的全球城市和具有世界影响力的社会主义现代化国际大都市的战略目标的实现。

第8章

上海小陆家嘴金融服务业生态圈空间分布

20世纪90年代实施浦东开发战略以来，小陆家嘴已发展成为重要的金融聚集区和高档商务区，凸显出聚集辐射功能，强有力地支撑着上海国际金融中心的建设。本研究以位于上海小陆家嘴25栋楼宇1 445家企业为样本数据，对上海小陆家嘴这一微观区位企业空间分布特征进行探究。

8.1 研究假设提出、数据来源与研究方法

1. 研究假设提出

小陆家嘴地区是指东起即墨路、浦东南路，西至黄浦江边，南起东昌路，北至黄浦江边范围内的公共区域。在这块面积1.7平方公里的地区里，吸纳的外资银行资产总额就已超过200亿美元，平均每平方公里逾117亿美元，小陆家嘴地区已经成为中国资本密集度最高的地区。

1992年，为了进一步扩大改革开放，党的十四大提出要把上海建设成国际金融中心。2009年，在国际金融危机的大背景下，国务院在19号文件中提出"到2020年，基本建成与我国经济实力以及人民币国际地位相适应的国际金融中心"，上海国际金融中心的建设成为一项重要的国家战略，而陆家嘴是国际金融中心建设的主要功能区与承载区，自身的发展对金融中心的建设具有重要的意义。2014年12月，中国(上海)自由贸易实验区扩区，陆家嘴金融贸易区被包括在内。本研究提出以下假设：

假设1:聚集区企业空间分布呈现"中心—外围"模式；

假设 2:聚集区在产业布局上形成了以金融服务业为主导的产业生态圈;

假设 3:聚集区内入驻了大量高效率的企业,在不同楼宇内的分布相对均匀;

假设 4:聚集区入驻了大量有影响力的企业,并且在空间上呈现出较高的聚集态势;

假设 5:聚集区内高技能劳动力企业占大多数,集中分布于部分楼宇内。

2. 数据来源

本部分的数据主要来自对小陆家嘴区域内 25 栋楼宇的实地走访和调研,采集了企业名称、地址、主营业务、企业类型、经营模式等信息。在此基础上经过对数据的梳理分类,剔除重复和无效的样本,最终确定区域内 25 栋楼宇 1 445 家企业数据作为研究样本。各栋楼宇的地理位置如图 8.1 所示。

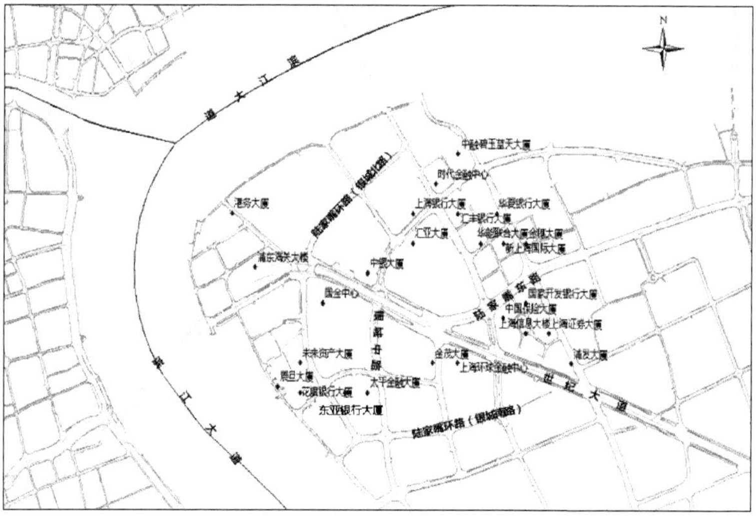

资料来源:作者自绘。

图 8.1　25 栋楼宇的地理位置

3. 研究方法

(1)节点中心度

节点中心度(Degree Centrality)是衡量聚集区内某楼宇在网络结构中的中心度指标。其值越大,表明该楼宇在网络中的中心性越高,与其他楼宇的联系越强;其值越低,则表明在网络中的中心性越低,与其他楼宇的联系越弱。

如果某一楼宇与其他楼宇的业务、技术、信息往来比较密切,则该楼宇具有较高的节点中心度，计算公式为：

$$C_D(n_i)=\sum_{j=1}^{N}R_{ij} \tag{8.1}$$

式(8.1)中，$C_D(n_i)$为节点中心度；R_{ij} 为节点间的联系强度；N 为楼宇的数量。

(2)平均路径长度

平均路径长度是指网络中所有节点之间的平均最短距离，用来衡量整体网络的传输效率，公式如下：

$$D=\frac{\sum_{i\neq j}d_{ij}}{N(N-1)} \tag{8.2}$$

式(8.2)中，N 为网络节点个数；d_{ij} 为节点 i 和节点 j 之间的最短距离。

(3)核密度估计法

核密度估计法适用于点分布的研究，它是指某一地理事件可以在空间上的任何位置发生且在不同位置发生的概率不同。若某一区域点分布密集，则该区域地理事件发生的概率高；反之，则概率低。

本研究采用核密度估计法测度楼宇中具有影响力的企业的空间分布特征，具体计算如下：

$$f_n(x)=\frac{1}{nh_n}\sum_{i=1}^{n}K\left(\frac{x-x_i}{h_n}\right) \tag{8.3}$$

式(8.3)中，n 为样本数；h_n 为带宽，即搜索半径；$K\left(\frac{x-x_i}{h_n}\right)$为核函数。

(4)聚集系数

聚集系数分为节点聚集系数与网络聚集系数两种。

节点聚集系数表示某个节点与所有相邻节点的连接数占最大可能连接数的比例。网络聚集系数是所有节点聚集系数的平均值。聚集系数越大，节点之间的连接越紧密。节点聚集系数的公式如下：

$$C_i=\frac{1}{k_i(k_i-1)}\sum_{j,k}a_{ij}a_{ih}a_{jh} \tag{8.4}$$

式(8.4)中，k_i 表示与 i 相邻的所有节点数量；a_{ij} 为邻接矩阵元；当 i 与 j 相邻时，整体网络聚集系数可表示为：

$$C=\frac{1}{n}\sum_{i=1}^{n}C_i \tag{8.5}$$

(5)克里金(Kriging)插值法

克里金(Kriging)插值法又称空间自协方差最佳插值法，是以法国 D. G. Krige 命名的一种最优内插法。

首先考虑空间属性在空间位置上的变异分布，确定对一个待插点值有影响的距离范围，然后用此范围内的采样点来估计待插点的属性值。该方法在数学上可对所研究的对象提供一种最优线性无偏估计(BLUE)。克里金(Kriging)插值法是在考虑了信息样本的形状、大小及与待估计地块相互间的空间位置等几何特征以及样本的空间结构之后，为达到线性、无偏和最小估计方差的估计，而对每个样本赋予一定的系数，最后通过进行加权平均来估计地块相对密度的方法。

8.2 小陆家嘴企业空间分布的复杂网络分析

1. 复杂网络的构建

根据选取的样本楼宇内的企业类型，考虑企业的主营业务、所属行业，把 1 445 家企业按照行业归类，根据不同行业企业间联系强弱及对陆家嘴金融区建设的作用，分别赋予不同的权重，具体如表 8.1 所示。

表 8.1 行业分类及权重

与金融机构的关系	行业	代码	公司(或机构)	权重	理由
金融机构	货币金融服务	J66	中央银行、商业银行	7	该类公司资金实力雄厚，有很强的资源配置能力；通过制定规则影响市场活动，影响力较大；通过存贷款把钱投入到实体经济中，支持实体经济发展，对实体经济贡献大
	资本市场服务	J67	证券交易所、登记结算机构、券商、基金管理公司	6	资金实力较为雄厚，具有良好的信誉，个人和机构资金投向金融市场的渠道，能够活跃市场，增强市场的活力；通过把钱投入到资本市场中，间接支持实体经济发展
	保险业	J68	保险公司	5	通过购买债券、股票支持实体经济发展；资金量大；由于资金使用限制多，只能应用到二级市场如债券、股票中，资源配置能力较弱
	其他金融业	J69	第三方支付机构、金融资讯公司	4	为金融机构提供服务，资金规模小，资源配置能力弱，信誉度较低

续表

与金融机构的关系	行　业	代码	公司(或机构)	权重	理　由
为金融机构提供服务，能够影响金融机构的服务质量、活力、效率	商务服务业	L72	律师事务所、会计师事务所、咨询机构、企业总部	3	主要为金融机构提供法律、审计、会计、咨询等服务
	互联网和相关服务	I64	互联网公司、互联网设施提供商		提供互联网接入和专业信息服务，为金融业提供支持；提高信息传输速度，减少信息不对称现象
	软件和信息技术服务	I65	软件公司		提供技术支持
需要金融机构的服务	批发业	F51	贸易公司	2	货物进出口贸易结算需要外资金融机构的服务
	租赁业	L71	融资租赁公司		需要金融机构的资金支持
为金融机构提供服务，但与金融业的相关性不大	零售业	F52	百货商店、超级市场、零售商店、专卖店	1	为公司职员提供便利服务
	电信、广播电视和卫星服务	I63	电信运营商		为企业提供互联网接入及技术支持

资料来源:作者整理。

基于样本楼宇内各行业联系程度，分别赋予其相应的权数，构成对称矩阵，综合考虑成本距离因素，以样本楼宇为网络节点，以各楼宇内企业的地理联系和经济联系为边，以联系的强度为权，构建基于 25 栋楼宇的复杂网络，如图 8.2 所示。

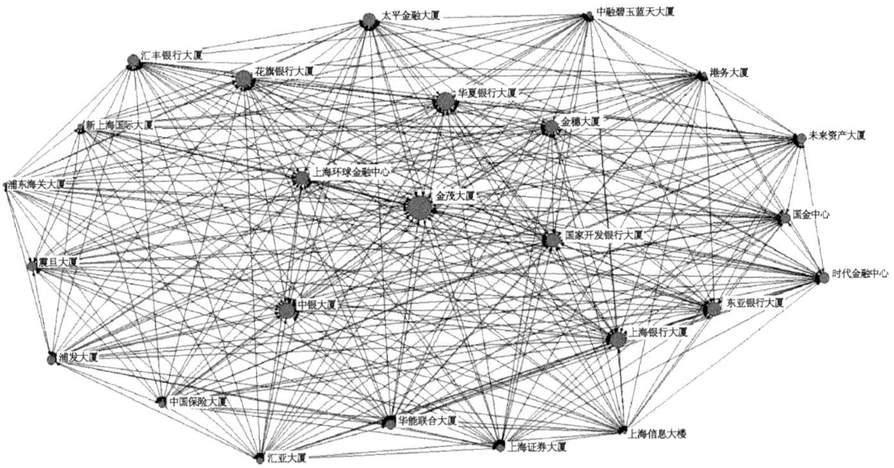

资料来源:作者自绘。

图 8.2　25 栋楼宇的复杂网络

2. 小陆家嘴企业网络的小世界性

小世界性用来判断网络是否构成小世界网络,从而判断网络的联系程度。我们使用网络聚集系数和平均路径长度来衡量网络是否具有小世界性。网络聚集系数是用来衡量整个网络的聚集程度的指标,在小陆家嘴企业网络中,用网络聚集系数来衡量各栋楼宇的聚集程度,网络聚集系数越大,各栋楼宇内企业的聚集程度越大,联系越紧密,流通越顺畅。平均路径长度表示各个节点平均通过多少条边的最短路径达到另一节点,平均路径长度越短,联系越紧密。计算得企业网络的两种指标如表 8.2 所示。

表 8.2　　小世界性衡量指标

平均路径长度	聚集系数
4.327	0.734

资料来源:作者计算整理。

由表 8.2 可知,小陆家嘴复杂网络的平均路径长度为 4.327,各节点平均能通过 4.327 条边到达另一节点;网络聚集系数为 0.734。任一节点与相邻节点之间的实际连边数目占最大可能连边数目的 73.4%,比例较高。因此,复杂网络中各节点联系比较紧密,能够直接或间接地建立关联,相互联系的比率较高,沟通连接顺畅,符合小世界性的基本特征,构成了小世界网络。

3. 小陆家嘴复杂网络的中心性分析

一个节点在网络中的中心度越高,该节点在网络中的重要程度越高,其影响力和支配力越大。它直观地反映了网络的集权性大小。本部分对建立的复杂网络中各节点的中心度进行计算,并对 25 栋楼宇的节点中心度数据进行汇总、排名,结果如表 8.3 所示。

表 8.3　　25 栋楼宇的节点中心度

排名	楼　宇	节点中心度	排名	楼　宇	节点中心度
1	金茂大厦	0.951	14	国金中心	0.351
2	华夏银行大厦	0.696	15	震旦大厦	0.347
3	花旗银行大厦	0.612	16	华能联合大厦	0.341
4	中银大厦	0.608	17	浦发大厦	0.328
5	上海银行大厦	0.596	18	上海证券大厦	0.286

续表

排名	楼　宇	节点中心度	排名	楼　宇	节点中心度
6	东亚银行大厦	0.54	19	汇亚大厦	0.236
7	国家开发银行大厦	0.518	20	中国保险大厦	0.232
8	太平金融大厦	0.476	21	新上海国际大厦	0.198
9	金穗大厦	0.471	22	中融碧玉蓝天大厦	0.169
10	上海环球金融中心	0.469	23	港务大厦	0.15
11	汇丰银行大厦	0.462	24	上海信息大楼	0.118
12	时代金融中心	0.416	25	浦东海关大厦	0.101
13	未来资产大厦	0.368			

资料来源:作者计算整理。

金茂大厦、华夏银行大厦、花旗银行大厦、中银大厦的节点中心度均在 0.6 以上,分别为 0.951、0.696、0.612、0.608,在 25 栋楼宇构成的小世界网络中具有较高的支配力和影响力,楼宇知名度较高,对企业的吸引力较大。上海银行大厦、东亚银行大厦、国家开发银行大厦、太平金融大厦、金穗大厦、上海环球金融中心、汇丰银行大厦、时代金融中心的节点中心度介于 0.416 与 0.596 之间,在复杂网络中的重要程度仅次于上述四个楼宇,支配力和影响力次之。其他楼宇处于小世界网络的边缘位置,支配力和影响力最弱,假设 1 成立。

8.3　小陆家嘴金融服务业生态圈空间分布

8.3.1　金融服务业生态圈

1. 四大类行业的空间分布特征

依据《国民经济行业分类标准》(GB/T4759—2011),根据入驻企业的主营业务以及对建设金融服务聚集区的作用,经行业分类一级代码统计,将研究区域内 25 栋楼宇 1 445 家样本企业进行行业归类,挑选出其中的四类代表行业,通过 ARCGIS 10.2 进行空间分析,利用克里金(Kriging)插值法,对四大类企业的空间分布特征进行插值分析,如图 8.3 至图 8.6 所示。其中,颜色越深,该类行业企业在楼宇内的聚集程度越高;反之,颜色越浅,聚集程度越低。

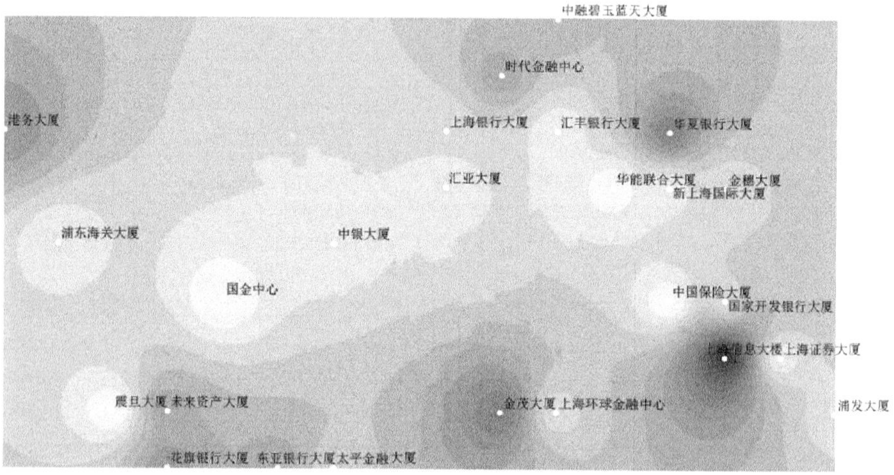

资料来源:作者自绘。

图 8.3 信息传输、软件和信息技术服务业(I)企业分布密度

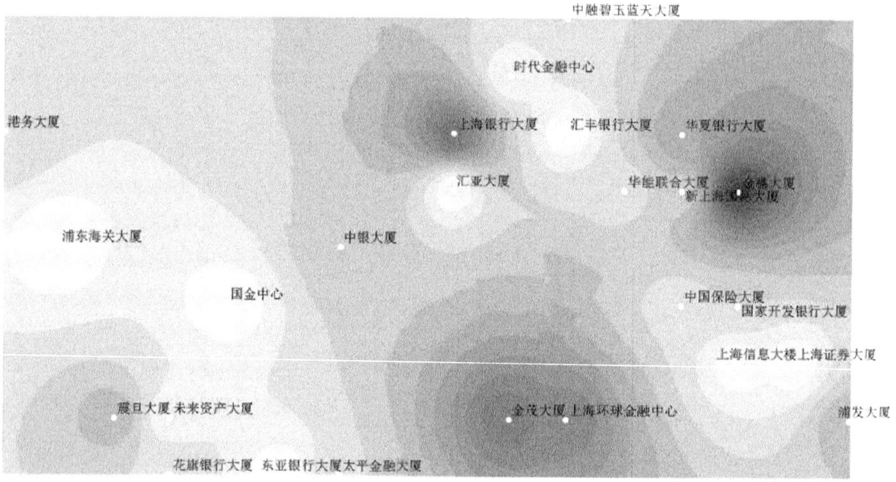

资料来源:作者自绘。

图 8.4 批发和零售业(F)企业分布密度

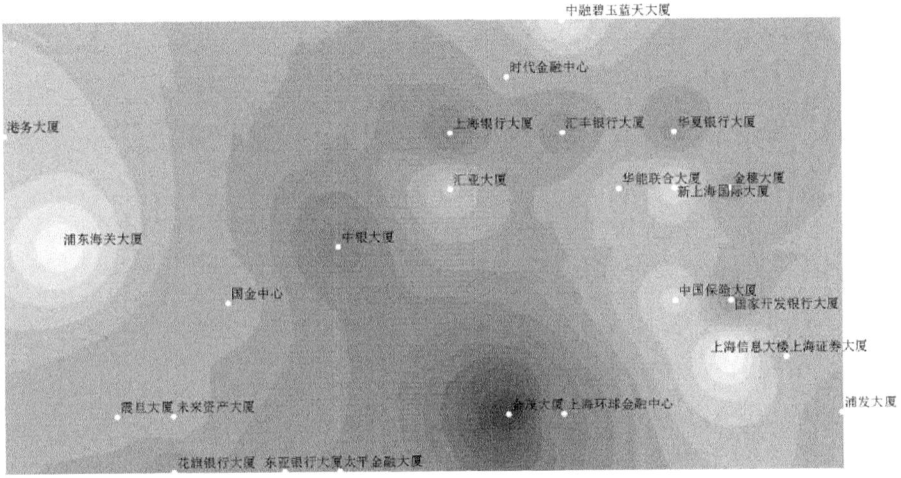

资料来源:作者自绘。

图 8.5　金融业(J)企业分布密度

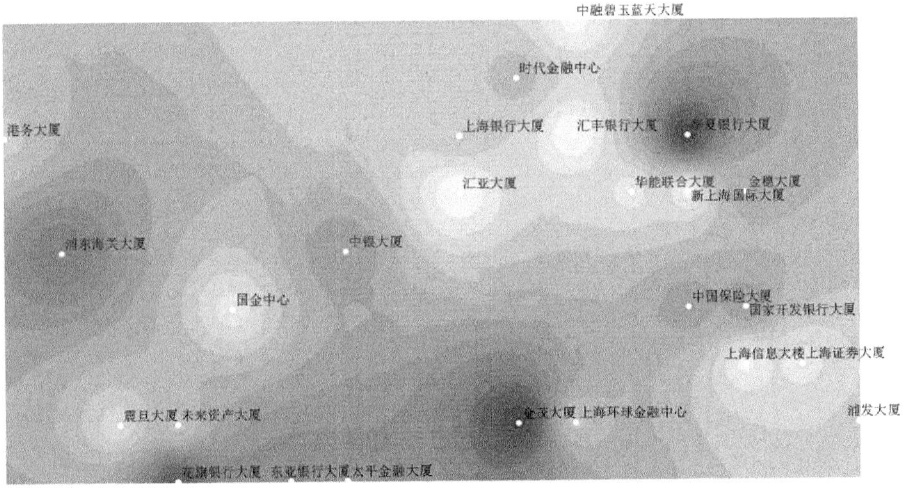

资料来源:作者自绘。

图 8.6　租赁和商务服务业(L)企业分布密度

通过上图可以发现,如果以世纪大道为界,将 25 栋样本楼宇所在的研究区域分为两部分,两个地区产业聚集特征方面有明显的差异:

一是东部地区中批发和零售业(F),信息传输、软件和信息技术服务业(I)聚集态势高于西部地区，企业数量多于其他行业企业，是该地区的主导产业。

二是西部地区租赁和商务服务业(L)企业、金融业(J)企业聚集态势高于东部地区；分楼宇来看，浦东海关大厦、金茂大厦、花旗银行大厦、华夏银行大厦内租赁和商务服务业企业(L)数量较多，远远高于其他楼宇，在这些楼宇内表现出比较明显的聚集态势。

三是金融业(J)在东西两个地区的分布比较均匀，没有表现出很强的聚集态势，分楼宇来看，金穗大厦的金融业企业数量远远高于其他楼宇，在所有楼宇中占有绝对优势，而其他楼宇中的分布相对均匀。

2. 金融业两位数行业空间分布特征

陆家嘴是上海建设国际金融中心的主要承载区，而其金融功能主要位于小陆家嘴区域。本部分选取的小陆家嘴区域 1 445 家企业中，金融业企业为 678 家，几乎占到企业总数的一半，因此，有必要对金融业进行细分，研究大类行业下两位数行业的分布特征。根据《国民经济行业分类标准》(GB/T4759－2011)，基于入驻企业的主营业务以及对建设金融服务聚集区的作用，经行业分类二级代码统计，将金融业分为货币金融业、资本市场服务业、保险业及其他金融业四个二级行业，分别对它们进行插值分析，具体如图 8.7 至图 8.10 所示。

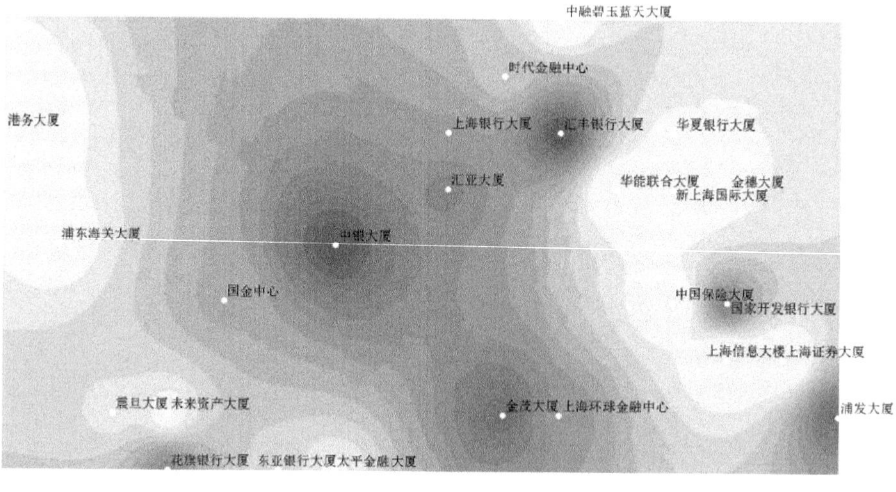

资料来源：作者自绘。

图 8.7　货币金融业(J66)企业分布密度

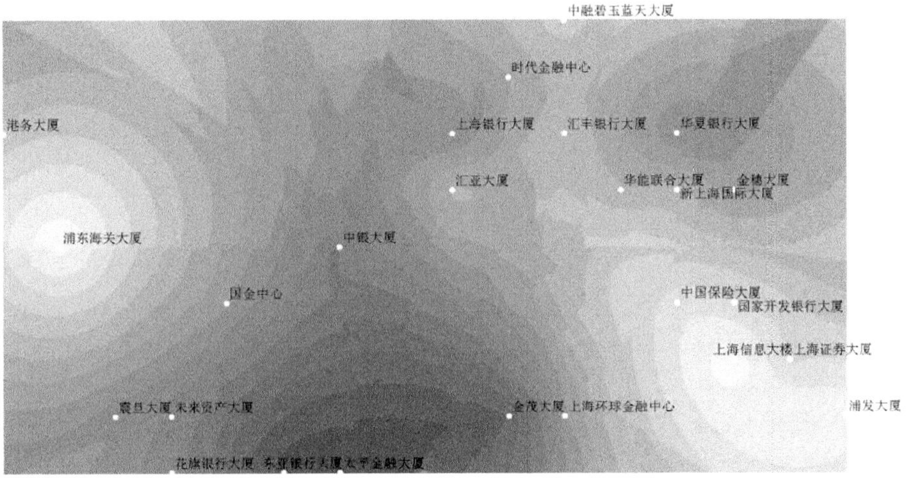

资料来源：作者自绘。

图 8.8　资本市场服务业(J67)企业分布密度

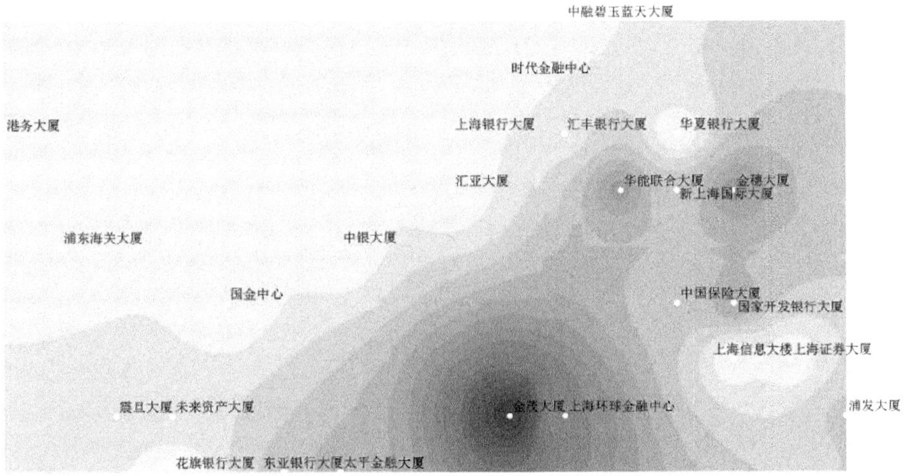

资料来源：作者自绘。

图 8.9　保险业(J68)企业分布密度

根据以上对四个两位数行业的插值分析，可以得出如下结论：

一是货币金融业空间差异不明显，没有表现出明显的空间聚集态势，中银大厦内企业分布数量较多，但相对差距不大，具体来看，楼宇内入驻了中国银行、中

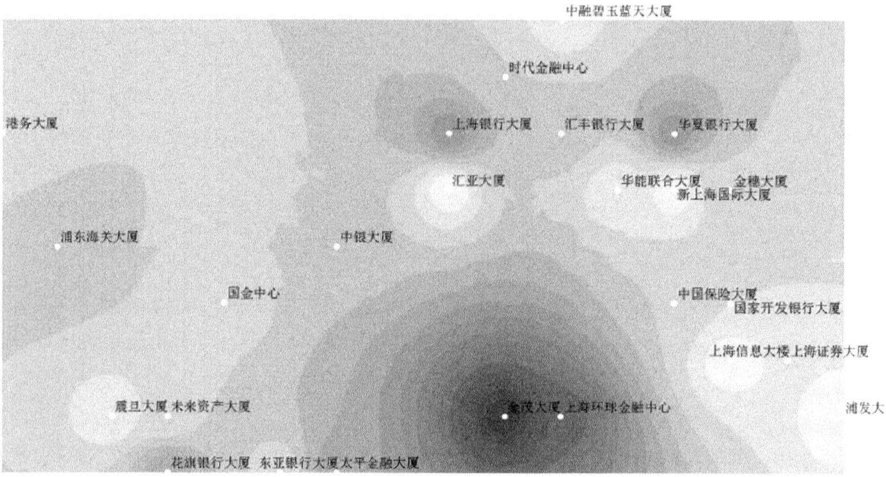

资料来源:作者自绘。

图 8.10　其他金融业(J69)企业分布密度

信银行等知名货币金融服务机构。

二是资本市场服务业表现出明显的空间聚集态势,区域内具有一个明显的中心区。东亚银行大厦、太平金融大厦处于中心区的核心位置,未来资产大厦、上海环球金融中心处于次核心位置,国金中心、中银大厦处于外围。浦东海关大厦、上海信息大楼是资本市场服务业企业聚集的洼地。

三是保险业空间聚集态势明显,区域内只有一个中心,企业分布由中心区向外扩散递减。金茂大厦是保险业企业聚集的绝对高地,楼宇内入驻了中宏人寿、国泰人寿、中意财产保险等国内外知名保险公司,其他楼宇内保险业企业处于低聚集状态。

四是其他金融业具有一个明显的聚集中心——金岸大厦,并且呈现出由金岸大厦向外扩散递减的空间分布特征,其他楼宇内分布相对均匀。

由以上结论可知,四种类型行业企业在区域中表现出不同的聚集态势,以世纪大道为界,西部地区集中度高于东部地区;金茂大厦是资本市场服务业、保险业、其他金融业企业聚集的高地,远远高于其他楼宇。

3. 小陆家嘴金融服务业产业生态圈

根据选取的样本楼宇内企业类型,考虑企业的主营业务、所属行业,把 1 445 家企业按照行业归类,根据不同行业企业间联系的强弱及对陆家嘴金融区建设的作用，分别赋予不同的权重，对每栋楼宇内企业按照所属行业进行加权平均，得出加权企业总和，基于 ARCGIS 10.2，进行克里金插值，得出企业总体分布密度，如图 8.11 所示。

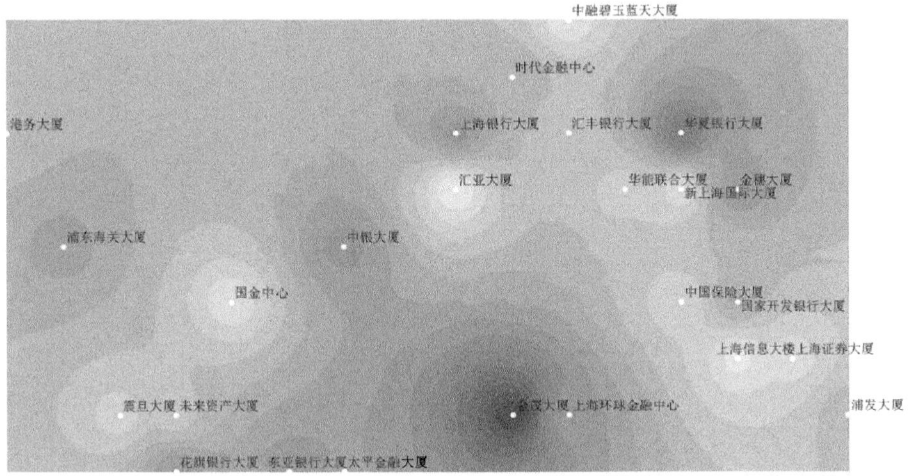

资料来源：作者自绘。

图 8.11　企业总体分布密度

总体上来看，小陆家嘴区域内存在一个明显的企业聚集中心——金茂大厦，华夏银行大厦、浦东海关大厦分布次之，上海证券大厦、上海信息大楼为企业分布的洼地。从整个小陆家嘴区域来说，金茂大厦处于主中心位置，楼宇内入驻企业达到 136 家，金融业、租赁和商务服务业企业数量在所有楼宇中居于第一位。由于建成时间较早，楼宇内入驻了一批外资企业在华总部、东亚总部及国内知名公司总部，在入驻企业数量、知名度上均具有显著优势。其中，外资企业在华总部担任在华业务的总的控制中心，对内决定人员的任免，投资具体的业务活动；对外作为跨国公司在华的窗口，在母公司的控制之下，其行动必须符合母公司的总体战略目标，资本利用、人才、技术及管理也或多或少受母公司的影响，它们的入驻能够吸引高端人才，对于提升陆家嘴的知名度和影响力也具有重要的作用。

根据各行业的相互联系及自身的特征，本部分选出了四个代表性行业。其中，金融业是小陆家嘴的主导产业，其发展对小陆家嘴乃至上海国际金融中心的建设都有重要的作用，处于生态圈的核心位置；租赁和商务服务业，信息传输、软件和信息技术服务业与金融业相关性较弱，但是通过提供相关研究、专业咨询及信息服务,能够间接提升金融服务信息化程度和技术水平,从而促进金融聚集区的建设,处于生态圈的次核心位置;批发和零售业中以连锁超市、便利店为主,为周边企业员工提供生活服务,对金融聚集区建设作用不大,处于生态圈的外围。小陆家嘴产业生态圈结构如图 8.12 所示。

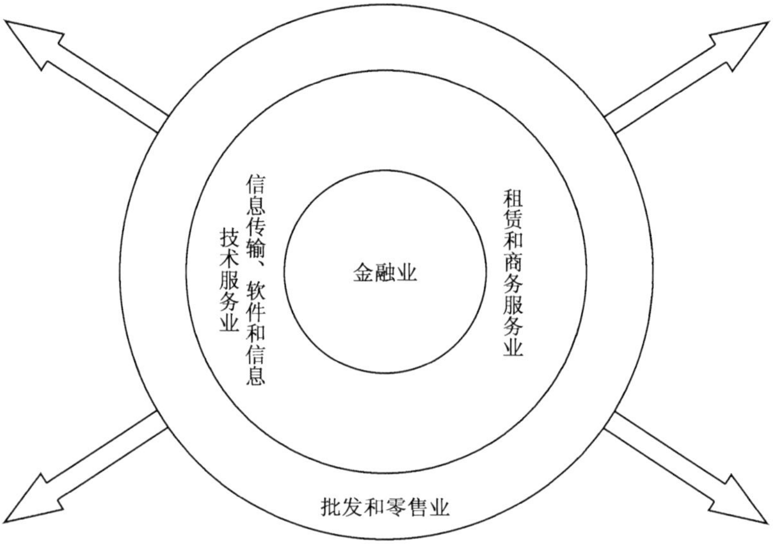

资料来源:作者自绘。

图 8.12 小陆家嘴金融服务业生态圈结构

小陆家嘴地区已经入驻了大量的外资金融机构,吸纳的外资资产总额超过 200 亿美元,目前已经成为中国资本密集度最高的地区。区域内已经入驻了包括金融业,租赁和商务服务业,信息传输、软件和信息技术服务业,批发和零售业在内的多个行业,以及大量的外资及国内金融机构,形成了以金融业为主导,其他产业协同发展的产业生态圈,假设 2 成立。

8.3.2 效率型企业空间分布

根据《公司法》《合资公司法》《中外合作经营企业法》《中外合资企业法》《外资企业法》等法律以及相关法规的规定,本部分将 25 栋楼宇内 1 445 家企业,按照企业的性质划分为国有企业(全民所有制企业)、民营企业、“三资”企业(外商独资企业、中外合资经营企业、中外合作经营企业)和其他类型企业。基于采集到的企业数据,利用克里金插值法作出四类行业的插值图,如图 8.13 至图 8.16 所示。

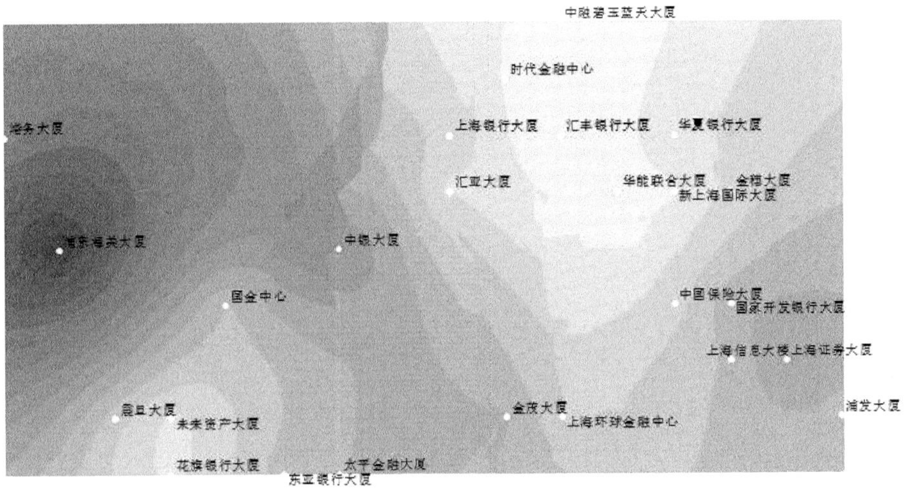

资料来源：作者自绘。

图 8.13　国有企业分布密度

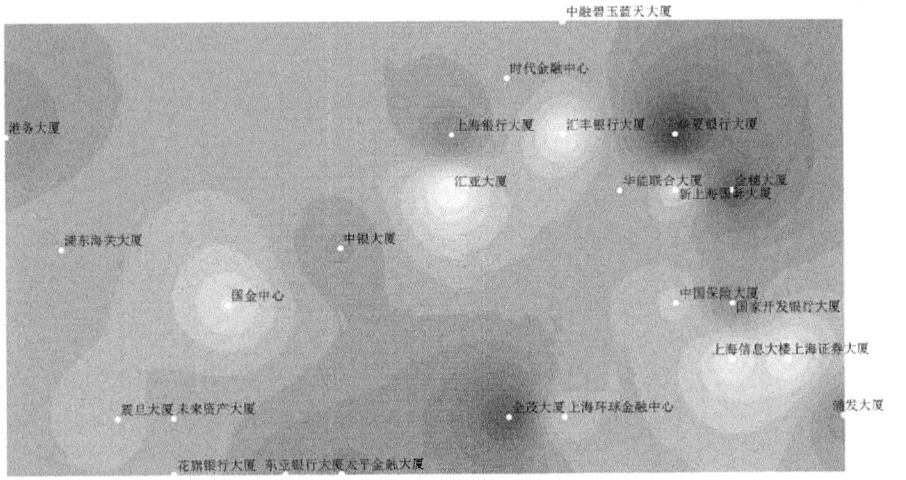

资料来源：作者自绘。

图 8.14　民营企业分布密度

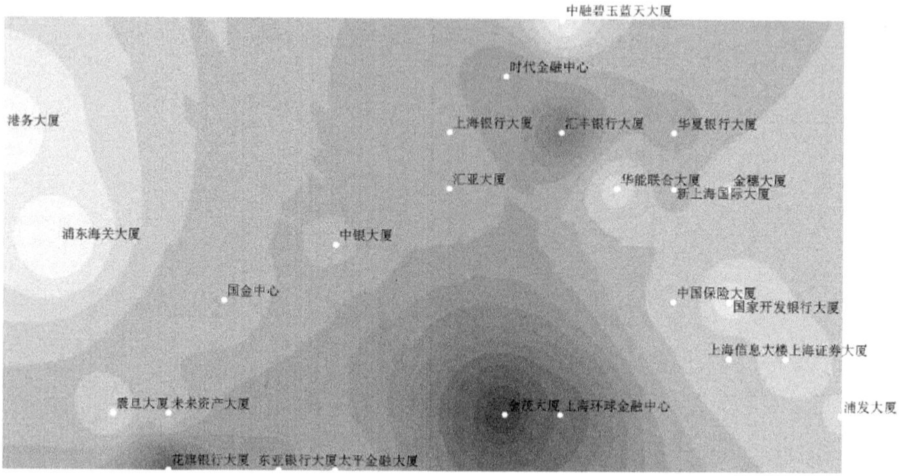

资料来源：作者自绘。

图 8.15　“三资”企业分布密度

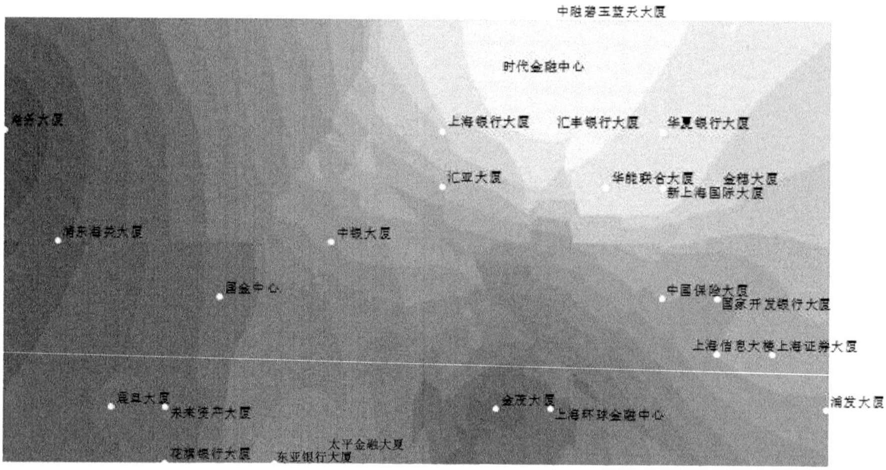

资料来源：作者自绘。

图 8.16　其他企业分布密度

根据以往的研究，通常情况下，“三资”企业与民营企业在盈利状况、经营效率方面占据优势，被认为是效率型企业，国有企业则相对比较差。本部分通过对企业按照所有制分类，并且对四种类型的企业进行插值分析后，得出如下结论：

(1)国有企业表现出明显的点状聚集分布,浦东海关大厦是国有企业分布的高地,上海证券大厦、国家开发银行大厦内分布次之,稍微高于其他地区;究其原因,浦东海关大厦由于建成时间早,楼内入驻有海关监管、行政、电子口岸等政府机构及少数的货运代理和物流公司,而其他楼宇多为新近建设,规划面向金融业企业,楼内企业有很大一部分是银行、证券、保险、基金等金融业企业,而金融业企业中以"三资"和民营企业为主,导致了国有企业在小陆家嘴区域内高度集中于浦东海关大厦。

(2)民营企业空间分布差异明显。华夏银行大厦内分布最为集中,是整个小陆家嘴区域民营企业聚集的高地。金穗大厦、金茂大厦分布次之,显示出较强的聚集特征。

(3)"三资"企业分布差异明显,表现出以金茂大厦为中心向周边区域辐射的特点;汇丰银行大厦和东亚银行大厦是另外两个小高地,由三个大厦向周边梯状分布。

(4)其他类型企业呈现出以港务大厦为主中心,金茂大厦、震旦大厦、未来资产大厦为次中心的分布格局,以汇丰银行大厦、时代金融中心为主的区块是该类型企业分布的洼地,西部区域企业分布要高于东部地区。

由上述结论可知,总体上效率型企业在小陆家嘴区域内呈现出较为明显的聚集态势,区域分化明显,假设 3 成立。

8.3.3　影响力企业空间分布

影响力企业是指在规模、知名度上具有显著优势,对提升区域竞争力和扩大影响力具有显著推动作用的企业。本部分将下列企业视为影响力企业:(1)上市公司;(2)世界 500 强;(3)中国 500 强;(4)知名"三资"企业的控股公司或者在华代表处;(5)行业协会;(6)交易中心;(7)大型企业总部。根据上述标准,本部分对 1 445 家样本企业进行甄选,得出 808 家影响力企业,对影响力企业运用克里金插值法进行密度估计,得出影响力企业的密度差值图,如图 8.17 所示。

影响力企业高度集中于金茂大厦内,表现为由金茂大厦向外辐射的层状分布。金茂大厦内影响力企业为 88 家,达到影响力企业总数的 10%以上。大厦竣工于 1999 年,已经有 17 年时间,是上海第 4 高的摩天大楼,在地理位置上毗邻东方明珠、上海环球金融中心和上海中心大厦,是上海最著名的景点及地标之一。加之优越的地理位置、便利的交通条件,这些都吸引了外资银行、基金、保险机构

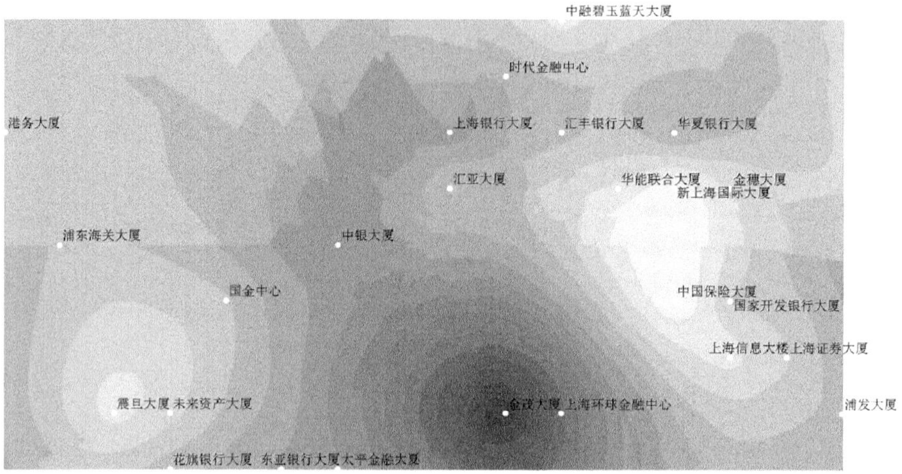

资料来源:作者自绘。

图 8.17　影响力企业分布密度

入驻,成为影响力企业聚集的绝对高地。截至目前,金茂大厦内已经入驻包括通用集团、韩华证券、澳大利亚西太平洋银行等世界 500 强企业及中宏人寿、国泰人寿、国华人寿、金茂集团等知名机构总部,这些机构的入驻进一步提升了自身的知名度和影响力,对外资企业的吸引力进一步提升。作为国家 4A 级旅游景点,每年都吸引大量的游客参观、游览,这对于小陆家嘴作为上海金融服务功能主承载区的建设具有重大意义,对于上海建设国际金融中心也大有帮助。通过上述分析,影响力企业在 25 栋样本楼宇内高度聚集,集中分布于金茂大厦,在其他楼宇内分布较少,呈现出“中心—外围”的分布模式。因此,假设 4 成立。

8.3.4　高技能劳动力类型企业空间分布

基于研究区域特点,考虑到所选 1 445 家样本企业所属行业、企业类型,本部分依据企业所需劳动力技能等级,把企业划分为高、中、低三种劳动力类型,划分依据如表 8.4 所示。

表 8.4　　　　不同技能劳动力类型的划分依据及对应的企业类型

劳动技能等级	划分依据	对应的企业类型
高技能	具有较高的学历或者较长年限的经验、较高的进入门槛，包括但不限于各类执业证书	金融服务类企业、行业协会、交易中心、商务服务类、咨询公司、科技公司
中技能	需要一定的技能和经验，不需要较高的学历，经过一定的学习和培训能够胜任	部分区域航运服务企业
低技能	学历较低，基本不需要培训和学习就能够胜任	餐饮、零售类企业、制造业

资料来源：作者整理。

根据劳动力技能划分依据，对本部分的 1 445 家样本企业进行分类汇总，三种技能劳动类型企业的分布见图 8.18 至图 8.20。

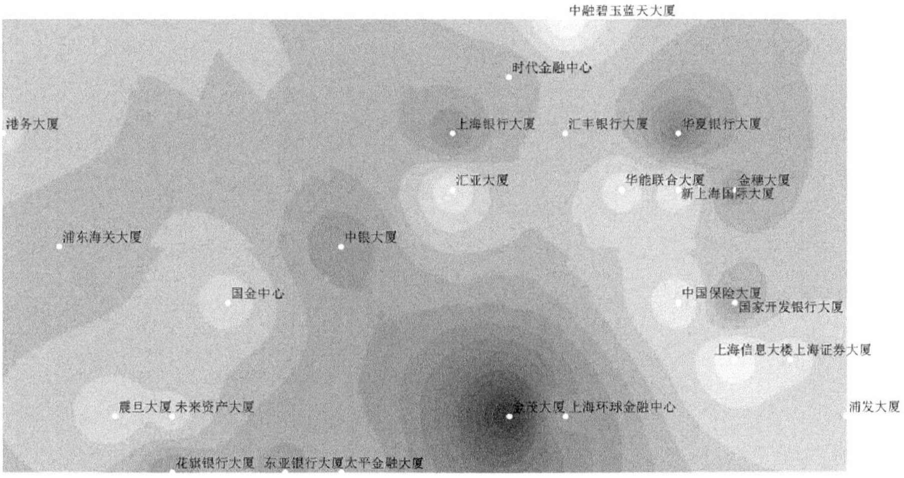

资料来源：作者自绘。

图 8.18　高技能劳动力类型企业分布密度

（1）高技能劳动力类型企业高度集中于金茂大厦内，在华夏银行大厦内分布次之。整体上与影响力企业分布特征类似，究其原因，影响力企业的分类标准包括但不限于世界 500 强、中国 500 强、上市公司，这些世界 500 强以外资公司驻华代表处、办事处、亚太总部及中国总部为主，而中国 500 强在资本规模、影响力、营业收入方面相对其他企业具有明显的优势。这些企业具有相对完善的治理结构以及良好的薪资待遇，对于人才的要求也较高。因此，影响力企业与高技能劳动

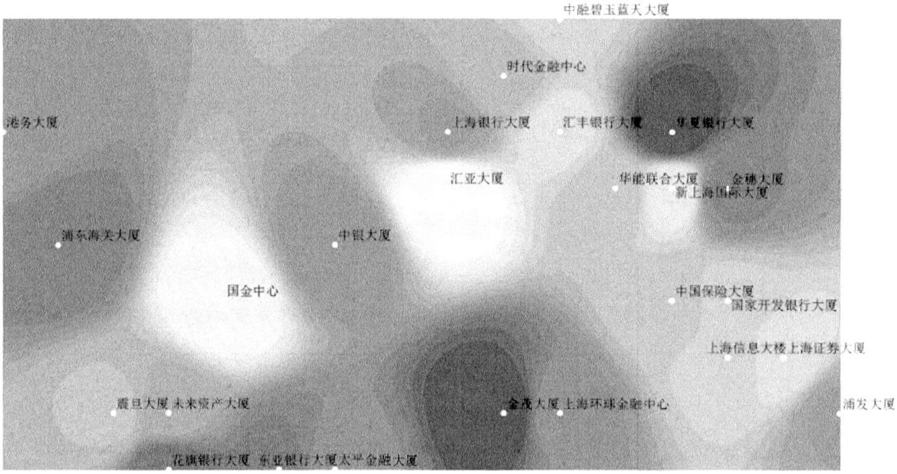

资料来源:作者自绘。

图 8.19　中技能劳动力企业分布密度

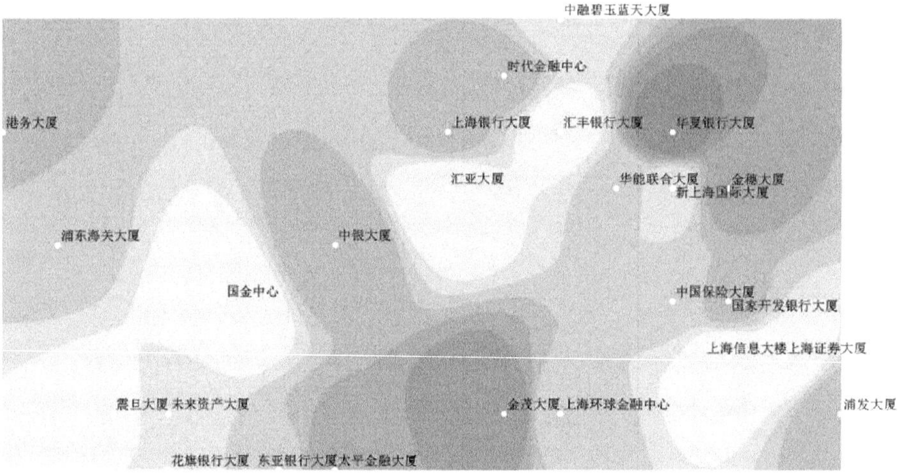

资料来源:作者自绘。

图 8.20　低技能劳动力企业分布密度

力企业表现出较大程度的重合性。

(2)中等技能劳动力类型企业形成了两个明显的聚集中心,金茂大厦是中等技能劳动力企业聚集的主中心,华夏银行大厦是副中心。港务大厦、浦东海关大厦、花旗银行大厦、东亚银行大厦也是中技能劳动力分布较为集中的区块。

(3)低技能劳动力类型企业在不同楼宇内分布较为均匀,空间聚集态势不明显。分楼宇来看,金茂大厦、华夏银行大厦内分布相对集中。

从以上结论可知,高技能劳动力企业的空间聚集态势明显,在整个区域内只存在一个中心,总体上呈现出"中心—外围"的分布模式。假设 5 成立。

8.4　小陆家嘴金融服务业生态圈形成的影响因素

通过以上五个假设的证明,总的来说,小陆家嘴区域内企业空间分布符合"中心—外围"的模式,聚集了大批高效率、有影响力、高技能劳动力类型企业;金融业中货币市场服务业、保险业聚集态势明显,在区域内形成明显的分布中心,而资本市场服务业企业空间分布差异不大。从整个研究区域来看,以世纪大道为界,西部区域金融业、租赁及商务服务业发展较好,东部地区信息传输、软件与信息技术服务业,批发与零售业发展较好。造成以上企业空间分布特征的因素有很多,大致可归纳为以下几个因素:政府规划及政策推动、基础设施的完善、规模经济、金融服务业的根植性及循环累积因果效应。

1. 政府规划及政策影响企业的区位选址,进而推动了陆家嘴金融服务业的发展

相关研究表明,政府规划及政策引导是影响企业选址的一个重要因素。一般来说,政府规划主要是区域发展规划,而政策引导则包括人才、土地、税收、市场准入、投资等一系列的国家及地方政策。

浦东最早的开发可追溯到 1990 年,为了顺应全球化发展的趋势,建设与世界对话的窗口,而提出了开发浦东的口号,陆家嘴从此也进入了快速发展的轨道。到 1992 年党的十四大提出要把上海建设成国际金融中心后,上海国际金融中心的建设就成为国家级战略目标,得到国家及上海市政府的高度重视。2009 年,国务院在通过的《国务院关于推进上海加快发展现代服务业和先进制造业建设国际金融中心和国际航运中心的意见》中进一步明确了建设国际金融中心的任务,并提出了具体的措施,上海国际金融中心的建设由此进入了一个新的阶段。上海市政府、区政府也出台具体的措施,以完善交通、文化、娱乐及商业基础设施,并列出了具体的发展目标,这些都在客观上促进了金融机构、人才及资金的集中。2014 年,陆家嘴金融贸易区被划为自由贸易实验区的一部分。在国务院 2015 年颁发的《国务院关于印发进一步深化中国(上海)自由贸易实验区改革开放方案的通知》中,提出了要创新投资管理制度、贸易监管制度以及金融制度,加快政府职能转变等任务和措施。由此,区域内的企业在开展业务上更加自由,并且有更多的时间专注于自身的业务发展,营运效率得到提升。同时,创新的政策也会吸引区外企业入驻。加之财税分配政策改革,从其他区县迁入的企业能享受到税收返还的政策,陆家嘴对企业的吸引力会进一步增加。

2. 基础设施的完善对陆家嘴金融服务业的发展起到至关重要的作用

基础设施的完善使得上下班更加便捷、商务环境优化,进而会影响到企业的区位选择。陆家嘴地处黄浦江东岸,与外滩隔江相望,自从浦东开发及建设国际金融中心的目标确立以后,陆家嘴的建设得到高度重视,区内基础设施日趋完善。截至现在,陆家嘴已经成为浦东乃至上海的交通枢纽,区域内有跨江大桥与老市区相连,磁悬浮列车、海底隧道、地铁线路纵横交错,形成复杂的交通网络,西部通过跨江大桥、地铁与老市区相连,东部通过磁悬浮列车可以很方便地到达浦东国际机场,方便的交通吸引了高端人才和跨国公司,也使得企业能更便捷地开展业务;陆家嘴区域内有数目众多的会展场所,每年都会举办丰富的会展活动,为世界各地的商业和文化交流提供良好的平台,提升了陆家嘴的名气;同时,区内消费、时尚、休闲、娱乐等商业设施齐全,能够从各方面满足人员及区域入驻企业的需求。正是由于各种完善的基础设施吸引了国际及国内知名的金融机构入驻,从而加剧了金融服务业的聚集。

3. 规模经济进一步促使陆家嘴金融服务业的发展

外部规模经济指产业在地理空间上相互临近而导致的成本降低和收益增加。韩国经济学家帕克首次将规模经济理论运用到国际银行业的发展及国际金融中心的形成上。而对于金融业来说,外部规模经济则通过提供投融资便利,降低投资风险和融资成本,提高市场的流动性,共享辅助性产业等方式实现。具体到陆家嘴区域,表现在以下几个方面:区域内商业银行与保险公司、商业银行与证券公司、证券公司与保险公司、商业银行与基金公司等金融机构之间通过相互合作及业务往来,建立跨专业的业务合作关系,在相互合作及业务往来中获得了最新的行业信息,工作人员的经验也得到了丰富,技能得到发展;再者,金融机构在陆家嘴区域的集中创造出对相关服务的需求,吸引了会计、咨询、法律以及信用评估等商务服务机构的进入,这些机构的入驻使得提供的专业服务更加丰富,商务环境更加完善，这又在客观上促使金融机构的集中；通过共享基础设施，提高了基础设施的利用率，成本得到降低。规模经济带来的成本降低与收益增加吸引了银行、证券、保险及会计咨询、法律、信用评估等机构，使得金融机构规模增大。

4. 金融服务业的根植性使得陆家嘴金融服务业的发展具有"棘轮效应"

虽然陆家嘴的开发较晚，并且在开发前是偏僻、荒凉的农村，与黄浦江相隔的外滩有着很大的差别，但是自从浦东开发之后，陆家嘴就已经进入了快速发展阶段，至今已经聚集了大批的金融机构，通过行业协会及会议，金融机构的员工能够相互交流思想及经验；通过地区的招聘会，人员的不断流动，自身的思想、经验以及在之前的公司形成的知识、技能被带到新的公司里面，给新的公司带来了新鲜的血液，不同思想、背景的员工在工作中相互碰撞，促使工作流程的改善和技术革新。而行业协会及各类专业会议的正式交流，使得陆家嘴逐渐形成独特的文化。最终，人的行动、经验、思想、地方文化成为陆家嘴的一部分，形成与其他地方不同的社会、文化、政治关系。这种根植性成为金融服务业聚集的一个重要因素。

5. 循环累积因果效应加剧了金融服务业企业的集中

在一个动态的社会过程中，社会经济各因素之间存在相互的因果关系，并且能够在某种程度上相互促进。陆家嘴在开发的最初时期得益于政府强有力的推动，建设了大批的高端商务楼宇，入驻了一批知名的银行、保险及证券机构。在最初的入驻企业数量增多，提供专业服务更加丰富之后，虽然国家及地方政府在后续颁布更具体的政策措施，但目前，地区规划和招商引资已经处于次要的地位，代之的是与西方国际接轨的市场规则。从原来的对于入驻企业的税收返还、税率优惠、融资优惠到现在的投资管理制度、贸易监管制度创新，市场的主体作用更加明确，政府作为服务及监管企业的角色得到确立。制度创新对于区域外企业具有很大的吸引作用。再者，原有企业聚集使得信息流动加快，技术创新增多，经验知识累积速度加快，区域内企业能够得到区域外企业更多的知识、信息，从而能有更好的发展。这些因素都促使区域外的金融机构向区域内集中。

8.5　本章小结

通过以上五个假设的证明及分析，我们可以得出如下结论：

(1)小陆家嘴企业空间分布符合"中心—外围"模式。金茂大厦、华夏银行大厦、花旗银行处于中心位置，其他楼宇相对处于外围；以世纪大道为界，西部区域聚集程度高于东部区域，金融业企业入驻较多的楼宇较多分布在西部区域，而东部地区楼宇由于在定位、规模以及建成时间上的原因，对知名企业的吸引力相对较小。

（2）金融业在小陆家嘴区域中处于主导地位，并且表现出明显的聚集态势。具体来看，保险业、资本市场服务业企业在区域内有一个明显的聚集中心，远远高于其他楼宇；信息传输、批发与零售业集中分布于东部地区，而租赁与商务服务业企业在西部地区较为集中；总体上来看，金融业、租赁和商务服务业企业在世纪大道以西地区较为集中，提供金融、法律、咨询、会计服务，在小陆家嘴金融产业生态圈中处于中心位置；而批发与零售业，信息传输、软件与信息技术服务业多分布于世纪大道以东地区，对金融业、租赁与商务服务业企业提供直接或者间接的服务，在以金融业为主导产业的生态圈中处于外围。

（3）效率型企业中“三资”企业在金茂大厦中高度聚集，远远高于其他楼宇，并且呈现出由金茂大厦向周围辐射的态势；民营企业集中分布在世纪大道以东区域，聚集态势不太明显，在区域中呈现出块状分布，没有表现出明显的层级分布；效率型企业总体上呈现出较强的聚集态势，民营企业与“三资”企业占到企业总数的相当比例，在小陆家嘴区域内聚集分布，使得小陆家嘴区域成为效率型企业聚集区。

（4）影响力企业聚集态势明显。金茂大厦是影响力企业分布的高地，其他楼宇内分布数量很少。从区域来看，世纪大道以西聚集态势高于东部地区。总体上看，小陆家嘴区域内聚集了大批影响力企业，并且在区域内具有较强的聚集态势。

（5）高技能劳动力类型企业空间聚集态势明显，在区域内具有明显的聚集中心，其他楼宇内集中程度较低，且表现出由中心向周围依次减少的特征。

综上所述，小陆家嘴整体发展不是很平衡，世纪大道以西地区具有良好的区位优势，开发较晚，在整个区块中处于较为重要的地位，整体发展要好于东部地区，金融、商务服务业发展较好，而东部地区信息技术企业较多，具有发展这方面的较大优势。鉴于这种区域发展特征，政府可以从以下几点入手：

（1）整体上来看，小陆家嘴区域发展不太均衡，有明显的行业集中态势，金融业与租赁和商务服务业集中于西部区域，批发和零售业，信息传输、软件与信息技术服务业集中于东部地区。对此，政府可根据产业分布特点，制定相应的区域规划，突出西部地区与东部地区的行业特色，加强行业集中度，充分利用聚集经济。

(2)西部区域金融业、租赁与商务服务业发展良好,聚集了大批该行业企业,可以在用地规划、建设招标上出台具体的措施推进建设定位于该类行业的商务楼宇,完善该类行业发展的商务环境;举行行业会议及商务活动,着力形成良好的发展氛围;积极引导各类金融机构及辅助行业入驻,丰富专业服务。

(3)东部地区以批发和零售业,信息传输、软件与信息技术服务业为主,兼有部分金融业、租赁与商务服务业企业,为突出行业特色,政府可以积极引导该类行业迁往西部地区,建设以该类行业为特色的产业园区,重点发展该类商务楼宇,强化该地区行业的主导特征。

小陆家嘴是建设国际金融中心的主要承载区,吸引了大批高效率、有影响力、高技能劳动力类型企业,这些企业入驻使得从事的业务变得更加广泛,金融业更加丰富与繁荣,作为金融中心的广度提升;上海金融交易所、上海期货交易所,随着政策的推动和完善,多层次指标体系的不断完善,入驻企业增多,从事专业服务的企业增多,促使专业化不断增强,提升了上海金融中心的深度;入驻的影响力企业增多,对于人才的需求也随之增加,这在客观上促使高层次人才的培养与引进,对于人才的吸引力增大,而高效率企业中有相当一部分为外资金融机构的在华办事处或区域总部,它们对内从事人民币业务,对外与位于其他金融中心的分支机构有密切的关联,通过这些金融机构,上海金融中心与其他金融中心的联系增强;广度、深度、对外联系度的增强,使得上海作为金融中心的功能更加完善,在全球金融中心的地位与影响力也得到提升。未来,随着我国人民币国际化及我国综合实力的不断增强,加之对上海金融中心建设的政策、市场体系的完善,上海在国际金融中心的地位也会不断提升。

第 9 章

上海北外滩航运服务业生态圈空间分布

北外滩作为上海国际航运中心建设的重要主体功能区之一，已经吸引了大量的航运服务及其相关企业入驻。本研究以上海北外滩 13 栋楼宇 541 家企业为样本，对北外滩这一微观区位企业空间分布特征进行探究。

9.1 研究假设提出、数据来源与研究方法

1. 研究假设提出

上海北外滩位于虹口区南部，东到大连路，西至河南北路，南界东大名路，北临周家嘴路海宁路，占地面积 3.66 平方公里，河岸线长 3.53 公里，分为东、中、西三大区域，是上海中心城区内市场基础扎实且中央商务功能完备的区块之一。根据《上海市北外滩航运服务聚集区发展规划》，北外滩的发展定位于航运服务聚集区，确立了企业总部基地、航运要素聚集中心、国际邮轮客运中心和口岸服务中心的发展目标，重点发展航运交易、海事法律、航运金融、航运保险、航运信息等行业，为上海现代物流业、航运业提供高层次的服务。

以上海北外滩航运服务聚集区内 13 栋楼宇 541 家企业为样本数据，考虑到研究区域的历史，区位特点，资源禀赋，文化特色，从企业空间分布、产业布局、效率型企业、影响力企业及高技能劳动力类型企业五个维度，对北外滩航运服务聚集区企业空间分布作出如下假设：

假设 1：聚集区楼宇内企业空间分布呈现“中心—外围”模式；

假设 2：聚集区内产业布局上形成以航运服务业为主导的产业生态圈；

假设3:聚集区内吸引了大量高效率的企业,均匀地分布在不同楼宇内;

假设4:聚集区内大量影响力企业入驻,空间上呈现出较高的聚集态势;

假设5:聚集区内高技能劳动力类型企业占大多数,集中分布于部分楼宇内。

2. 数据来源

本部分数据来自实地走访和调研,通过整理分析,筛选出八大类行业企业,采集的信息包括企业的名称、地址、主营业务、企业类型、经营模式等,在此基础上对企业进行梳理分类。通过网上查询、对比,剔除重复和无效样本,最终确定研究的样本为区域内13栋楼宇541家企业数据。

13栋楼宇地理位置见图9.1。

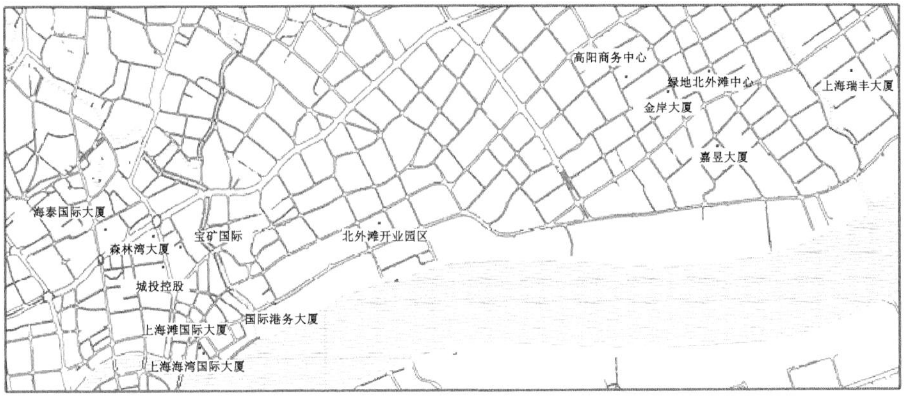

资料来源:作者自绘。

图9.1　13栋楼宇的地理位置

3. 研究方法

(1)赫芬达尔(Herfindahl)指数

Herfindahl指数是测量产业聚集程度的综合系数,反映经济活动地理分布的绝对聚集程度,计算公式为:

$$H_k = \sum_{i=1}^{N} S_{ik}^2 = \sum_{i=1}^{N} \left(\frac{y_{ik}}{y_k}\right)^2 \tag{9.1}$$

式(9.1)中,H_k 为 Herfindahl 指数,y_{ik} 为 i 楼宇 k 行业企业数量,y_k 为 k 行业企业总数量,N 表示楼宇总数。H_k 越大,表示聚集程度越高;反之,则越低。

(2)E-G指数

由于空间 Gini 系数、Herfindahl 指数只是在某些方面反映了聚集的程度，有一定的局限性，随着研究的深入，这些指标得到修正，其中最有影响力的是 Ellison 和 Glaeser(1997)提出的 E-G 指数。其计算公式为：

$$r_k^0=\frac{G_k-\left(1-\sum_{i=1}^{N}x_i^2\right)H_k}{\left(1-\sum_{i=1}^{N}x_i^2\right)(1-h_k)}=\frac{\sum_{i=1}^{N}(S_{ik}-x_i)^2-\left(1-\sum_{i=1}^{N}x_i^2\right)\sum_{i=1}^{N}S_{ik}^2}{\left(1-\sum_{i=1}^{N}x_i^2\right)\left(1-\sum_{i=1}^{N}S_{ik}^2\right)} \tag{9.2}$$

式(9.2)中，r_k^0 为 E-G 指数，G 为某产业的空间基尼系数，H 为某产业的赫芬达尔系数，x_i 表示区域 i 的产值或就业人数占全国的比例，r_k^0 越大，表示行业企业集中程度越高；反之，则越分散。

9.2 北外滩企业空间分布的复杂网络分析

1. 复杂网络的构建

根据选取的样本楼宇内企业的类型，考虑企业的主营业务、所属行业，把 541 家企业按照行业归类，根据企业间联系强弱赋予不同的权重，如表 9.1 所示。

表 9.1 行业分类及权重

行业名称及代码	权重	权重说明
交通运输、仓储和邮政业(G)	4	航运服务业所属行业及与航运业具有较大共同性，提供服务中部分属于航运服务业
金融业(J)		
信息传输、软件和信息技术服务业(I)	3	为航运服务企业提供配套服务，直接和间接提高航运服务企业的服务效率、质量
教育(P)		
科学研究和技术服务业(M)		
租赁和商务服务业(L)		
制造业(C)	2	需要航运服务企业服务
批发和零售业(F)		

续表

行业名称及代码	权重	权重说明
建筑业(E)	1	为航运服务企业提供服务,但与航运服务业相关性不大
公共管理、社会保障和社会组织(S)		
居民服务、修理和其他服务业(O)		
卫生和社会工作(Q)		
文化、体育和娱乐业(R)		
住宿和餐饮业(H)		

资料来源:作者整理。

基于对样本楼宇内各行业的企业联系强弱,分别赋予相应的权数构成对称矩阵,综合考虑成本距离因素,以样本楼宇为网络节点,以各楼宇内企业的地理联系和经济联系为边,以联系的强度为权,构建 13 栋楼宇的复杂网络,具体见图 9.2。

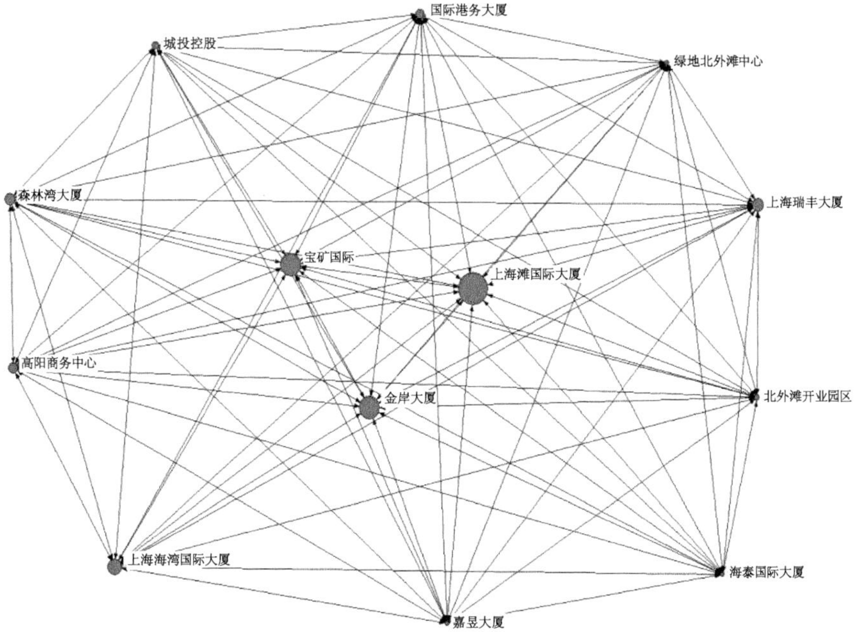

资料来源:作者自绘。

图 9.2　13 栋楼宇的复杂网络

2. 北外滩企业网络的小世界性

小世界性用来判断网络是否构成小世界网络，从而判断网络之间的联系程度。我们使用网络聚集系数和平均路径长度。网络聚集系数是用来衡量整个网络的聚集程度的指标，在北外滩航运服务聚集区企业网络中，用网络聚集系数来衡量各栋楼宇的聚类程度，网络聚集系数越大，各栋楼宇内企业的聚集程度越大，联系越紧密，流通越顺畅。平均路径长度表示各个节点平均通过多少条边的最短路径达到另一节点，平均路径长度越短，联系越紧密。计算得企业网络的两种指标如表 9.2 所示。

表 9.2　小世界性衡量指标

平均路径长度	聚集系数
1.026	0.737

资料来源：作者计算整理。

由表 9.2 可知，北外滩航运服务聚集区企业网络的平均路径长度为 1.026，网络聚集系数为 0.737。其意义为：各节点平均能通过 1.026 条边到达另一节点，任一节点与相邻节点之间的实际连边数目占最大可能连边数目的 73.7%，比例较高。因此，企业网络具有较小的平均路径长度和较大的聚集系数，构成了小世界网络。这说明，以企业为基础的各栋楼宇以网络的模式在空间分布上形成多边关联，衔接顺畅。

3. 北外滩企业网络的中心性分析

一个节点在网络中的中心度越高，该节点在网络的重要程度越高，其影响力和支配力越大。它直观地反映了网络的集权性大小。本部分对建立的复杂网络中各节点的中心度进行计算，并对 13 栋楼宇的节点中心度数据进行汇总、排名，具体如表 9.3 所示。

表 9.3　13 栋楼宇的节点中心度

排　名	楼　宇	节点中心度
1	上海滩国际大厦	0.736
2	宝矿国际	0.515
3	金岸大厦	0.482
4	上海海湾国际大厦	0.338

续表

排　名	楼　宇	节点中心度
5	上海瑞丰大厦	0.251
6	森林湾大厦	0.205
7	高阳商务中心	0.189
8	国际港务大厦	0.155
9	城投控股	0.123
10	北外滩开业园区	0.074
11	绿地北外滩中心	0.058
12	海泰国际大厦	0.052
13	嘉昱大厦	0.045

资料来源:作者计算整理。

由表9.3可知,13栋楼宇内中心度排名前3位的分别为上海滩国际大厦、宝矿国际和金岸大厦,节点中心度分别为0.736、0.515、0.482,具有较高的支配地位和影响力,对企业的吸引力较大,在网络中的相对地位较高;上海海湾国际大厦、上海瑞丰大厦、森林湾大厦的节点中心度次之,分别为0.338、0.251、0.205,对企业具有较大的吸引力;其他楼宇在吸引企业入驻上最弱。

4. 北外滩航运服务聚集区企业空间分布的"核心—边缘"结构分析

在一个网络结构中,"核心—边缘"是相对而言的,连续性的"核心—边缘"结构以核心度为判断标准,通过核心度大小排序能看到各个节点在网络中的相对位置。在欧式距离空间内,核心度表示节点与中心的距离。一般来说,核心度越高,节点与中心的距离越近,两点的关系越强,越处于中心位置。对各栋楼宇进行核心度的计算,其结果如表9.4所示。

表9.4　13栋楼宇的核心度

排　名	楼　宇	核心度
1	上海海湾国际大厦	0.242
2	上海滩国际大厦	0.129
3	宝矿国际	0.058
4	国际港务大厦	0.023

续表

排　名	楼　宇	核心度
5	城投控股	0.021
6	森林湾大厦	0.019
7	金岸大厦	0.018
8	上海瑞丰大厦	0.013
9	高阳商务中心	0.010
10	北外滩开业园区	0.007
11	海泰国际大厦	0.005
12	嘉昱大厦	0.002
13	绿地北外滩中心	0.002

资料来源:作者计算整理。

由表 9.4 可知,13 栋楼宇内核心度排名前两位的分别为上海海湾国际大厦和上海滩国际大厦,核心度分别为 0.242、0.129,具有较高的支配地位和影响力,对企业的吸引力较大,处于复杂网络的核心层;金岸大厦、高阳商务中心、绿地北外滩中心、上海瑞丰大厦、嘉昱大厦、城投控股、宝矿国际、国际港务大厦、森林湾大厦、北外滩开业园区、海泰国际大厦的核心度较低,处于网络的外围。

通过对北外滩航运服务聚集区内楼宇节点核心度的测算对比,发现其总体呈现出“中心—外围”的分布模式。通过企业间向心力和离心力的作用,初始条件相同的两个地区在多种因素的协同作用下,一个楼宇聚集大量的企业而处于中心位置,另一个楼宇聚集较少的企业或无企业聚集而处于边缘位置。因此,北外滩企业空间分布模式符合“中心—外围”模式,假设 1 成立。

9.3　北外滩航运服务业生态圈空间分布

9.3.1　航运服务业生态圈

1. 八大类行业的企业分布情况

依据《国民经济行业分类标准》(GB/T4759—2011),根据入驻企业的主营业务以及对建设航运服务聚集区的作用,经行业分类一级代码统计,将研究区域内

13 栋楼宇 541 家样本企业进行行业归类，最终分为八大行业，各个行业在 13 栋楼宇内的分布情况如表 9.5 所示。

表 9.5　　13 栋楼宇八大类行业的企业分布情况

楼　宇	C	F	G	I	J	K	L	M	总计
上海海湾国际大厦	5	7	16	0	6	7	5	0	46
上海滩国际大厦	7	3	17	1	21	8	22	0	79
金岸大厦	3	7	54	1	6	1	5	0	77
高阳商务中心	2	7	22	0	4	1	2	1	39
绿地北外滩中心	4	3	4	0	0	0	0	2	13
上海瑞丰大厦	5	11	52	4	12	5	4	1	94
嘉昱大厦	0	0	0	0	7	2	0	0	9
城投控股	0	2	4	0	4	2	2	1	15
宝矿国际	10	13	17	4	24	3	1	4	76
国际港务大厦	1	2	11	4	4	1	2	2	27
森林湾大厦	2	4	30	1	2	1	0	0	40
北外滩开业园区	0	0	8	1	1	3	0	0	13
海泰国际大厦	0	3	4	0	0	0	4	2	13
总　计	39	62	239	16	91	34	47	13	541

注：C 为制造业；F 为批发和零售业；G 为交通运输、仓储和邮政业；I 为信息传输、软件和信息技术服务业；J 为金融业；K 为房地产业；L 为租赁和商务服务业；M 为科学研究和技术服务业；下文行业代码相同。

资料来源：作者计算整理。

从表 9.5 可知，13 栋样本楼宇内入驻企业总数、分行业企业数存在较大差异；八大类行业数量差距较大，交通运输、仓储和邮政业（G）数量最多，占到企业总数的 44.18%；金融业（J）、批发和零售业（F）次之；科学研究和技术服务业（M）数量最少。

上海瑞丰大厦、上海滩国际大厦、金岸大厦、宝矿国际 4 栋楼宇入驻的企业数量均达到 70 家以上，占到楼宇内入驻企业数量的半数以上，而金岸大厦、上海瑞丰大厦 2 栋楼宇交通运输、仓储和邮政业（G）企业数量就分别高达 54、52 家，这些楼宇在投资规模、区位上具有比较优势，对企业具有较大的吸引力；嘉昱大厦由于投入运营时间及地理位置的原因，楼宇内入驻企业仅为 9 家。

2. 八大类行业的空间分布特征

在行业分类一级代码统计数据的基础上，分别计算出八大类行业的空间基尼(Gini)系数、赫芬达尔(HHI)指数、E-G 指数，具体如表 9.6 所示。

表 9.6　　八大类行业的基尼系数、赫芬达尔指数、E-G 指数

行业类型	Gini 系数	HHI 指数	E-G 指数
C	0.540	0.153	0.539
F	0.439	0.127	0.423
G	0.480	0.141	0.467
I	0.635	0.203	0.645
J	0.531	0.161	0.523
K	0.498	0.145	0.488
L	0.638	0.262	0.622
M	0.604	0.183	0.610
最大值(Max)	0.638	0.262	0.645
最小值(Min)	0.439	0.127	0.423
中位数(Median)	0.536	0.157	0.531

资料来源：作者计算整理。

基于表 9.6 计算出八大类行业的 Gini 系数、HHI 指数、E-G 指数，利用 origin 制图软件，绘制出反映各行业聚集程度的曲线图，具体见图 9.3。

由表 9.6、图 9.3 可知，八大类行业均呈现出聚集态势，各行业聚集程度不同。制造业(C)，信息传输、软件和信息技术服务业(I)，金融业(J)，租赁和商务服务业(L)，科学研究和技术服务业(M)的 E-G 指数、Gini 系数均大于 0.5，空间分布极度不均匀，聚集态势非常明显。批发和零售业(F)，交通运输、仓储和邮政业(G)，房地产业(K)的 Gini 系数、E-G 指数介于 0.4 与 0.5 之间，空间分布比较不均匀，聚集态势明显。

3. 上海北外滩航运服务生态圈

八大类行业通过相互之间的业务关联及对外提供服务，形成了以航运服务业为主导的产业生态圈，具体见图 9.4。在八大类行业中，航运服务业企业在交通

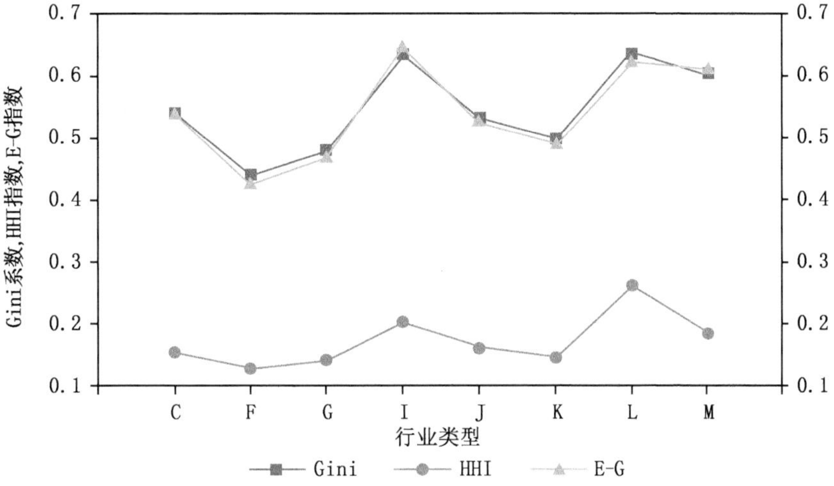

资料来源:作者自绘。

图 9.3　八大类行业的空间基尼系数、赫芬达尔指数、E-G 指数

运输、仓储和邮政业企业中占到相当大的比例,能够显著促进北外滩航运功能承载区的建设,处于生态圈的核心位置;而金融业与航运服务业具有较大的共通性及相互关联度,对航运业发展具有显著的支撑作用,也处于产业生态圈的核心层;科学研究和技术服务业,租赁和商务服务业,信息传输、软件和信息技术服务业与航运服务业相关性较弱,但是通过提供相关研究、专业咨询、信息服务,间接提升航运服务信息化程度和技术水平,从而促进航运功能区的建设;批发和零售业中以进出口贸易企业为主,需要水上货物运输及货运代理服务,与航运服务业具有前向关联,但是对航运功能区建设作用不大;制造业企业包括“三资”公司职能机构、集团职能机构,对于航运功能区建设影响较小,这两个行业处于生态圈的外围。

上海北外滩区块已聚集了 2 000 多家航运服务类企业、14 家航运功能性机构。诸如中海集团、中远集团、上港集团、地中海航运、瑞士吉与宝船务有限公司、赫伯罗特船务有限公司等著名的水上运输和货运服务企业,以及上海航运交易所、上海海事局、中国船级社上海分社、中国海事仲裁委员会上海分会、中国交通运输协会邮轮游艇分会等一批航运信息、海事仲裁、人才培养机构都入驻北外滩。航运服务企业及相关机构入驻,创造出大量需求,吸引了大量为航运服务企业提供服务的企业入驻。因此,在上海北外滩区块已经形成了以航运服务业为主导、

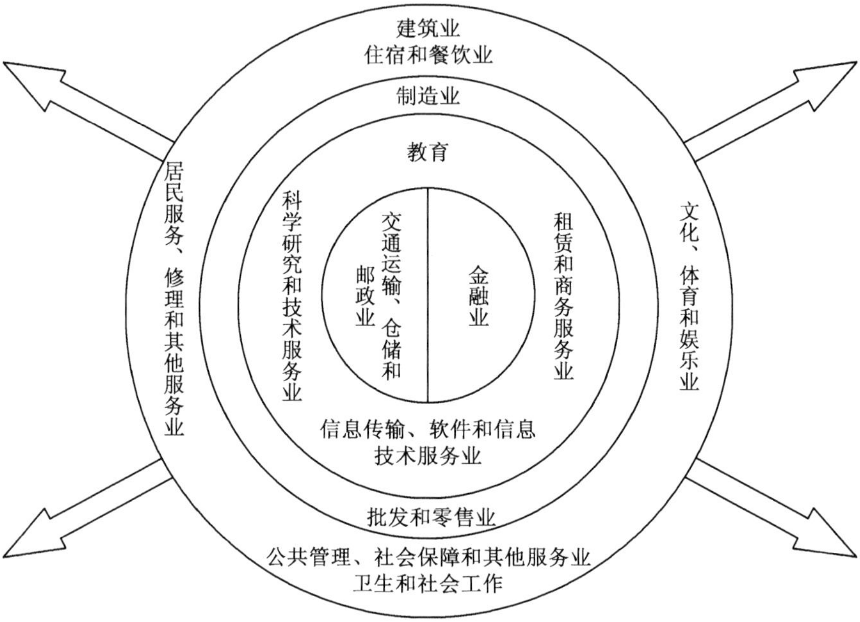

资料来源:作者自绘。

图 9.4 航运服务业生态圈的结构

其他产业协同发展的产业生态圈,假设 2 成立。

9.3.2 效率型企业空间分布

根据《公司法》《合资公司法》《中外合作经营企业法》《中外合资企业法》《外资企业法》等法律以及相关法规的规定,本部分将 13 栋楼宇内 541 家企业,按照企业性质划分为国有企业(全民所有制企业)、民营企业、"三资"企业(外商独资企业、中外合资经营企业、中外合作经营企业)和其他类型企业,四种类型的企业占比情况见图 9.5。

参照 Liu(2014)对中国制造业企业的研究,本部分把"三资"企业、民营企业视为效率型企业。由图 9.5 可知,效率型企业中民营企业占比 73.88%,"三资"企业次之,为 14.85%,两者合计占到企业总数的 88.73%;而国有企业占比为 11.09%。因此,北外滩 13 栋样本楼宇内入驻的企业中以效率型企业为主。四种类型企业在 13 栋样本楼宇内的分布情况见图 9.6。

从图 9.6 中可以看出,民营企业在 13 栋楼宇内的分布较为均匀,且在数量上

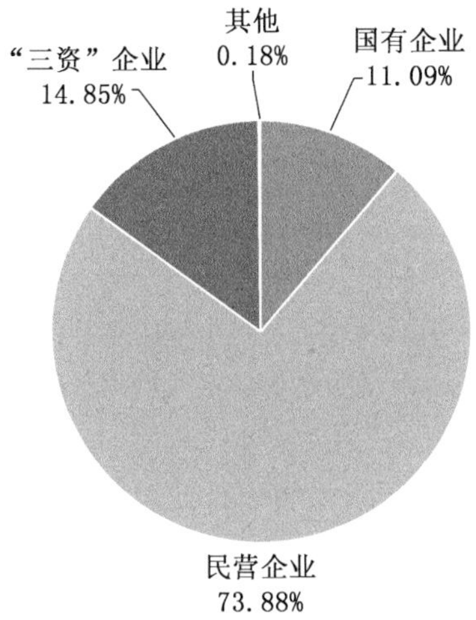

资料来源:作者自绘。

图 9.5　不同类型的企业分布百分比

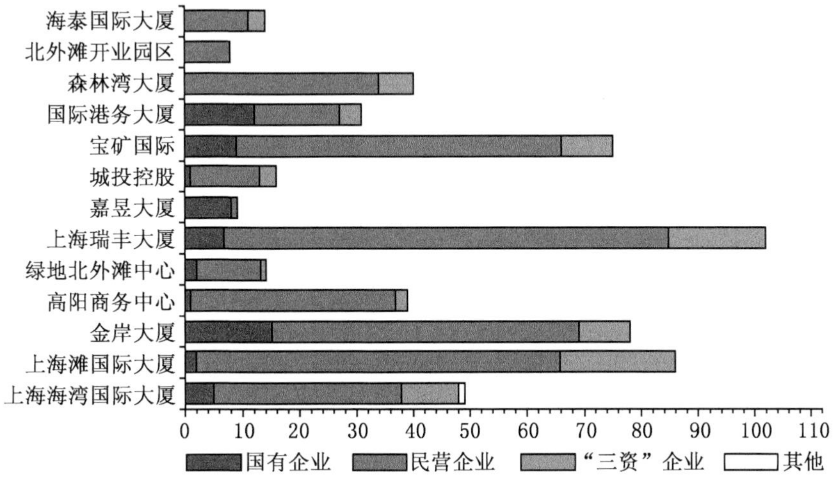

资料来源:作者自绘。

图 9.6　不同类型企业在 13 栋楼宇内的分布数量

占有绝对优势,国有企业和"三资"企业在一些楼宇中没有分布,从聚集程度来看,国有企业的聚集程度最高,"三资"企业次之,民营企业最低,具体如表 9.7 所示。

表 9.7　　不同类型企业的 Gini 系数、HHI 指数、E-G 指数

	Gini 系数	HHI 指数	E-G 指数
国有企业	0.551	0.418	0.506
民营企业	0.156	0.120	0.146
“三资”企业	0.555	0.401	0.500

注：由于选取的 13 栋样本楼宇内只有一个其他类型的企业，在计算时考虑到指数的有效性，只计算了国有企业、民营企业、“三资”企业的 Gini 系数、HHI 指数、E-G 指数。

资料来源：作者计算整理。

由表 9.7 可知，效率型企业在 13 栋楼宇内分布数量较多，呈现出较大的聚集态势，由于北外滩定位于“商务—航运—文化”模式，是上海唯一以航运服务为特色的产业聚集区，区位上与外滩、陆家嘴形成三足鼎立之势，加之良好的航运业基础和国家及地方政府政策的推动，吸引了以航运服务业企业为主的外资、民营企业入驻，这些企业对于提升地区活力、运行效率有显著的促进作用，通过共享劳动力、信息而产生外部经济，获得较高的溢价。因此，北外滩已成为效率型企业聚集的高地，假设 3 成立。

9.3.3　影响力企业空间分布

影响力企业是指在规模、知名度上具有显著优势，对提升区域竞争力和扩大影响力具有显著推动作用的企业。本部分将下列企业视为影响力企业：(1)上市公司；(2)世界 500 强；(3)中国 500 强；(4)知名“三资”企业的控股公司或者在华代表处；(5)行业协会；(6)交易中心；(7)大型企业总部。根据上述标准，本部分对 541 家样本企业进行甄选，得出 219 家影响力企业在 13 栋楼宇内的分布情况，具体见图 9.7。

上海滩国际大厦聚集了一批商务咨询公司、会计师事务所、律师事务所、建筑规划公司、资产管理公司。基于影响力企业判断标准，该类企业中有很大一部分为影响力企业。图 9.7 显示，上海滩国际大厦入驻影响力企业为 46 家；上海瑞丰大厦影响力企业次之，为 38 家；北外滩开业园区影响力企业最少，仅有 3 家。13 栋楼宇内影响力企业占比情况见图 9.8。

总体上来看，北外滩 13 栋楼宇内影响力企业的分布呈现出聚集态势，并且表现出较明显的聚集态势，如表 9.8 所示。

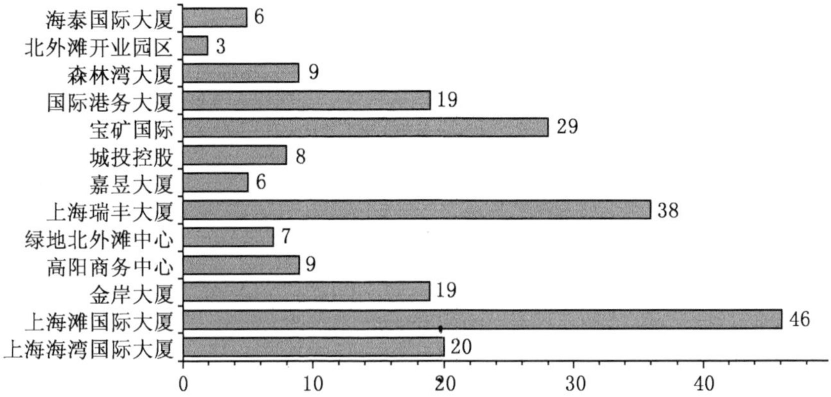

资料来源:作者自绘。

图 9.7　影响力企业在 13 栋楼宇内的分布情况

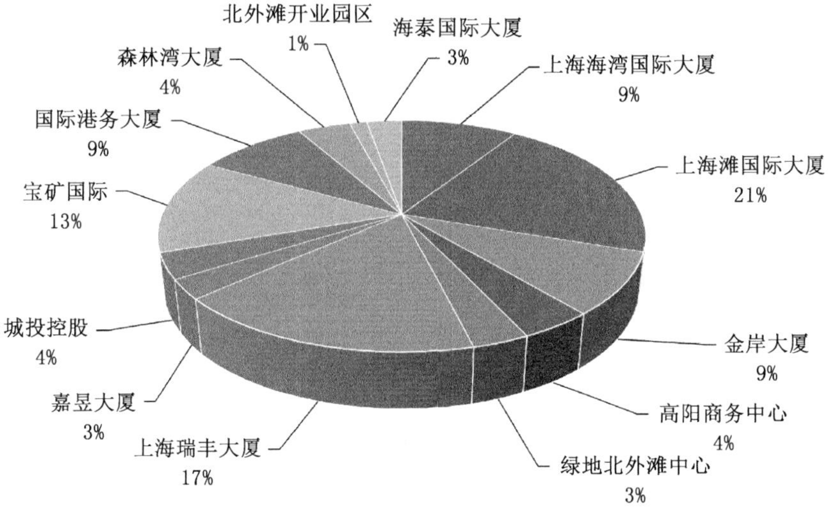

资料来源:作者自绘。

图 9.8　影响力企业在 13 栋楼宇内的分布情况

表 9.8　影响力企业分布的 Gini 系数、HHI 指数、E-G 指数

Gini 系数	HHI 指数	E-G 指数
0.517	0.146	0.538

资料来源:作者计算整理。

上海北外滩南临外滩，与陆家嘴隔江相望，三者在地理位置上形成“黄金三角”，受益于外滩、陆家嘴金融业聚集的溢出效应，加之航运业固有的金融属性，北外滩吸引了包括银行、证券公司等金融机构及律师事务所、会计师事务所等相关商务咨询机构入驻。同时，作为上海航运业的发祥地，北外滩具有悠久的航运业历史，产业基础雄厚，聚集了包括上海国际港务集团、中海集团、中远集团等航运巨头总部在内的 2 000 余家航运服务类企业及上海航运交易所，中国港口协会等 10 多家航运功能性机构。再者，政策推动、聚集带来的向心力、良好的商务环境也吸引了贸易类企业，信息传输、软件和信息技术服务业，科学研究和技术服务业，批发和零售业企业的聚集。其中，航运机构、协会、上市公司等影响力企业的聚集能够显著提升区域的知名度、支配力，对于上海建设国际性航运中心具有重大意义。通过上面的分析，影响力企业在 13 栋样本楼宇内高度聚集，集中分布于上海滩国际大厦、上海瑞丰大厦、国际港务大厦等少数楼宇内，在其他楼宇内分布较少，呈现出“中心—外围”的分布模式。因此，假设 4 成立。

9.3.4 高技能劳动力类型企业空间分布

基于研究区域的特点，考虑到所选 541 家样本企业所属行业、企业类型，本部分依据企业所需劳动力技能等级，把企业划分为高、中、低三种技能劳动类型，划分依据如表 9.9 所示。

表 9.9 不同等级技能劳动类型的划分依据及对应的企业类型

劳动技能等级	划分依据	对应的企业类型
高技能	具有较高的学历或者较长年限的经验、较高的进入门槛，包括但不限于各类执业证书	金融服务类企业、行业协会、交易中心、商务服务类、咨询公司、科技公司
中技能	需要一定的技能和经验，不需要较高的学历，经过一定的学习和培训能够胜任	部分区域航运服务企业
低技能	学历较低，基本不需要培训和学习就能够胜任	餐饮、零售类企业、制造业

资料来源：作者整理。

根据表 9.9 所列的劳动技能等级划分依据，对本部分的 13 栋楼宇 541 家样本企业进行分类汇总，三种劳动技能类型企业的分布见图 9.9 至图 9.10。

由图 9.9 和图 9.10 可知，13 栋楼宇内高技能劳动力类型企业的数量最多，

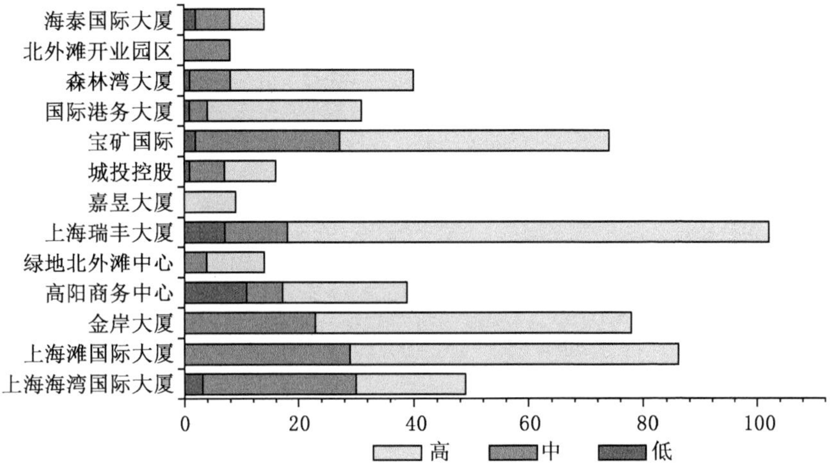

资料来源:作者自绘。

图 9.9　三种技能劳动类型企业在 13 栋楼宇的分布情况

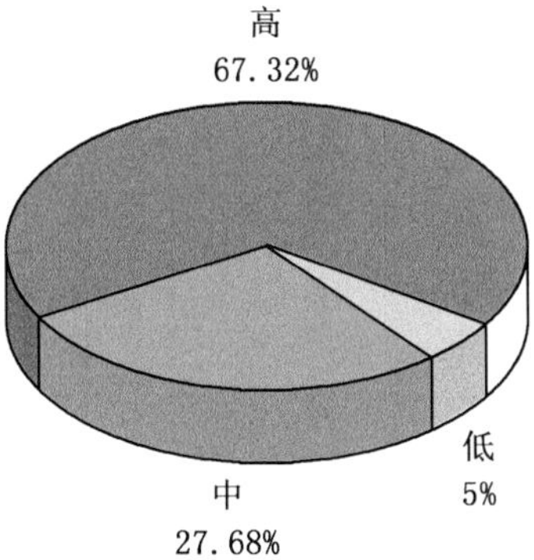

资料来源:作者自绘。

图 9.10　三种技能劳动类型企业占比情况

占比为 67.32%;中技能劳动力类型企业次之,占比 27.68%;低技能劳动力类型企业最低,仅占 5%。高技能劳动力类型企业包括咨询、科技、商务服务、部分区域性航运服务企业(货运代理、报关、船舶代理等)以及全球性航运企业(包括船运保险、船运机构协会、航运信息咨询、船级管理机构等);一部分低端区域性航运服务业如货运代理、报关企业,并不需要很高的技能和经验,被划入中技能劳动类型;而批发和零售业、制造业中需要的劳动技能较低,经过短暂的培训或学习即可以胜任,这部分占比为 5%。

表 9.10　不同等级技能劳动力类型企业分布的 Gini 系数、HHI 指数、E-G 指数

	低技能	中技能	高技能
Gini 系数	0.593	0.390	0.453
HHI 指数	0.242	0.129	0.130
E-G 指数	0.567	0.359	0.440

资料来源:作者计算整理。

由表 9.10 可知,低技能劳动力类型企业在 13 栋楼宇内的聚集程度最高,E-G 指数为 0.567;中技能劳动力企业空间聚集最低,E-G 指数为 0.359;高技能劳动力类型企业聚集程度中等,E-G 指数为 0.440。由于低技能劳动力类型企业主要分布于批发和零售业、制造业,总体上数量较少,在高阳商务中心、上海瑞丰大厦内企业个数分别为 11、7 个,远远高于其他楼宇内同类企业数量,在空间上呈现出较高的聚集态势;而中、高技能劳动力类型企业数量较低技能劳动力企业多且分布较为均匀,区域性航运服务业如货运代理、报关企业几乎在每栋楼宇内都有分布,且数量较多,显示出聚集程度不高的特点。

从绝对数量看,高技能劳动力类型企业占到企业总数的 67.32%,且在上海瑞丰大厦、金岸大厦、上海滩国际大厦内分布较多。由于高技能劳动力类型企业处于产业链的较高位置,服务附加值较高,需要具有较高学历或丰富经验的高端人才,它们的区域性聚集,创造出大量相似技能的就业岗位,吸引高级人才向区位集中,形成了不同产业共享的高技能劳动市场,使得北外滩成为高技能人才聚集区。因此,假设 5 成立。

9.4　北外滩航运服务业生态圈形成的影响因素

通过对以上 5 个假设的证明,发现北外滩航运服务聚集区内企业呈现出"中心—外围"分布模式,形成了以航运服务业为主导的产业生态圈,吸引大量的效率型企业、影响力企业、高技能劳动企业聚集于此。聚集驱动力很多,本部分从历史因素、政府规划及政策支持、品牌效应、基础设施、循环累积效应进行探究。

1. 历史因素决定了北外滩航运服务聚集区目前的发展形态

北外滩是上海航运业的发祥地,有着悠久的航运历史。在清朝康熙年间,水

陆运输已日渐繁盛；1843 年，上海开埠通商后，对外贸易迅速增长，经由苏州河的“载客运货的小船和驳船”增多，而北外滩位于黄浦江与苏州河的交界地带，航运业因此得到发展；19 世纪 40 年代，英法在上海建立租界后，在提篮桥和吴淞路一带建立近代工厂，并且积极扩大范围，将触角伸向内河航运，北外滩凭借交通便捷、水陆相通的优势，吸引了船公司积极入驻，租界的设立也促使上海商业中心北移，进出苏州河的船只增多，北外滩地区逐渐发展成为繁荣的航运产业带。1978 年改革开放后，上海经济迅猛发展，贸易量大幅提升，内河航运得到进一步的发展。内河航运的发展促使北外滩航运产业迅速发展，使得北外滩地区逐渐成为货物运输和水上客运的重要集散地。

2. 政府的规划与政策引领了北外滩航运服务聚集区的企业空间布局

回顾改革开放多年的历史，从四大经济特区到自贸区，以及各种工业、科技园区的建设，背后都有政府的推动。北外滩的建设也不例外，不仅有国家在宏观层面的战略规划，也有地方政府的具体措施的跟进。2009 年国务院审议并通过了《关于推进上海加快发展现代服务业和先进制造业建设国际金融中心和国际航运中心的意见》，提出到 2020 年，将上海建成具有全球航运资源配置能力的国际航运中心。北外滩、陆家嘴、洋山保税港、临港新城、外高桥保税区是国际航运中心建设的主要功能区，其中，北外滩是唯一以航运服务为特色的现代服务聚集区。同年，北外滩航运服务聚集区发展规划编制完成，提出将北外滩划分为四大片区，重点发展五大航运服务。2012 年，北外滩被确立为航运与金融服务业综合改革试点区，并且在交通运输部与上海市人民政府合作签署的《交通运输部、上海市政府加快推进国际航运中心建设深化合作备忘录》中，“北外滩航运服务聚集区”被定位为“航运服务总部基地”，成为全国唯一一个航运服务领域的“总部基地”。除了政府规划之外，还制定了针对航运和金融企业的税收、融资、人才等各方面的优惠政策，加大扶持力度；创新服务方式，推进政策的落实。中央及地方政府的规划和决议对北外滩航运服务聚集区的建设具有显著的推动作用，政策的提出以及一系列优惠措施的出台促进了航运服务企业在北外滩的落户。

3. 航运业聚集产生的品牌效应进一步促进航运企业及相关行业企业入驻

自北外滩确定了“航运服务聚集区”的发展定位之后，国家针对国际航运运输企业出台了免征营业税的优惠措施，吸引了大批航运企业入驻。其中，既有中海集团、中远集团、上海港务集团等国内航运龙头企业，也有歌诗达邮轮集团、皇家加勒比公司、地中海邮轮公司和丽星邮轮公司。中国交通运输协会邮轮游艇分会、上海国际航运物流人才服务中心、上海国际航运研究中心、上海国际航运仲裁院、上海国际航运信息中心等航运研究、航运仲裁、航运信息等功能性机构也纷纷落户北外滩；金融企业则有国投瑞银、中信兴业、德邦基金和华辰未来等。航运、金融企业入驻产生的品牌效应进一步吸引了相关行业企业入驻；各种技术、信息、资金在北外滩航运服务聚集区内广泛流通，通过对内对外的广泛业务交流，最终形成了以航运业为主、其他行业为辅的产业生态圈。

4. 循环累积效应进一步加剧了航运服务业的区域聚集

各种因素的综合作用导致在北外滩东大名路沿线聚集了一批航运企业，使其获得初始优势。航运产业的聚集使得市场规模扩大，人才、信息、资本的流动性增强，产生溢出效应，进一步吸引了货物代理、船舶代理企业在东大名路沿线入驻，使得市场规模扩大，专业化分工增强，对融资、保险的需求相应增加，这又进一步吸引金融、保险机构进入。由此循环累积，企业数量不断增多，行业类型不断丰富，使得东大名路成为航运及相关产业聚集的中心。

5. 完善的基础设施对北外滩航运服务聚集区的发展起到重要作用

随着政府政策的推出和优惠措施的逐步落实，一系列重大项目陆续启动。大连路、新建路隧道，轨道交通 12 号线建成通车；北外滩综合交通枢纽开工建设；海泰国际大厦、宝矿国际相继交付使用；白金府邸、耀江国际花园等高档居住区陆续建成；上海航交所、中国港口协会、上海国际航运研究中心、中国交通运输协会邮轮游艇分会、上海国际航运物流人才服务中心、上海国际航运仲裁院、上海国际航运信息中心等航运研究、航运仲裁、航运信息等功能性机构、平台纷纷落户北外滩，使得商务、居住环境进一步优化，信息、技术传输的成本不断降低，这些都进一步吸引了企业入驻和人才的流入，促使产业进一步聚集。

9.5 本章小结

本部分借助复杂网络，聚集度研究方法，通过测度节点中心度、空间 Gini 系数、Herfindahl 指数、E-G 指数等特征指标，揭示了楼宇在网络联系中所处的地位及企业的聚集程度，得出如下结论：

(1)北外滩航运服务聚集区楼宇空间分布符合“中心—外围”模式。各栋楼宇在入驻企业的类型、数量、知名度、影响力、效率上存在较大的差异。上海海湾国际大厦、上海滩国际大厦处于复杂网络的核心层，具有较大的支配力和影响力，是效率型、影响力企业聚集的高地，对人才有较大的吸引力。其他楼宇在知名度和影响力方面处于相对劣势，在复杂网络中处于外围。

(2)北外滩已形成了以航运服务业为主，其他产业为辅的产业生态圈。航运服务业和金融业能够显著促进北外滩航运功能承载区的建设，处于产业生态圈的核心位置；科学研究和技术服务业，租赁和商务服务业，信息传输、软件和信息技术服务业通过提供相关服务，能够间接地提升航运服务的技术和信息化水平，处于产业生态圈的次核心位置；而制造业、批发和零售业需要航运业提供的水上货物运输及货运代理服务，但是对于航运功能区建设以及航运服务效率的提升作用不大，处于产业生态圈的外围。

(3)效率型企业在北外滩内的聚集态势明显，并且在数量上占比较大，其中民营企业在每栋楼宇内均有分布，且数量相差较小；“三资”企业在楼宇内数量相差较大，分布较为不均。总体上来看，北外滩具有良好的区位优势，积极承接了外滩、陆家嘴金融行业企业转移，是唯一的以航运服务为特色的产业聚集区，吸引了大批航运服务企业入驻。航运服务、金融企业的入驻吸引相关企业入驻，其中，效率型企业占较大的比例，使得北外滩成为效率型企业的聚集地。

(4)上海滩国际大厦、上海瑞丰大厦、宝矿国际内影响力企业最多，远高于其他楼宇内影响力企业的数量，影响力企业呈现出非常明显的聚集态势。究其原因，某些楼宇由于建成时间早，定位较高，吸引大批影响力企业入驻，而企业在办公区位选择上存在示范效应、熟路效应，使得后来企业倾向于入驻这些楼宇，使得这些楼宇的影响力和知名度提升，形成价值品牌高地，从而进一步吸引影响力企业聚集，最终形成了影响力企业聚集区。

(5)在13栋样本楼宇内入驻的企业中，高技能劳动力类型企业占比较大且呈现出明显的聚集态势，这是由于北外滩在功能定位、产业基础、政策推动、区位条件等因素的协同作用下入驻了一批航运服务、金融及相关行业企业，这些企业由于从事的业务需要具有较高学历或者丰富经验的高端人才，企业的聚集吸引了相关人才的集中，人才的集中反过来吸引企业入驻，二者共同作用，最终使得北外滩成为高技能劳动力企业和高技能人才的聚集区。

根据以上分析，可以发现北外滩地块发展相对来说不是很均衡。本部分以八大类行业企业数据为基础，对北外滩航运服务聚集区内的企业空间分布特征进行了实证分析，受限于数据量，无法分析大类行业中子行业的聚集度，以 13 栋楼宇作为子空间，只能测算基于楼宇的企业聚集特征，在以后的研究中还有待进一步深入。随着交通设施的完善、商务楼宇的增多、航运类企业及机构的入驻，北外滩现在已经吸引了大批航运服务及相关企业入驻，由于北外滩的商务、办公用地主要分布于东大名路、东长治路沿线及东余杭路的部分路段，而东大名路具有丰富的航运企业聚集的基础，从而形成了航运企业在东大名路沿线集中分布，东长治路次之的分布格局。未来，随着商务楼宇的增多，入驻北外滩的航运类企业会进一步增多，加之居住条件的完善，对于高端人才的吸引力也会进一步加大。北外滩作为上海唯一的航运服务企业聚集地，承担了单证、报关、代理等航运业务，未来随着入驻专业机构、企业的增多，北外滩的特色会愈发明显，逐渐形成以航运服务为特色的中央商务区。

第 10 章

上海“泛虹桥经济技术开发区”贸易型服务业生态圈空间分布

位于长宁区的虹桥经济技术开发区，是上海市第一批国家级经济技术开发区，作为建设国际贸易中心的重要功能承载区，在促进对外经济开放和带动长三角经济发展方面，发挥着重要作用。本研究以位于泛虹桥经济技术开发区的 36 栋楼宇内 2 273 家企业为研究对象，对泛虹桥经济技术开发区这一微观区位企业空间分布特征进行探究。

10.1 研究对象、研究假设与研究方法

1. 泛虹桥经济技术开发区的空间范围

虹桥经济技术开发区地处上海长宁区的中部，占地面积 0.652 平方公里，东起中山西路、西至古北路、北临仙霞路、南界虹桥路，距上海市中心人民广场 6.5 公里，离虹桥国际机场 5.5 公里，是面积最小的国家级开发区；开发区定位于涉外商贸中心，在功能上以展览展示、商务办公、宾馆居住、外事等为主，是既以发展服务业为主，又辟有领馆区的国家级开发区。

将南至古羊路，北至长宁路，西至中环路的北虹路，东至内环高架路的中山西路作为研究区域，如图 10.1 所示。这是长宁区商业最发达的区块，并将之称为“泛虹桥经济技术开发区”。为了研究需要，以古北路为界，将泛虹桥经济技术开发区细化为东西两个地块，东部包括虹桥经济技术开发区。

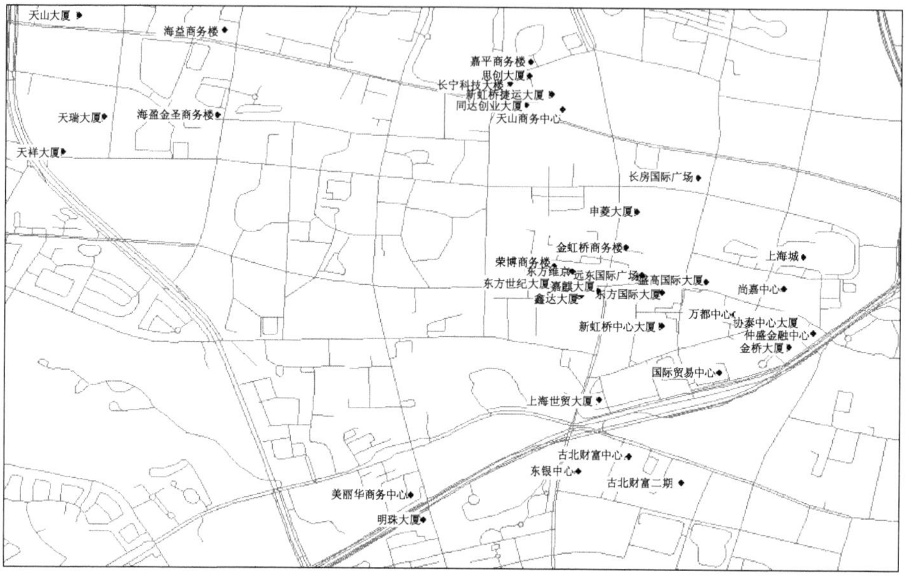

资料来源:作者自绘。

图 10.1　泛虹桥经济技术开发区

2. 研究假设

对位于泛虹桥经济技术开发区的 36 栋商务楼宇,其中开发区内 8 栋,开发区外 28 栋,进行实地调研,收集楼宇内 2 273 家企业的名称、地址、主营业务、企业类型、经营模式等信息。本研究从空间布局模式、产业生态圈、效率型企业、影响力企业四个维度,做出下列假设:

假设 1:泛虹桥经济技术开发区的企业空间分布呈现出“中心—外围(CP)”模式,其中,虹桥经济技术开发区是核心(Core),其他区域构成了外围(Periphery);

假设 2:泛虹桥经济技术开发区形成了以批发和零售业为主导的国际贸易型服务业生态圈;

假设 3:泛虹桥经济技术开发区是高效率型企业的聚集高地;

假设 4:影响力企业高度聚集在泛虹桥经济技术开发区。

3. 空间基尼系数

空间基尼系数是从分配基尼系数演化而来,用以衡量企业在中央商务区分布不均匀程度的工具。空间基尼系数的表达式如下:

$$G_k = \frac{\sum_{i=1}^{n} |X_i - \bar{X}|}{\left|\sum_{i=1}^{n} X_i - (n-2)\bar{X}\right|} \tag{10.1}$$

式(10.1)中，G_k 表示空间基尼系数，X_i 表示在第 i 栋楼宇内某类企业的数量，$\bar{X}$ 表示某类企业在中央商务区内的平均密度，n 表示楼宇总数。G_k 在 0—1 之间变化，数值越大，表明分布越不均匀，空间聚集程度越高；数值越小，说明分布越均匀，空间分布越分散。

参照联合国的有关规定，本研究把空间基尼系数进行区段划分，制定空间聚集判断标准：低于 0.2，表明空间分布比较均匀，不存在聚集；0.2—0.3，表明空间分布相对均匀，未出现聚集态势；0.3—0.4，表明空间分布不均匀，出现聚集态势；0.4—0.5，表明空间分布比较不均匀，聚集态势明显；高于 0.5，表明空间分布极度不均匀，聚集态势非常明显。同时，参照联合国有关组织规定及黄金分割定律，把空间基尼系数是否达到 0.382 作为是否存在明显聚集的“阈值”。

10.2　泛虹桥经济技术开发区企业空间分布特征

10.2.1　贸易型服务业生态圈

根据《国民经济行业分类标准》(GB/T4759—2011)以及入驻企业在泛虹桥经济技术开发区的主营业务，对 2 273 家企业进行行业分类。根据行业分类一级代码统计，分为 14 类行业，如图 10.2 所示。

由于教育(P)，国际组织(T)，住宿和餐饮业(H)，卫生和社会工作(Q)，居民服务、修理和其他服务业(O)，文化、体育和娱乐业(R)六类行业的企业总数占比只有 3.70%，本研究对占比为 96.3%的八类主要行业展开深入分析。

2 273 家企业中，属于八类主要行业的企业有 2 189 家。其中，批发和零售业(F)853 家，占比 38.9%；制造业(C)491 家，占比 22.43%；租赁和商务服务业(L)310 家，占比 14.16%；金融业(J)172 家，占比 7.86%；信息传输、软件和信息技术服务业(I)127 家，占比 5.80%；房地产业(K)企业 92 家，占比 4.2%；建筑业(E)企业 79 家，占比 3.6%；交通运输、仓储和邮政业(G)企业 65 家，占比 2.97%。八类主要行业的企业空间分布如表 10.1 所示。

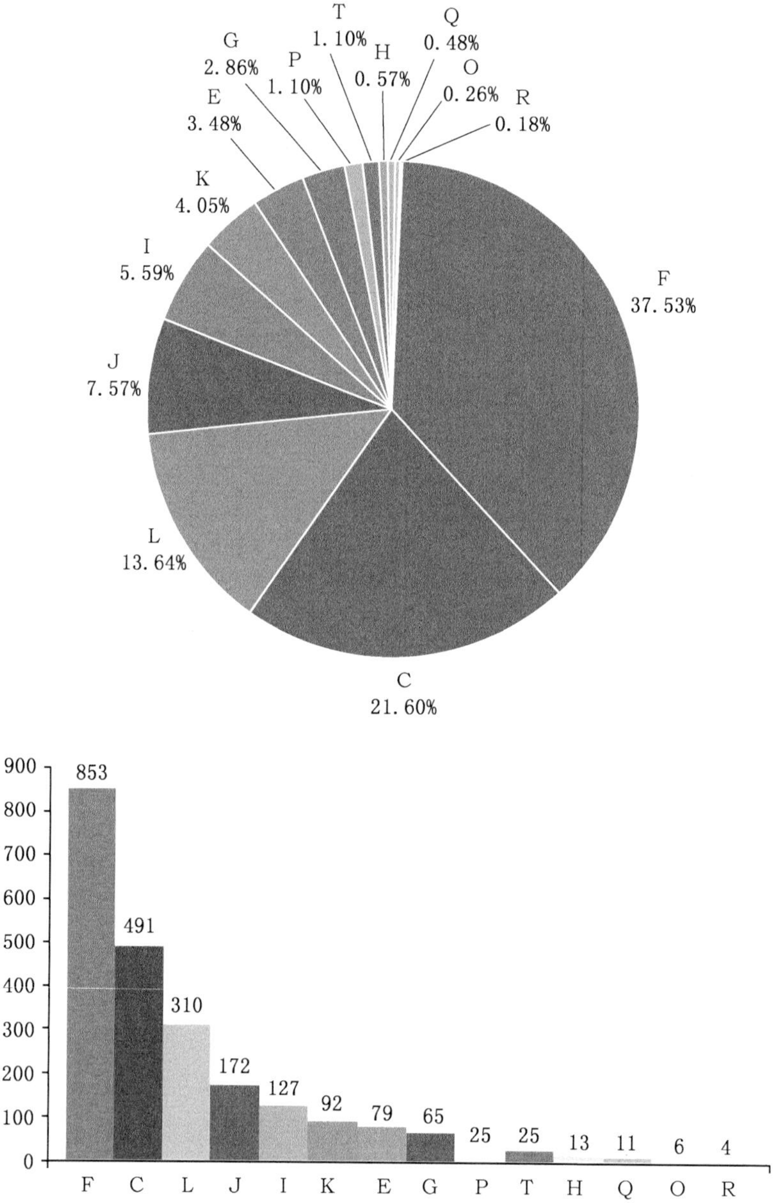

资料来源:作者自绘。

图 10.2　14 类行业企业空间分布情况

表 10.1　　　　八类主要行业的企业空间分布

楼宇＼行业代码	C	E	F	G	I	J	K	L	总计
东方国际大厦	22	3	76	3	3	4	2	6	119
东方世纪大厦	21	1	22	2	4	6	0	12	68
东方维京	16	1	18	2	2	8	2	8	57
东银中心	15	4	16	0	2	17	4	7	65
古北财富中心	4	0	3	1	2	3	2	2	17
古北财富二期	12	2	10	2	0	13	8	7	54
国际贸易中心	31	3	74	7	1	23	2	17	158
海益商务楼	8	2	8	1	4	3	1	7	34
海盈金圣商务楼	6	4	4	0	1	2	3	1	21
嘉平商务楼	8	1	5	0	0	0	0	2	16
嘉麒大厦	5	0	11	0	2	5	1	2	26
金虹桥商务楼	1	0	1	0	1	2	1	0	6
金桥大厦	6	4	19	1	3	1	0	12	46
美丽华商务中心	13	2	30	0	0	3	6	12	66
明珠大厦	1	2	11	0	1	3	4	5	27
荣博商务楼	5	0	6	0	1	1	0	2	15
上海城	33	1	67	2	9	8	2	18	140
上海世贸大厦	16	1	39	2	10	5	0	11	84
尚嘉中心	10	2	5	0	1	7	4	6	35
申菱大厦	2	2	6	0	1	0	1	5	17
盛高国际大厦	16	1	31	2	2	5	2	13	72
思创大厦	15	2	15	0	10	3	4	11	60
天瑞大厦	9	4	3	0	1	2	1	5	25
天山大厦	10	1	6	1	1	2	2	6	29
天山商务中心	12	4	10	1	3	2	3	4	39
天祥大厦	10	6	19	3	7	0	1	7	53
同达创业大厦	26	7	33	4	11	6	3	19	109
万都中心	23	1	30	4	4	14	3	11	90
协泰中心大厦	13	3	12	3	0	4	3	5	43
新虹桥捷运大厦	29	3	37	4	8	2	4	16	103
新虹桥中心大厦	12	1	62	4	1	1	4	15	100

续表

楼宇 \ 行业代码	C	E	F	G	I	J	K	L	总计
鑫达大厦	14	3	37	6	3	3	4	15	85
远东国际广场	29	1	68	7	4	6	1	17	133
长房国际广场	8	0	21	0	1	2	3	3	38
长宁科技大楼	24	5	19	0	22	0	1	13	84
仲盛金融中心	6	2	19	3	1	6	10	8	55
总　计	491	79	853	65	127	172	92	310	2 189

资料来源：作者计算整理。

针对以上所选取的八类主要行业，计算它们的空间基尼系数（Gini），如表10.2所示。

表10.2　　八类主要行业的空间基尼系数

行业名称	制造业	建筑业	批发和零售业	交通运输、仓储和邮政业	信息传输、软件和信息技术服务业	金融业	房地产业	租赁和商务服务业
代码	C	E	F	G	I	J	K	L
Gini系数	0.353	0.420	0.466	0.588	0.561	0.497	0.434	0.350

资料来源：作者计算整理。

由表10.2可知，八类主要行业在空间上都呈现出聚集态势，但是聚集程度不同。制造业C(0.353)、租赁和商务服务业L(0.350)的空间基尼系数为0.3—0.4，表明空间分布不均匀，呈现聚集态势；建筑业E(0.420)、批发和零售业F(0.466)、金融业J(0.497)、房地产业K(0.434)的空间基尼系数都为0.4—0.5，表明空间分布比较不均匀，聚集态势明显；交通运输、仓储和邮政业G(0.588)，信息传输、软件和信息技术服务业I(0.561)的空间基尼系数都超过了0.5，表明空间分布极度不均匀，聚集态势非常明显。

运用ArcGIS 10软件，采用克里金插值法，得到反映八类主要行业企业空间分布密度插值图，如图10.3至图10.10所示。颜色由深至浅，表示企业聚集程度从高到低。

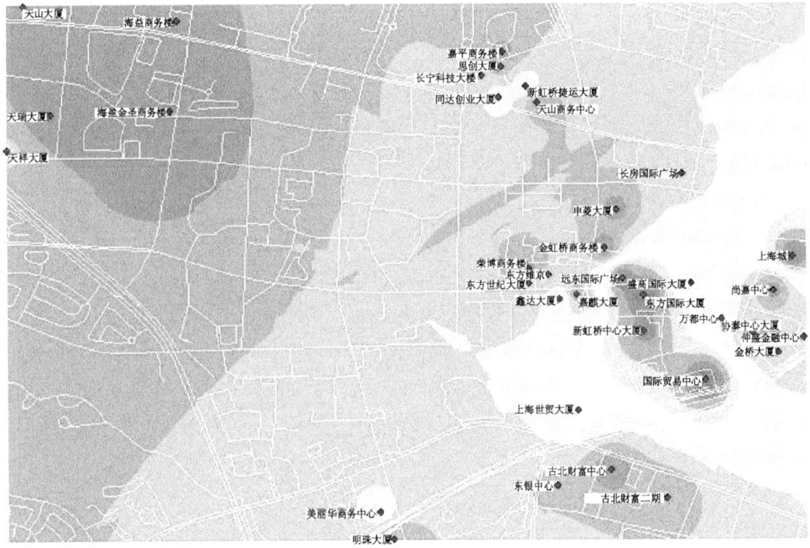

资料来源:作者自绘。

图 10.3　批发和零售业(F)企业空间分布密度

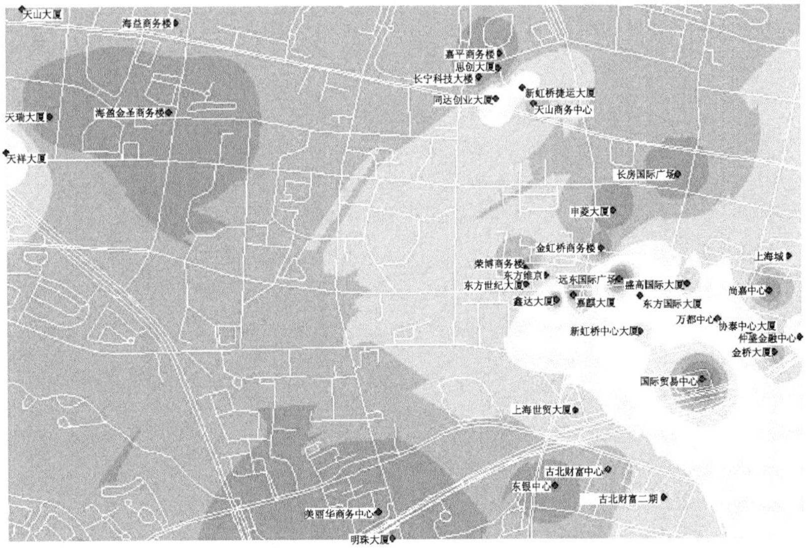

资料来源:作者自绘。

图 10.4　交通运输、仓储和邮政业(G)企业空间分布密度

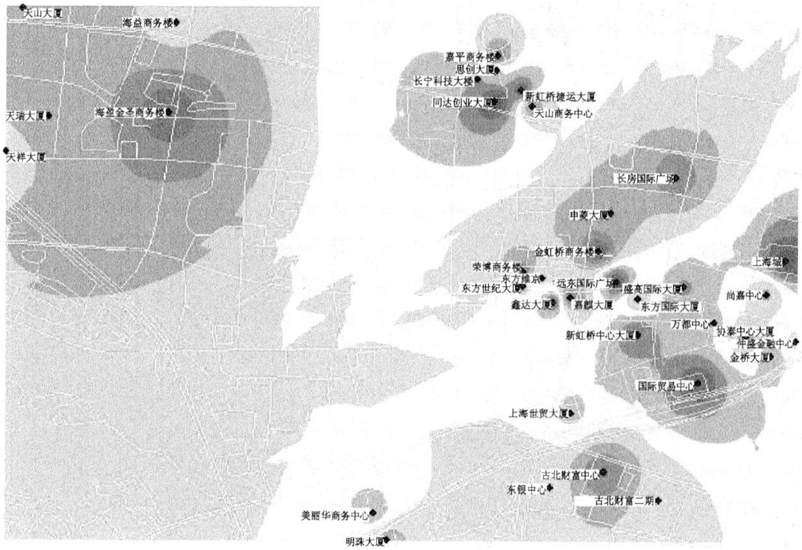

资料来源：作者自绘。

图 10.5　租赁和商务服务业(L)企业空间分布密度

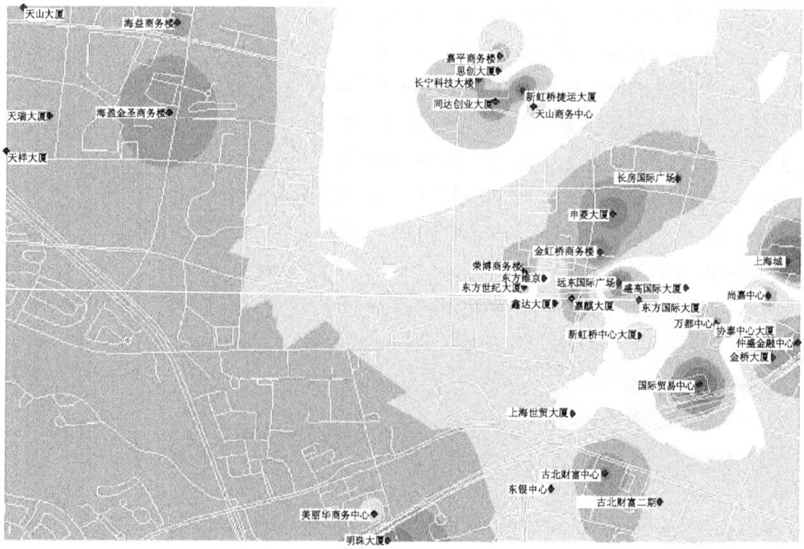

资料来源：作者自绘。

图 10.6　制造业(C)企业空间分布密度

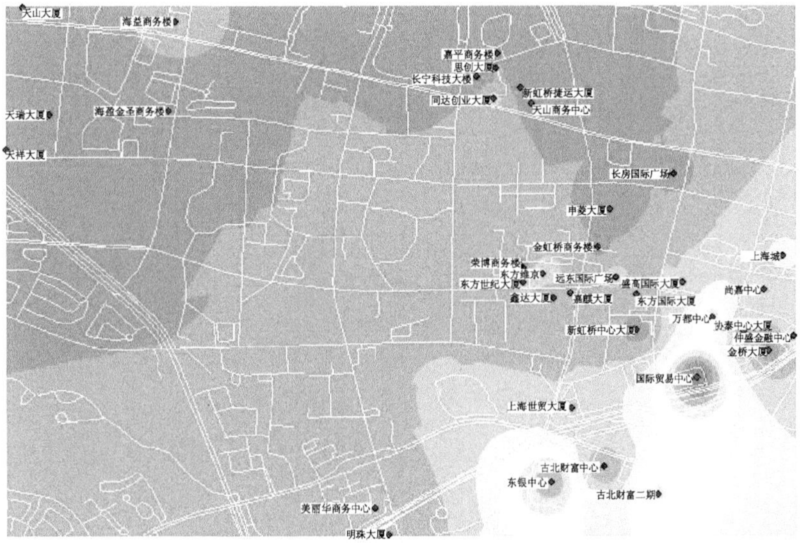

资料来源:作者自绘。

图 10.7　金融业(J)企业空间分布密度

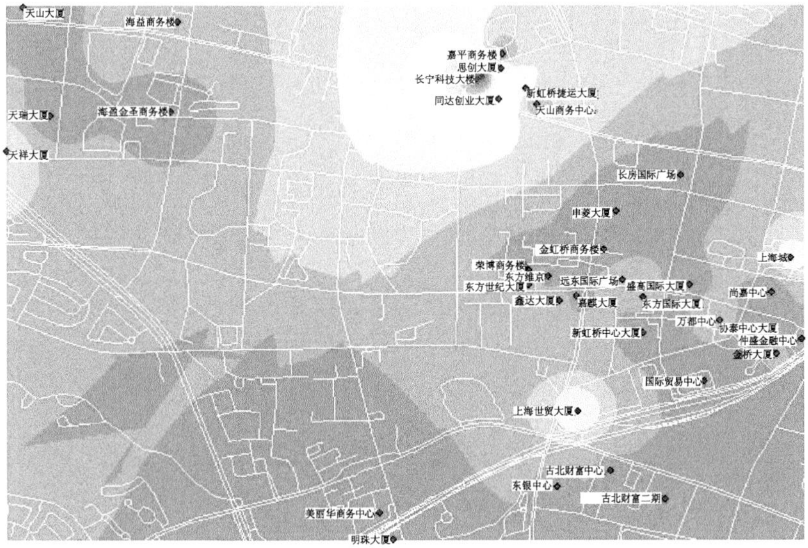

资料来源:作者自绘。

图 10.8　信息传输、软件和信息技术服务业(I)企业空间分布密度

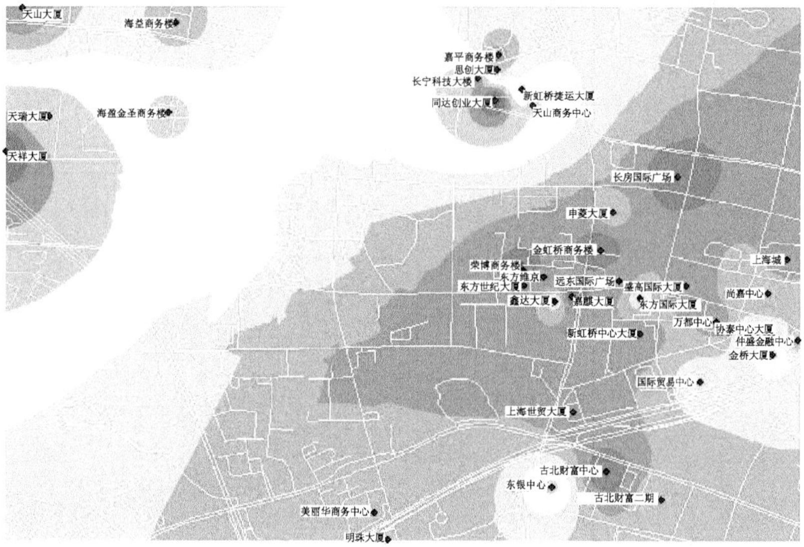

资料来源：作者自绘。

图 10.9　建筑业(E)企业空间分布密度

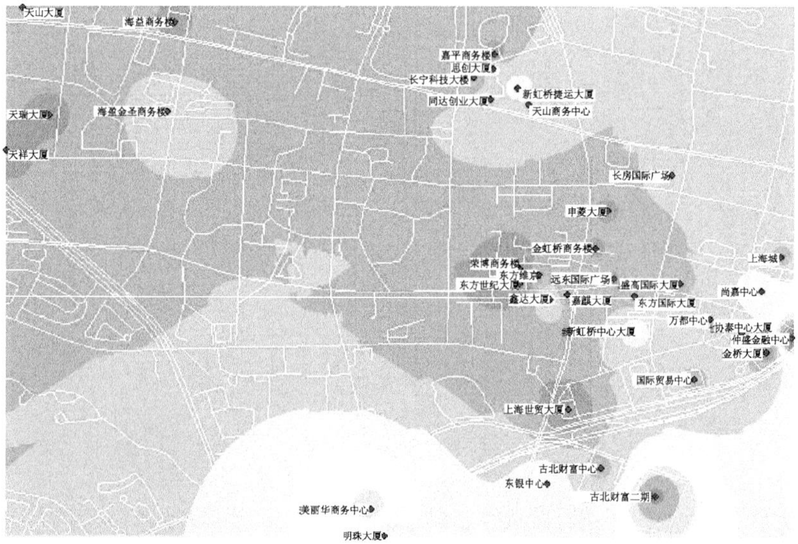

资料来源：作者自绘。

图 10.10　房地产业(K)企业空间分布密度

由图 10.3 至图 10.10 可知，八类主要行业在东西部企业空间分布上存在着明显的差异：

一是在东部地块，高度聚集了六类主要行业，其中，批发和零售业不仅聚集程度高，而且数量上遥遥领先其他行业，而建筑业，信息传输、软件和信息技术服务业处于低度聚集态势；

二是在西部地块，租赁和商务服务业，信息传输、软件和信息技术服务业，制造业，建筑业四类主要行业呈现出高度聚集态势。

泛虹桥经济技术开发区营造出以批发和零售业为主导产业生态圈，交通运输、仓储和邮政业，租赁和商务服务业，制造业，金融业，信息传输、软件和信息技术服务业这五类行业为其上下游配套产业，在空间分布上呈现出虹桥经济技术开发区 8 栋楼宇为核心(Core)，其余区域为边缘(Periphery)的“核心—边缘”(CP)模式。因此，假设 1、2 部分成立。

10.2.2　效率型企业空间分布

根据《企业法》中包含的《个人独资企业法》《合伙企业法》《公司法》等有关规定，依据企业性质，将企业类型划分为国有企业(全民所有制企业)、“三资”企业(中外合资经营企业、中外合作经营企业、外商独资经营企业)、民营企业、其他企业四种。由于“三资”企业占比 65%左右，按照研究需要，将“三资”企业细化为外商独资和非独资的“三资”企业两类。本研究将 36 栋楼宇内 2 273 家企业划分为五种类型，如图 10.11 所示。

由图 10.11 可知，“三资”企业 1 480 家，占比 65.11%，其中，外商独资企业 1 130 家，占比 49.71%，非独资的“三资”企业 350 家，占比 15.4%；民营企业 686 家，占比 30.18%；国企和其他类型企业分别为 74 家和 50 家，占比分别为 3.26% 和 2.2%。五种类型的企业在 36 栋楼宇内的空间分布如图 10.12 所示。

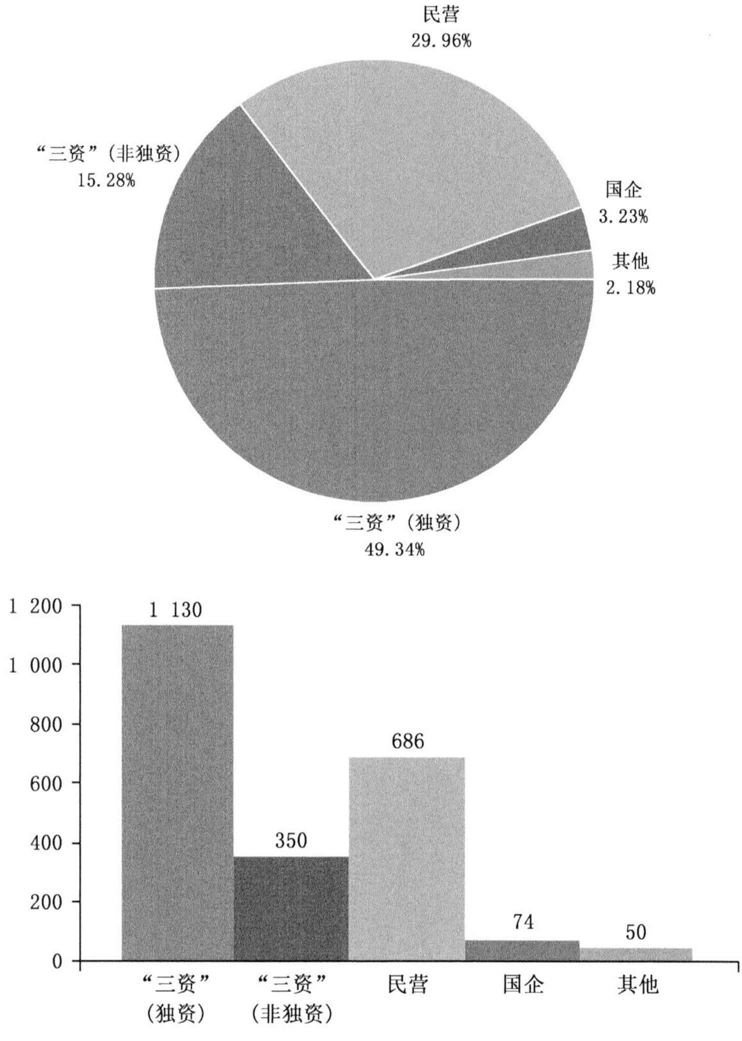

资料来源:作者自绘。

图 10.11　36 栋楼宇内企业类型的基本情况

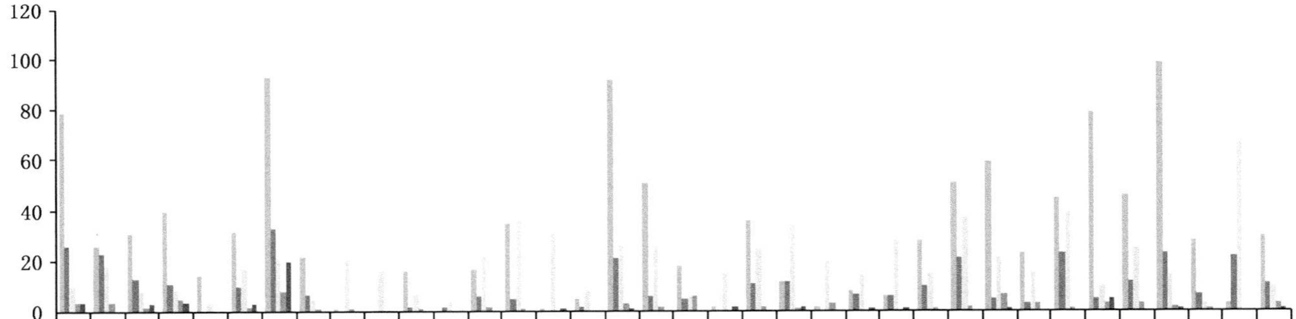

	东方国际大厦	东方世纪大厦	东方维京	东银中心	古北财富中心	古北财富二期	国际贸易中心	海益商务楼	海盈金圣商务楼	嘉平商务楼	嘉麒大厦	金虹桥商务楼
“三资”(独资)	79	26	31	40	14	32	93	22	1	0	16	0
“三资”(非独资)	26	23	13	11	0	10	33	7	0	0	2	2
民营	10	18	8	9	3	17	21	5	21	16	7	4
国企	4	4	2	5	0	2	8	1	1	0	1	0
其他	4	0	3	4	0	3	20	0	0	0	0	0

	金桥大厦	美丽华商务中心	明珠大厦	荣博商务楼	上海城	上海世贸大厦	尚嘉中心	申菱大厦	盛高国际大厦	思创大厦	天瑞大厦	天山大厦
“三资”(独资)	17	35	1	5	92	51	18	2	36	12	2	8
“三资”(非独资)	6	5	0	2	21	6	5	0	11	12	0	7
民营	22	36	31	8	26	26	6	15	25	34	20	14
国企	2	1	0	0	3	2	6	0	2	1	3	0
其他	0	0	1	0	1	0	0	2	0	2	0	1

	天山商务中心	天祥大厦	同达创业大厦	万都中心	协泰中心大厦	新虹桥捷运大厦	新虹桥中心大厦	鑫达大厦	远东国际广场	长房国际广场	长宁科技大楼	仲盛金融中心
“三资”(独资)	6	28	51	59	23	45	79	46	99	28	3	30
“三资”(非独资)	6	10	21	5	3	23	5	12	23	7	22	11
民营	28	15	37	21	15	39	10	25	14	3	67	10
国企	0	1	2	7	3	1	3	3	2	1	0	3
其他	1	0	0	1	0	0	5	0	1	0	0	1

资料来源：作者自绘。

图10.12　五种类型企业在36栋楼宇内的空间分布情况

运用 ArcGIS 10 软件，采用克里金插值法，得到五种类型企业空间分布的密度插值图，如图 10.13 至图 10.17 所示。

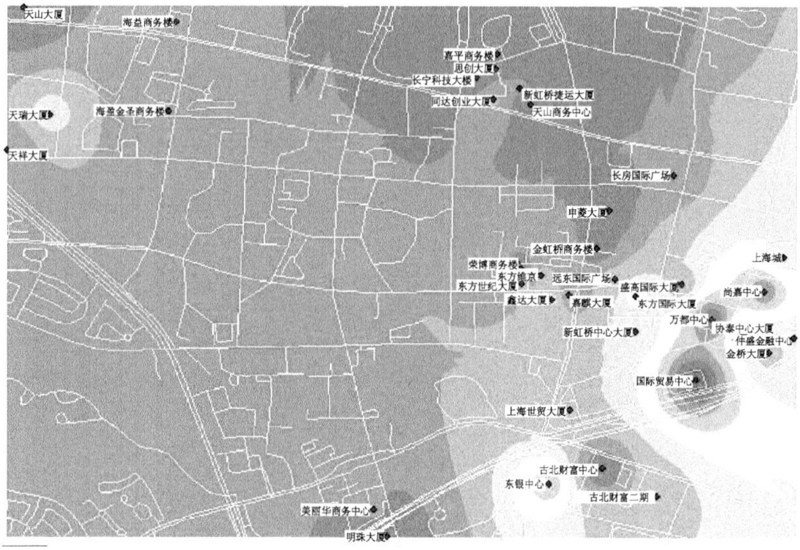

资料来源：作者自绘。

图 10.13　国有企业空间分布密度

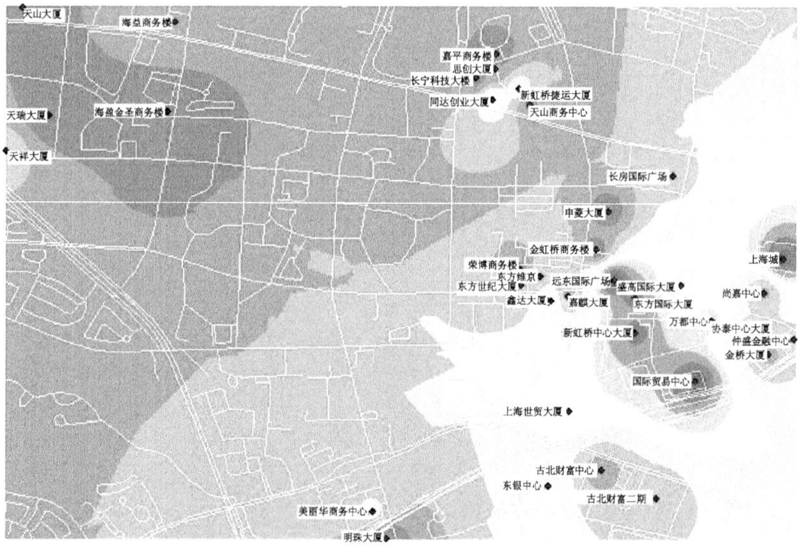

资料来源：作者自绘。

图 10.14　独资企业空间分布密度

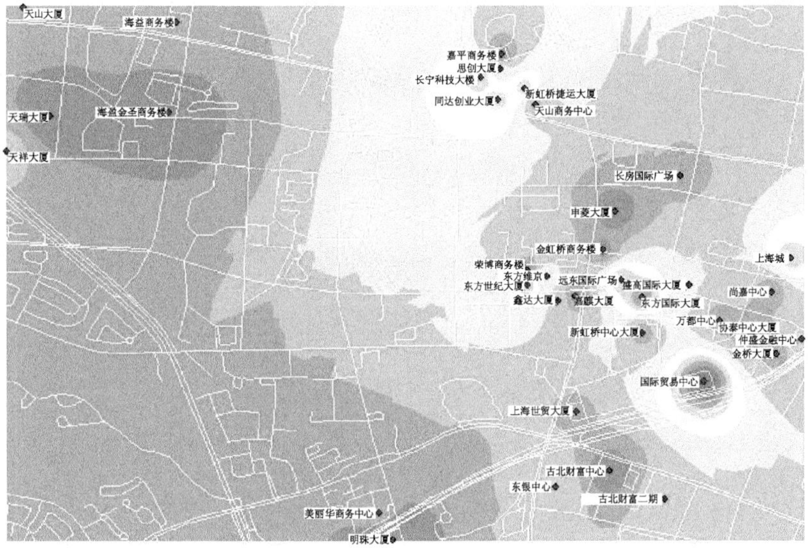

资料来源:作者自绘。

图 10.15　非独的"三资"企业空间分布密度

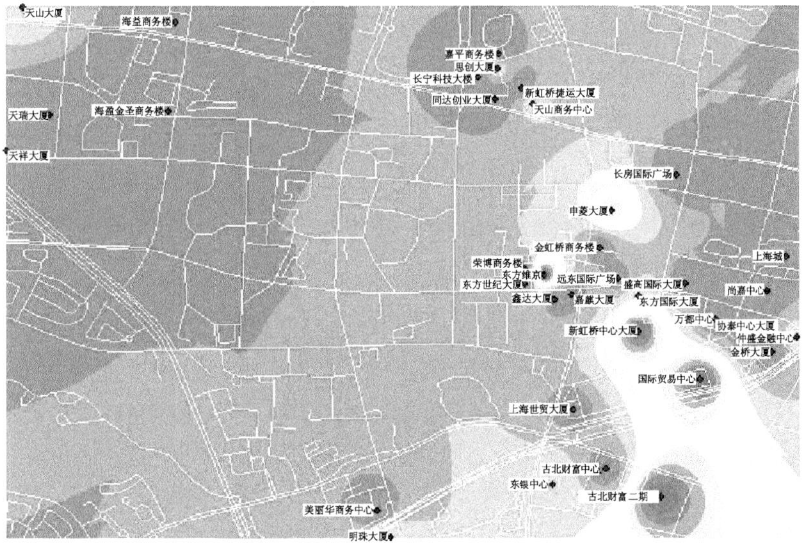

资料来源:作者自绘。

图 10.16　民营企业空间分布密度

资料来源:作者自绘。

图 10.17　其他类型企业空间分布密度

Liu 对中国制造业企业的深入研究,发现“三资”企业和民营企业的整体效率比较高。由图 10.15 至图 10.17 可以得出:

一是泛虹桥经济技术开发区是效率型企业聚集高地,占比高达 95%;

二是外商独资企业占据半壁江山,高度聚集于虹桥经济技术开发区,非独资的“三资”企业分布相对均匀,并且东部聚集程度高于西部;

三是在西部地块,民营企业呈现出高度的聚集态势,在东部地块,民营企业处于低聚集态势,而其他类型企业高度聚集在东部地块。

在泛虹桥经济技术开发区,已经营造出以批发和零售业为主导的国际贸易型产业生态圈,是效率型企业聚集高地,在空间分布上呈现以虹桥经济技术开发区 8 栋楼宇为核心(Core)、其余区域为边缘(Periphery)的“核心—边缘”模式。因此,假设 1、2、3 成立。

10.2.3　影响力企业空间分布

本研究把以下几类企业视为影响力企业:(1)大型国有企业;(2)上市公司;(3)银行、券商、基金及其他大型金融机构;(4)大型咨询公司、会计师事务所、律师事务所和传媒机构;(5)国际组织及其他有影响力的机构。

本研究对 2 273 家企业进行了归类，甄选出 607 家影响力企业，有 285 家位于虹桥经济技术开发区的 8 栋楼宇中，占比 46.95%，有 101 家位于国际贸易中心一栋楼宇中，占比 16.64%。

运用 ArcGIS 10 软件，采用核密度估计法，得到影响力企业空间分布核密度，如图 10.18 所示。

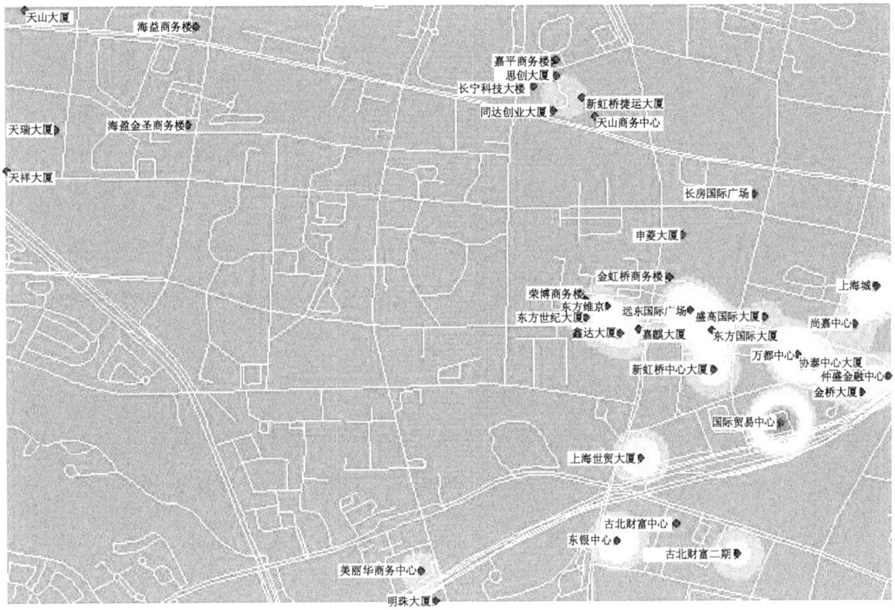

资料来源：作者自绘。

图 10.18　影响力企业空间分布核密度

由图 10.18 可知，影响力企业空间分布上呈现出“中心—外围”模式，虹桥经济技术开发区 8 栋楼宇是影响力企业高度聚集的核心(Core)，国际贸易中心是核心中的核心，其他区域是外围(Periphery)，呈现出低聚集态势。因此，假设 1、4 成立。

10.3　泛虹桥经济技术开发区贸易型企业生态圈形成的影响因素

造成泛虹桥经济技术开发区企业空间分布特征的主要影响因素有历史“偶然性”因素、政府规划及政策支持、交通基础设施、文化体制、级差地租和循环累积因果效应。

1. 历史的一系列“偶然性”因素

1901年，上海工部局计划从徐家汇老街向西出发，跨过沪杭铁路，辟建直达松江佘山的马路，初名“佘山路”，后因财力不足，筑到虹桥乡境内便中止，遂改名“虹桥路”。因为越界筑路，租界时期上海本土及西方某些有名望的人在虹桥路沿线建起别墅，如沙逊、宋子文、白崇禧、陈纳德。比邻沙逊别墅的是20世纪20年代远东第一的虹桥高尔夫球场，后改为西郊公园。始建于1907年的上海虹桥国际机场，经过多次改造扩建，现在已经成为重要的综合交通枢纽。

1949年后，上海虹桥路上的西郊宾馆一直都是作为国事接待、高端商务活动的首选之地。1979年，上海决定在西郊辟建“虹桥新区”作为上海对外开放的窗口。1986年，国务院正式批准“虹桥新区”为国家级经济技术开发区，并更名“虹桥经济技术开发区”。到1995年，上海超过一半的领事馆、外交官、外商齐集虹桥。

2. 政府的规划及相关优惠政策

国内外经验表明，国家和地方政府对于企业区位选址、产业聚集演变过程等起到举足轻重的作用。2012年10月发布了关于《上海市鼓励跨国公司设立地区总部的规定》；在产业政策方面，外资公司享有返税，以及经济技术开发区给予的3年内免缴土地使用费等优惠政策。虹桥经济技术开发区是国内第一批经济技术开发区，享受国家和上海市政府的各种政策优惠。国内外著名的外资企业纷纷将自己的区域性总部或控制性职能部门迁移至虹桥经济技术开发区。

3. 便捷的交通基础设施

沪杭高速和沪宁高速，在这里像一个喇叭口一样对外发散，深入长三角腹地；上海虹桥交通枢纽将航空、高铁、磁悬浮、轨交等多种交通方式综合在一起，不仅是我国首创，而且在世界上也少见。便捷的交通设施大大降低了贸易成本，吸引了更多的国际贸易型企业聚集于此。

4. 海派文化体制

不同文化的不断交融、不断发展，最终形成了以古北路为界，东部地块以国有企业和外资企业文化为主导，西部地块以民营和合资企业文化为主导的文化体制。“海纳百川，兼容并蓄”的海派文化，尊重多元化、个性化，共同成长，共同发展。古北新区，上海第一个大型高标准国际居住区，位于泛虹桥经济技术开发区内。区内居住着来自全球各地的外籍人士，海派文化在此发挥着黏结剂的作用，将多种文化融合为一体。

5. 级差地租

能承担高租金的企业会占据核心区域，而付租能力相对较弱的企业则会选择边缘区域。虹桥经济技术开发区位于东部区块，区域内楼宇日租金较高，为 5.5—10 元/平方米，聚集了许多大型国企和外资企业以及影响力企业；西部区块内楼宇日租金较低，为 2.5—4.5 元/平方米，聚集了大量小微民营企业。

6. 循环累积效应

与西部地块相比，东部地块具有资源禀赋优势，吸引了大量国际贸易型企业以及相关企业、配套企业入驻。企业聚集导致规模报酬递增、劳动生产率提高，反过来，劳动生产率提高进而会吸引更多效率型、影响力企业入驻，进一步提高了劳动生产率。如此循环累积，东部区块发展得越来越好，领先西部地块越来越大。

10.4　本章小结

综上分析，本部分可以得出以下结论：

第一，在泛虹桥经济技术开发区，已经营造出以批发和零售业为主导的国际贸易型产业体系，作为相关行业和配套产业的交通运输、仓储和邮政业，租赁和商务服务业，制造业，金融业，信息传输、软件和信息技术服务业，聚集在其周围。

第二，效率型企业几乎占据了整个泛虹桥经济技术开发区，其中外商独资企业占据半壁江山。

第三，在泛虹桥经济技术开发区，是影响力企业高度聚集区，而虹桥经济技术开发区是影响力企业聚集的核心区，国际贸易中心更是核心中的核心。

第四，无论是行业还是影响力企业，位于东部区块的虹桥经济技术开发区，都是企业聚集的核心(Core)，其他区域则是边缘(Periphery)。

第五，影响力企业、效率型企业起到示范和引领效应，营造出以批发和零售业为主导的国际贸易型产业生态圈，强有力地支撑着上海的主要经济功能。生产力高的区域，部分原因是由于自我选择机制的区域环境发生作用导致的。企业类型这一微观异质性主体，在分析企业空间分类、区域生产力差异方面起到越来越重要的作用。这使得拓展后的 CP 模型更加接近实际情况，提高了模型的解释能力，并使内在的政策含义具有更好的应用价值。

第 11 章

相关建议

1. 在新型城镇化发展道路上，应尽快统一到都市圈的认识高度上来

在新型城镇化发展道路上，发展模式不再是单个城市蔓延发展，而是大、中、小城市组团式发展，从经济带到城市群，再到都市圈。都市圈将是未来城市化和区域一体化的主要空间形态和实现方式，发展观念要尽快统一到都市圈的认识高度上来。

2017 年，党的十九大报告指出，以城市群为主体构建大、中、小城市和小城镇协调发展的城镇格局，结束了中国城市化是优先发展大城市，还是发展中小城市和小城镇的争论。2019 年，党中央、国务院发布《粤港澳大湾区发展规划纲要》以及《关于培育发展现代化都市圈的指导意见》，显示了顶层设计已经将区域一体化着力点从城市群转向都市圈。

都市圈是城市群的“硬核”。都市圈是城市群内部以超大特大城市或辐射带动功能强的大城市为中心、以 1 小时通勤圈为基本范围的城镇化空间形态。成熟城市群由若干分工较为明确、经济社会联系紧密的大、中、小城市连绵而成，内含一个或几个都市圈为“硬核”。

如长江经济带本身就是一个城市群，包括九省两市。往下细分到下一级别的城市群，就可划分为长三角城市群、中部城市群、成渝城市群，再往下细分到都市圈，如长江三角洲城市群，划分为“一核五圈”的结构模式。上海是长江三角洲的核心城市，还有南京都市圈、杭州都市圈、宁波都市圈、苏锡常都市圈和合肥都市圈。

这就涉及 1 小时通勤圈的通勤工具，如果以轨道交通等为出行工具，半径大

约为 50—70 公里；如果以高铁为出行工具，半径可达 300 公里。《关于培育发展现代化都市圈的指导意见》中指出，统筹考虑都市圈轨道交通网络布局，构建以轨道交通为骨干的通勤网。这里的轨道交通主要指地铁和轻轨。但是，如果只是短时间乘坐，并且车次非常密集，高铁也可以是通勤工具。

都市圈空间范围太大，在区域一体化过程中，会因为发展水平差异太大，致使具体措施失之笼统，难以落地；空间范围太小，经济腹地狭小，就会因发展空间不足导致土地供应紧张，土地成本高企现象就会愈演愈烈，这会导致发展后劲不足。如深圳市，土地面积 1 997 平方公里，是北京的 1/8、上海的 1/3、广州的 1/4，2018 年深圳 GDP 突破 2.4 万亿元，常住人口 1 300 万。深圳是应该向南发展，与香港强强合作，形成港深都市圈，还是与东莞、惠州一道形成深莞惠都市圈呢？

都市圈是一个动态的空间载体，其承担的使命之一就是要积极打破行政区划壁垒。都市圈的空间范围大小，取决于中心城市与周边的大、中、小城市和小城镇之间的聚集和辐射的范围，如上海大都市圈，就会打破“1 小时通勤圈”约束。坊间流传比较广的提法是打造“90 分钟通勤圈”，把苏锡常都市圈、宁波都市圈的大半区域，以及杭州都市圈的嘉兴、湖州囊括进来。南通提出建设上海“北大门”，嘉兴提出“建设全面接轨上海示范区”，宁波提出“谋划大湾区，强化与上海一体化同城化建设”，这在客观上与其他都市圈形成微妙的竞争与合作关系。

围绕都市圈的发展建设，将会迎来基础设施网络进一步完善和系统性升级的高峰。如上海大都市圈着手规划“干线＋城际＋市域＋城轨”多层次轨道交通网络。干线及城际高铁满足城市之间远距离快速往来，市域铁路满足中心城市与周边城镇组团之间的中距离快速通勤，轨道交通满足核心城区内部通勤。高铁方面，上海向北连接南通的北沿江高铁启东—崇明段已纳入规划，向南京方向串联众多苏南经济强县的南沿江高铁已经开工，向西连接湖州的湖苏沪高铁获批，向南跨海连接宁波的沪嘉甬高铁纳入规划，贯通南通、苏州、嘉兴、宁波的通苏嘉甬高铁已在建。跨地区、不同层次的轨道交通实现互联，已批复的苏州—淀山湖—上海城际铁路与上海市域铁路贯通运行，沪平城际铁路与上海金山线贯通运行。苏州 S1—S3 号线兼具城市轨道交通与市域铁路功能，将串联苏州与上海地铁网，无锡 S1—S4 线计划连通无锡市区与江阴、宜兴、常熟、张家港等县级市，未来也会与上海连通。

随着基础设施网络的改善，都市圈互联互通性进一步增强，将会迎来产业和人口向大都市圈聚集的浪潮。只有当区域经济—人口比值(即区域经济份额与人口份额之比)接近于1,产业迁移和人口流动才将维持动态平衡(任泽平,2019),大规模的产业链重组、产业迁移、人口流动才会结束。

作为都市圈的增长极,中心城市的核心功能变得越来越重要。《关于培育发展现代化都市圈的指导意见》要求加快推动中心城市集聚创新要素,提升经济密度,增强高端服务功能,推动服务业与制造业深度融合,形成现代服务经济为主的产业结构。国家发改委印发《2019年新型城镇化建设重点任务》,提出超大特大城市要立足城市功能定位,防止无序蔓延,合理疏解中心城区非核心功能,推动产业和人口向1小时交通圈地区扩散,这是对超大特大城市优化人口结构、防治“大城市病”的方向性指引。

2. 尊重市场机制的基础资源配置功能,走出政府“包打天下”的认识误区

在我国新型城镇化进程和产业发展过程中,都存在外部性、补偿不足等市场失灵问题,但不能因此从根本上否定市场机制基础性资源配置功能,而陷入政府万能的极端。

政府不能代替市场进行资源配置的选择。政府的基本定位应是优化营商环境,采取负面清单管理模式,促进竞争性市场,进而催生有效率的企业,让市场主体成为实现新型城镇化进程和产业发展的主力军。

在都市圈发展进程中,政府编制实施发展规划,如中共中央政治局审议的《长江三角洲区域一体化发展规划纲要》,在发展总体规划下面再编制若干个控制性详细发展规划,主要围绕交通一体化、跨区域基础设施运行维护、生态环境共保共治、产业协调发展、公共部门合作机制保障、区域创新系统和教育、医疗、养老等公共服务共建共享,等等。

从实施国家战略高度,把握住各个城市空间结构优化的机遇,从区域层面构建开放协调的空间格局,发挥规划的引领作用,对区域内各个城市总体规划起到指引作用,促进城市功能互补、产业错位布局,推动公共服务共建共享和政策协同,最终实现城市化和区域一体化。

在产业发展过程中,政府的政策要求主要体现在:技术选择阶段引导技术发展方向和领域,研发阶段财政科技投入支持,中试阶段共性技术和公共服务平台的建设、引进战略投资者、金融资本的介入,批量生产阶段刺激需求、市场监管、补充性资产的配置、财政、金融、税收政策的支持。

政府的扶持重点应由以资金支持为主向以政策支持为主转变。给予扶持项目以税收减免、直接补贴、结果奖励补贴、政府购买合同、银行贷款贴息、银行贷款担保贴息等是当前我国财税、金融支持的主要手段，在一定程度上是有效的。但是，政府规定和规制在引导技术研发方面发挥着越来越大的作用。政府可以通过规制的调整，在较短时间内人为地创造一个新的需求市场和新的产业，如新能源汽车。

加大政府引导基金的投入，转换机制，放大政府杠杆资金的引导作用。在加大各级政府创业风险投资基金投入的同时，要进一步地转换政策性创投机构经营机制，以“政策性定位、市场化运作”为经营基本方针，引入创投企业的奖罚制度，实现规范的市场化运作，保证国有资产的保值增值，加强与内外资创投机构的项目、人才合作，做强做大政策性引导基金。发挥政府引导基金的作用，引导社会资金流向创投企业，重点要引导创投企业投资处于种子期和起步期的创业企业。有条件的城市可设立创业风险投资引导资金。

健全投资退出渠道的建设。加速培育技术产权市场，积极探索交易制度创新，鼓励具备条件的未上市高新技术企业进入证券公司代办系统进行股份转让，支持符合条件的高新技术企业发行公司股票、债券。

制定产业技术政策、市场培育政策、国际合作政策、产业投融资政策、税收政策和专项政策，形成政策体系，支持产业发展。产业技术政策要实现产业技术进步的目标，市场培育政策要实现“以政策启动市场，以市场驱动产业”，国际合作政策一方面要“引得进来”，另一方面要“走得出去”，产业投融资政策包括产业投资政策和产业融资政策，税收政策引导社会投资投向体现政府发展意图的特定产业或特定环节，引导消费者消费行为习惯的改变，以更多消费符合政府发展意图的特定产业的特定产品。

3. 掌握交通基础设施能促进区域经济发展的规律，针对不同的区域和不同的行业采取不同的政策措施

交通基础设施通过降低企业的运营成本，扩大市场规模，促进专业化与分工，促进经济发展，促进要素流动，提高资源配置效率，导致劳动力需求增加。交通基础设施对“运输敏感型”行业的就业影响较大，对“运输不敏感型”行业的就业影响较小。在区域经济发展中，注重不同的区域和不同的行业施行不同的政策措施。

交通基础设施促进区域经济发展，在摆脱中等收入陷阱的特定时期，尤其在目前经济面临下行压力的阶段，具有重要的现实意义。交通基础设施建设支撑我国生产性投资和经济增长，促进就业，扩大内需，维持经济稳定增长，改善投资环境。

完善交通基础设施,能改善运输条件,实现资源向“运输敏感型”行业转移,显著促进这些行业发展。“运输敏感型”行业是对交通运输服务需求较大的行业,在原材料采购、在制品生产和产品运输环节都需要运输服务,运输成本下降能显著降低成本,提高企业的盈利空间,促使企业规模扩大,增加劳动需求。“运输不敏感型”行业对交通服务需求不大或运输成本占企业运营成本较小比例的行业,运输成本降低,运输条件改善对企业运营成本的降低或与运营效率的提高作用不大,这些行业受到的影响较小,对就业的影响也较小。

交通基础设施能推动产业结构优化和升级。完善的交通基础设施提高绝对区位优势,分异相对区位条件,劳动力流动变得更加方便、快捷,导致第一产业的劳动力向第二产业和第三产业转移。

我国实施的“八纵八横”高速铁路网建设规划,改变可达性加剧时空的扭曲。高铁时空收敛效应和空间溢出效应加快城市之间“高端生产要素”的流动,有助于金融、物流、信息技术、科学研究等服务业中高端环节向中心城市进一步聚集,而低端环节向周边的大、中、小城市和小城镇辐射,组织出现扁平化趋势,产业链协作分工水平不断提升。中心城市聚集服务业中高端环节实现产业结构调整、转型和升级,大、中、小城市和小城镇承接服务业中低端环节融入服务业产业链的分工体系,为未来的产业升级积累势能。

日益通达的交通网络和特定的工业基础,有助于承接产业转移。规模经济和范围经济帮助空间聚集的企业获得降低成本的优势,提升企业的竞争能力,使得就业本地化和人口流动减少成为长期趋势,并且导致更多的人口和相关产业迁入。如东莞承担深圳的产业转移,苏州承担上海的产业转移。

交通基础设施的进一步完善和系统性提升,促进产业和人口不断迁移,一方面导致都市圈出现分异;另一方面带来劳动力、资本、税收、基础设施建设等变化,进而对区域消费产生重要影响。土地和劳动力成本的比较优势并不是产业和人口迁移唯一的影响因素,基础设施、工业基础、科研教育政策等特定的资源禀赋变得更加重要。一旦出现扰动和时机配合,产业布局的再平衡就会出现。为了吸引人才和留住人才,天津、武汉、郑州、成都、西安、长沙等特大城市、大城市进一步开放人才引进、落户配套政策。

4. 重视知识溢出对区域竞争力的提升和企业活力的作用,打造组团式城镇形态协调发展格局

打造组团式城镇形态协调发展格局,利用产业聚集优势,通过知识溢出的方式吸收和消化外部知识，促进企业创新活力，提升区域竞争能力。知识与技术已经成为全球竞争发展的焦点，城市间知识传播和技术创新已经成为提高城市竞争力的重要手段。本区域要素投入已经无法满足城市发展需求，城市间协同发展越来越受到重视。通过知识溢出方式引入外部知识、激发创新活力，实现城市创新能力提高。多种形式的邻近对知识溢出存在显著影响，进而影响产业集群效应。

研发能力与高素质人才、产业结构匹配度、交通和信息化基础设施等因素对区域知识溢出具有重要作用。企业的空间聚集从过去寻求低廉劳动力、土地等有形资源，逐步转为对知识、人才、技术禀赋和创新资源等无形资源的追求。传统的资源禀赋、地缘优势等因素对产业集群的作用正在减弱，知识溢出成为推动都市圈产业集群的关键动力。

促进高素质人才的交流互动。影响区域产业聚集与知识溢出效应的并不仅仅是区域内劳动力的存量。动态的人才流动机制才是知识溢出的关键。产业层面组织要重视和加强人员的交流互动，只有培养高素质的人才，互动联系，才能使基于人才的知识溢出模式最大化。加强人才交流，不仅要加强各个产业在创新活动中的相互合作，重视技术邻近在知识溢出效应中所起到的作用，也要打破行政区划的壁垒，推动区域间人才交流互动，努力提高不发达地区在知识流动方面的融入程度，改变区域间发展不平衡的现状。

加大创新扶持政策力度。政府对知识创新的激励，主要是营造一个完善的市场环境，降低市场风险，提高创新收益，促进组织进行知识生产和提高创新的积极性。目前国家关于增进技术创新、加快科技成果转化以及设备更新等方面有着多项税收优惠政策。地方政府应该利用相关税收优惠政策，支持和鼓励企业投入新产品、新技术的开发。除了税收优惠，政府也应该完善各项激励机制，积极引进和培养专业技术人员和高科技人才，做好人才保障机制，引导具有高知识存量的区域向低知识存量的邻近地区进行溢出。

完善交通、信息化基础设施建设。地方政府在制定政策时不能孤立地看待本地区的发展，还应该站在地区间互利共赢的角度进行统筹谋划，充分挖掘知识溢出效应的正外部性，借此推动区域间高效的知识产出和产业升级。这需要各个城市进一步完善区域间铁路、公路和航运基础设施的建设，减少空间地理距离对于知识溢出效应的限制壁垒。加强信息、互联网、能源等基础设施建设，提升基础设施互通互联，为信息化的发展铺平道路。便利的交通体系与完善的信息化建设才能有效地发挥信息邻近在知识溢出过程中的作用，消除地理空间的隔离。

建立健全的知识产权保护制度。知识产权保护制度对于区域的知识生产和技术创新具有重要的激励作用和保护作用。结合自身的实际情况制定出符合现实发展需要的规章制度。需要继续完善关于知识产权保护方面的相关法律法规，使拥有知识产权者的利益在法律上得到保护。加强执法力度，落实对侵权行为的惩治措施，做到真正有效地保护知识生产者的切身利益。

5. 变革产业组织模式和利用知识产权、技术标准两大产业竞争利器，通过广域集群孵化世界级产业

构建模块化生产网络为主导的产业组织模式。借助模块化带来的组织柔性和组织接近效应，进行战略和组织结构调整，专注于自身的核心能力，将非核心能力业务外包。以外包为基础，以产品设计为龙头，以开放共享为标准，在组团式城镇体系内重新建立战略体系，将分布在不同地区的企业或企业集群连接为一个有机的整体，以实现资源的共享和优势的互补，形成模块化虚拟再整合的新型产业组织模式。通过公司间、地域间可编码信息的交流、传递来把分散的节点整合为一体的产业组织结构。

利用知识产权和技术标准两大产业竞争的利器。以前是先有产品再有标准，现在是标准先行。当一项专利或专利池成为国际标准或主导设计时，就决定了一个产业的技术路线，从而影响整个产业的组织结构和竞争能力，甚至还会影响到一个国家的竞争力。技术标准业成为最为重要的产业游戏规则。谁掌握了标准制订权，谁的专利成为标准，谁就掌握了产业竞争的制高点和市场的主动权，成为最大受益者。通过国家标准战略、企业标准战略、国际标准组织和规则，将知识产权和标准体系糅合在一起，拥有高科技各个领域标准的发言权，制定有利于自己的标准，维护有利于自己的标准秩序。通过国际组织和规则、市场势力、政府谈判和知识产权保护等手段，强化产业的竞争能力。

通过广域集群孵化世界级产业和企业。广域集群是一种非完全聚集状态下的产业集群，城市群产业同构不仅产生了经济发展所需的竞争局面，而且事实上造就了城市群的特定产业，这些产业具备了产业聚集的自增强属性，吸引全球相关产业或企业向城市群聚集，成为广域集群孵化的前提和城市群发展的机遇。广域集群具有的作用是：提升城市群产业的竞争优势、推动城市群的区域创新、接近市场有利于营造世界级企业、获取更大规模的正外部性、降低大量的交易成本、具有都市圈效应等。

广域集群吸收聚集了城市群的经济能量，通过规模经济和范围经济的获得来提高效率和降低成本。集群中的经济主体将从附加值低的活动（如简单装配业）向附加值高的活动（如研究与开发等）升级，通过生产者驱动或购买方驱动，将广域集群和产业区纳入全球生产体系，促进经济发展和产业结构优化与升级，从而培育出一大批世界级的产业和企业。

广域集群通过打造技术链、延长产业链、提升价值链，从而获得核心竞争力。如长江经济带电子信息产业可以通过广域集群孵化出世界级产业，成为长江经济带的增长极，是长江经济带的发展机遇。东部三省一市电子信息产业具有明显的优势，产业基础好、规模大，是长江经济带产业发展的核心区域；中部四省起到了很好的产业承接作用；西部地区的川渝经济区增速快，产业规模与产业聚集程度增长明显。

6. 提升中心城市的核心功能和培育增长极，为城市能级和核心竞争力的提升提供不竭动力

作为都市圈的增长极，中心城市依据自身的区位优势和条件较好的产业，产生类似“磁极”作用的向心力和离心力，对周边的大、中、小城市和小城镇进行聚集和辐射。

作为城市增长的核心动力，中心城市功能区代表了一座城市或者都市圈的发展。企业呈现出聚集状态是中心城市功能区企业空间分布的一般特征。企业从聚集走向高度聚集是中心城市功能区企业空间分布的发展趋势。中心城市功能区的企业聚集并非单纯的企业地理聚集，而是具有地理联系和经济联系的复杂网络形态的有机聚集。

核心功能的提升和增长极的培育，为中心城市的能级和核心竞争力的提升提供不竭动力。从空间经济学的角度分析，由于聚集经济产生的吸引力和聚集不经济产生的排斥力共同作用，在基于历史因素、行政因素等其他因素的循环累积中逐渐促成了中心城市功能区“产业聚集、影响力聚集和人才聚集”在空间上分化升级。

制定有效、可行的中心城市功能区发展规划。中心城市功能区本质上是由写字楼、住宅和商业配套等内容组成的商务中心区。在这样的环境下，要促进商业的发展就要考虑到本区域居民的工作生活需求，还需要考虑到商务聚集所具有的配套设施建设问题，以及避免打造 CBD 作为不夜城的强大吸引力。因此要从规划布局和功能角度，有计划地划分出 CBD 中的业务办公区、商业街区和住宅区等不同的区域。根据三种不同的区域需要建立“三位一体”商务中心并不断地完善其功能体系。大型的娱乐设施、大型的生活超市不适合建在集中区，而应该设立辐射性相对较小的咖啡厅、小型的连锁超市、快餐厅等。

明确中心城市不同功能区域的划分。中心城市功能区的房地产市场在一定程度上受到房地产商的影响。由于利益驱动，房地产开发项目大多以快速收回资金为目的，因而忽视了中心城市不同功能区域的长远发展。在规划建设中应把商务区和商业区有所区别，对不同的商务区也打造成具有一定产业特色的产业聚集板块，进而形成不同专业划分的商务区域、商业区域和生活休闲区域的生态群，促进中心城市功能区的可持续发展。

加大对有影响力的企业的吸引力度。积极走出去与国际知名的影响力企业联系，借助中心城市功能区的知名度，邀请它们参加中心城市功能区的一些商务活动，提升中心城市功能区的知名度，加深它们对中心城市功能区的理解，同时配合相应的优惠政策，吸引影响力企业入驻中心城市功能区。

加大对高级劳动人才的吸引力度。要加大对高精尖专业服务型人才的吸引聚集力度。围绕高端消费聚集区发展紧缺的高精尖人才，聚集一批国内外服务行业高端领军人才和创新创业团队。加快搭建中心城市功能区高端消费聚集区和高端商务人才发展平台，建立健全人才激励保障机制。

参考文献

中文部分：

[1]徐学强，周素红，林耿. 广州市大型零售商店布局分析[J]. 城市规划，2002(7)：23－28.

[2]陈汉欣. 深圳高新技术产业的发展与布局[J]. 经济地理，2002(3)：269－273.

[3]王立，邓梦. 道路交通对城市空间形态的影响[J]. 城市问题，2003(1)：25－28.

[4]马晓冬，马荣华，徐建刚. 基于 ESDA－GIS 的城镇群体空间结构[J]. 地理学报，2004(6)：1048－1057.

[5]连建辉，孙焕民，钟惠波. 金融企业集群：经济性质、效率边界与竞争优势[J]. 金融研究，2005(6)：72－82.

[6]高鸿鹰，武康平. 聚集效应、聚集效率与城市规模分布变化[J]. 统计研究，2007(3)：43－47.

[7]乔彬，李国平，杨妮妮. 产业聚集测度方法的演变和新发展[J]. 数量经济技术经济研究，2007(4)：124－133.

[8]路江涌，陶志刚. 我国制造业区域聚集程度决定因素的研究[J]. 经济学(季刊)，2007(4)：801－816.

[9]张继红，吴玉鸣，何建坤. 专利创新与区域经济增长关联机制的空间计量经济分析[J]. 科学学与科学技术管理，2007(1)：83－89.

[10]李高产. 城市聚集经济微观基础理论综述[J]. 城市问题，2008(5)：46－52.

[11]许永兵，贾强. 区位商视角下的河北省产业集群发展研究——以工业六大支柱产业为对象[J]. 经济与管理，2008(9)：86－89.

[12]曾刚，司月芳. 上海陆家嘴金融产业集群发展研究[J]. 地域研究与开发，2008(3)：39－43.

[13]王朝阳，何德旭. 英国金融服务业的集群式发展：经验及启示[J]. 世界经济，2008(3)：89－95.

[14]陈良文，杨开忠. 聚集与分散：新经济地理学模型与城市内部空间结构、外部规模经济效应的整合研究[J]. 经济学(季刊)，2008(1)：53－68.

[15]雷强，苏立峰，倪权生. 伦敦、纽约和东京银行业比较——基于金融产业集群的视角

[J]. 亚太经济,2009(5):65—70.

[16]闫彦明. 金融服务业集群的网络结构:上海案例的实证分析[J]. 上海经济研究,2009(12):77—87.

[17]赵勇,白永秀. 知识溢出:一个文献综述[J]. 经济研究,2009(1):144—156.

[18]王国刚. 城镇化:中国经济发展方式转变的重心所在[J]. 经济研究,2010(12):70—78.

[19]袁丰,魏也华,陈雯,金志丰. 苏州市区信息通讯企业空间聚集与新企业选址[J]. 地理学报,2010(2):153—163.

[20]王列辉,宁越敏. 国际高端航运服务业发展趋势与宁波的策略[J]. 经济地理,2010(2):268—272.

[21]吴义杰. 产业融合理论与产业结构升级——以江苏信息产业转变发展方式为例[J]. 江苏社会科学,2010(1):248—251.

[22]管驰明,徐爱华. 基于面板数据的长三角金融业聚集动态研究[J]. 商业研究,2010(7):22—25.

[23]丁艺,李靖霞,李林. 金融聚集与区域经济增长——基于省际数据的实证分析[J]. 保险研究,2010(2):20—30.

[24]刘青,李贵才,仝德,栾晓帆. 基于 ESDA 的深圳市高新技术企业空间格局及影响因素[J]. 经济地理,2011(6):927—933.

[25]管驰明,高雅娜. 我国城市服务业聚集程度及其区域差异研究[J]. 城市发展研究,2011(2):108—113.

[26]梁双波,曹有挥,吴威. 港口后勤区域形成演化机理——以上海港为例[J]. 地理研究,2011(12):2520—2562.

[27]千庆兰,陈颖彪,李雁,莫星. 广州市物流企业空间布局特征及其影响因素[J]. 地理研究,2011(3):1254—1261.

[28]李琳,韩宝龙. 地理与认知邻近对高技术产业集群创新影响——以我国软件产业集群为典型案例[J]. 地理研究,2011(9):1592—1605.

[29]李琳,杨田. 地理邻近和组织邻近对产业集群创新影响效应——基于对我国汽车产业集群的实证研究[J]. 中国软科学,2011(9):133—143.

[30]李琳,张家榕,段娅妮,肖琼,周君怡. 武广高铁对湖南沿线城市可达性的影响研究[J]. 经济研究导刊,2011(12):144—148.

[31]孟德友,陆玉麒. 高速铁路对河南沿线城市可达性及经济联系的影响[J]. 地理科学,2011(5):537—543.

[32]石沛,蒲勇健. 金融聚集与产业结构的空间关联机制研究[J]. 技术经济,2011(1):39—44.

[33]侯雪，刘苏，张文新. 高铁影响下的京津城际出行行为研究[J]. 经济地理，2011(9)：1573－1579.

[34]李程骅. 科学发展观指导下的新型城镇化战略[J]. 求是，2012(14)：35－37.

[35]杜永红. 资源枯竭型城市经济转型战略模式的研究[J]. 现代城市研究，2012(4)：92－95.

[36]曹卫东. 港航企业区位特征及其空间关联[J]. 地理研究，2012(6)：1080－1088.

[37]袁冬梅，魏后凯，于斌. 中国地区经济差距与产业布局的空间关联性——基于 Moran 指数的解释[J]. 中国软科学，2012(12)：90－102.

[38]张晓燕. 金融产业聚集影响因素的实证分析[J]. 南京财经大学学报，2012(1)：59－64＋84.

[39]陆远权，张德钢. 我国区域金融效率测度及效率差异研究[J]. 经济地理，2012(1)：96－101.

[40]郭吉安. 武广高速铁路对湖南省沿线旅游经济的影响分析[J]. 铁道运输与经济，2012(6)：8－12.

[41]蒋海兵. 京沪高铁对区域公路可达性的影响研究[A]. 中国地理学会 2012 年学术年会学术论文摘要集，中国地理学会、河南省科学技术协会，2012.

[42]周平，刘清香. 京沪高铁对山东区域经济发展的溢出效应[J]. 经济与管理评论，2012(1)：151－156.

[43]张莉，朱长宁，曹莉娜. 沪宁城际高速铁路对区域可达性的影响研究[J]. 铁道运输与经济，2013(1)：82－87.

[44]倪鹏飞. 新型城镇化的基本模式、具体路径与推进对策[J]. 江海学刊，2013(1)：108－109.

[45]单卓然，黄亚平. "新型城镇化"概念内涵、目标内容、规划策略及认知误区解析[J]. 城市规划学刊，2013(1)：16－22.

[46]薛翠翠，冯广京，张冰松. 城镇化建设资金规模及土地财政改革——新型城镇化背景下土地财政代偿机制研究评述[J]. 中国土地科学，2013(11)：90－96.

[47]张占斌. 新型城镇化的战略意义和改革难题[J]. 国家行政学院学报，2013(1)：48－54.

[48]党兴华，弓志刚. 多维邻近性对跨区域技术创新合作的影响——基于中国共同专利数据的实证分析[J]. 科学学研究，2013(10)：1590－1600.

[49]胡健，董春诗. 产业聚集测度方法适用条件考辩[J]. 统计与信息论坛，2013(1)：27－31.

[50]刘辉，申玉铭，王伟，邓秀丽. 北京金融服务业集群的网络特征及影响因素[J]. 经济地理，2013(1)：131－137.

[51]程婧瑶,樊杰,陈东.基于重力模型的中国金融中心体系识别[J].经济地理,2013(3):8—14.

[52]苏红键,魏后凯.密度经济、最优城市人口密度与集约型城镇化[J].中国工业经济,2013(10):5—17.

[53]朱玉杰,倪骁然.金融规模如何影响产业升级:促进还是抑制?——基于空间面板Durbin模型(SDM)的研究:直接影响与空间溢出[J].中国软科学,2014(4):180—192.

[54]高明明,赵长江,南敬林.中国高铁聚集经济效应对GDP影响模型构建及分析[J].铁道经济研究,2014(2):10—13.

[55]茹乐峰,苗长虹,王海江.我国中心城市金融聚集水平与空间格局研究[J].经济地理,2014(2):58—66.

[56]王姣娥,焦敬娟,金凤君.高速铁路对中国城市空间相互作用强度的影响[J].地理学报,2014(12):1833—1846.

[57]覃成林,种照辉.高速铁路发展与铁路沿线城市经济聚集[J].经济问题探索,2014(5):163—169.

[58]王崇锋.知识溢出对区域创新效率的调节机制[J].中国人口、资源与环境,2015(3):77—83.

[59]罗蕾,田玲玲,罗静.武汉市中心城区创意产业企业空间分布特征[J].经济地理,2015(2):114—119.

[60]常延聚,张蕾.京津冀都市圈服务业聚集特征与空间格局[J].城市发展研究,2015(9):59—65.

[61]徐德英,韩伯棠.地理、信息化与交通便利邻近与省际知识溢出[J].科学学研究,2015(10):1555—1563.

[62]任英华,沈凯娇,游万海.不同空间权重矩阵下文化产业聚集机制和溢出效应——基于2004—2011年省际面板数据的实证[J].统计与信息论坛,2015(2):82—87.

[63]李婧,何宜丽.基于空间相关视角的知识溢出对区域创新绩效的影响研究——以省际数据为样本[J].研究与发展管理,2017(1):42—54.

[64]滕堂伟,方文婷.新长三角城市群创新空间格局演化与机理[J].经济地理,2017(4):66—75.

[65]王辑慈等.创新的空间:企业集群与区域发展[M].北京:北京大学出版社,2001:7—10.

[66]刘晓荣,石培基.都市圈规划与管理研究[J].世界地理研究,2006(4):54—60.

[67]陈建军.长江三角洲地区的产业同构及产业定位[J].中国工业经济,2004(2):19—26.

[68]张嵎喆,王俊沣.培育战略性新兴产业的政策述评[J].科技管理研究,2011(2):1—6.

[69]骆祖春，范玮. 发展战略性新兴产业的国际比较与经验借鉴[J]. 科技管理研究，2011(7)：35—38.

[70]陈宪. 以都市圈为结点推进区域一体化[DB/OL]. 上观新闻，2019 年 6 月 11 日，https://www.shobserver.com/news/detail? id=156.

[71]任泽平. 中国十大最具潜力都市圈[DB/OL]. 凤凰网财经频道，2019 年 6 月 20 日，http://finance.ifeng.com/c/7nfWCY5zAEo.

英文部分：

[1]E. M. Horwood，R. R. Boyce. Studies of Central Business District and Urban Freeway Development[M]. University of Washington Press，1959.

[2]A. E. Gillespie，A. E. Green. The Changing Geography of Producer Services Employment in Britain[J]. *Regional Studies*，1987(5)：397—411.

[3]G. Elision，F. L. Glaeser. Geographic Concentration in U. S. Manufacturing Industries：A Dartboard Approach[J]. *Journal of Political Economy*，1991(5)：889—927.

[4]P. Krugman. Geography and Trade[M]. Cambridge，Massachusetts：MIT Press，1991.

[5]P. Krugman. Innovation and Agglomeration：Two Parables Suggested by City Size Distributions[J]. *Japan and the World Economy*，1995(7)：371—390.

[6]S. Illeris，P. Sjoholt. The Nordic Countries：High Quality Services in Low Density Environment[J]. *Progress in Planning*，1995(3)：2205—2211.

[7]M. Fujita，J. F. Thisse. Economics of Agglomeration[J]. *Journal of the Japanese and International Economics*，1996，10：410—412.

[8]G. Ellison，E. L. Glaeser. Geographic Concentration in US Manufacturing Industries：A Dartboard Approach[J]. *Journal of Political Economy*，1997 (105)：889—927.

[9]G. Ellison，E. Glaeser. The Geographic Concentration of Industry，Does Natural Advantage Explain Agglomeration? [J]. *American Economic Review*，1999(2)：311—316.

[10]K. S. Kim. High-speed Rail Developments and Spatial Restructuring：A Case Study of the Capital Region in South Korea[J]，*Cities*，2000(4)：251—262.

[11]S. Rosenthal，W. Strange. The Determinants of Agglomeration[J]. *Journal of Urban Economics*，2001(2)：191—229.

[12]M. Fujita，J. F. Thisse. Economics of Agglomeration，Cities，Industrial Location，and Regional Growth[M]. Cambridge：Cambridge University Press，2002.

[13]M. Fujita，P. Krugman. The New Economic Geography：Past，Present and the Future [J]. Papers in Regional Science，2003(1)：139—164.

[14]R. P. Naresh，C. Gary. The Benefits of Industrial Clustering：Insights from the British

Financial Services Industry at Three Locations[J]. *Journal of Financial Services Marketing*, 2003(3):230—245.

[15]E. Glaeser, J. Kohlhase. Cities, Regions and the Decline of Transport Costs[J]. *Regional Science*, 2004(1), 197—228.

[16]G. Duranton, D. Puga. From Sectoral to Functional Specialization[J]. *Journal of Urban Economics*, 2005 (57):343—370.

[17]R. Boschma. Proximity and Innovation: a Critical Assessment[J]. *Regional Studies*, 2005(1):61—74.

[18]K. Desmet, M. Fafehamps. Change in the Spatial Concentration of Employment across US Countries: A Sectorial Analysis 1972—2000[J]. *Journal of Economic Geography*, 2005(5): 261—284.

[19]R. A. Hanneman, R. Mark. Introduction to Social Network Methods[M]. Riverside, CA: University of California, Riverside, 2005.

[20]M. Givoni. Development and Impact of the Modern High-speed Train: A Review[J]. *Transport Reviews*, 2006(5):593—611.

[21]A. Markusen, G. Schrock. The Distinctive City: Divergent Patterns in Growth, Hierarchy and Specialization[J]. *Urban Studies*, 2006(8):1301—1323.

[22]E. Barbour, A. Markusen. Regional Occupational and Industrial Structure: Does One Imply the Other? [J]. *International Regional Science Review*, 2007 (30):72—90.

[23]J. Preston, G. Wall. The Ex-ante and Ex-post Economic and Social Impacts of the Introduction of High-speed Trains in South East England[J]. *Planning Practice and Research*, 2008(3), 403—422.

[24]P. P. Combes, G. Duranton, L. Gobillon. Spatial Wage Disparities: Sorting Matters! [J]. *Journal of Urban Economics*, 2008(2):723—742.

[25]A. J. Scott. Production and Work in the American Metropolis: A Macroscopic Approach[J]. *Annals of Regional Science*, 2008 (42):787—805.

[26]R. Padilla-Pérez. A Regional Approach to Study Technology Transfer through Foreign Direct Investment: the Electronics Industry in Two Mexican Regions[J]. *Research Policy*, 2008 (5), 849—860.

[27]A. J. Scott, A. Mantegna. Human Capital Assets and Structures of Work in the US Metropolitan Hierarchy[J]. *Journal of Economic Geography*, 2009 (2):207—226.

[28]J. M. Arauzo-Carod, E. Viladecans-Marsal. Industrial Location at the Intra-Metropolitan Level: The Role of Agglomeration Economics[J]. *Regional Studies*, 2009 (43):545—558.

[29]D. E. Andersson, O. F. Shyr, J. Fu. Does High-speed Rail Accessibility Influence Resi-

dential Property Prices? Hedonic Estimates from Southern Taiwan[J]. *Journal of Transport Geography*, 2010(1): 166—174.

[30]G. Ellison, E. L. Glaeser, W. R. Kerr. What Causes Industry Agglomeration? Evidence from Coagglomeration Patterns[J]. *American Economic Review*, 2010(3): 1195—213.

[31]P. B. Maurseth, B. Verspagen. Knowledge Spillovers in Europe: A Patent Citations Analysis[J]. *Scandinavian Journal of Economics*, 2010(4): 531—545.

[32]P. P. Combes, G. Duranton, L. Gobillon, et al. Estimating Agglomeration Economies with History, Geology, and Worker Effects[M]. *National Bureau of Economic Research*, Inc, 2010: 15—66.

[33]S. Klepper. The Origin and Growth of Industry Clusters: The Making of Silicon Valley and Detroit[J]. *Journal of Urban Economics*, 2010(1): 15—32.

[34]G. A. Wood, J. B. Parr. Transaction Costs, Agglomeration Economies, and Industrial Location[J]. *Growth and Change*, 2010(2): 307—314.

[35]G. Duranton, M. A. Turner. Urban Growth and Transportation[J]. *Review of Economic Studies*, 2012(4): 1407—1440.

[36]E. Marrocu, R. Paci, S. Usai. The Complementary Effects of Proximity Dimensions on Knowledge Spillovers[C]. ERSA conference papers, European Regional Science Association, 2012.

[37]A. Monzon, E. Ortega, E. Lopez. Efficiency and Spatial Equity Impacts of High Speed Rail Extensions in Urban Areas[J]. *Cities*, 2013(1): 18—30.

[38]J. Shi, N. Zhou. How Cities Influenced by High Speed Rail Development: A Case Study in China[J]. *Journal of Transportation Technologies*, 2013(3): 7—16.

[39]C. Bo. Knowledge Flows in High-Tech Industry Clusters: Dissemination Mechanisms and Innovation Regimes[J]. *Economic Complexity & Evolution*, 2013(4): 191—221.

[40]J. Vang, H. Jakobsen. The State and Creative Clusters: Lessons on Building a Film Cluster from Scratch[J]. *International Journal of Business & Globalisation*, 2013(11): 310—332.

[41]Z. Liu. Human Capital Externalities in Cities: Evidence from Chinese Manufacturing Firms[J]. *Journal of Economic Geography*, 2014(3): 621—649.

[42]A. Caragliu, P. Nijkamp. Space and Knowledge Spillovers in European Regions: the Impact of Different Forms of Proximity on Spatial Knowledge Diffusion[J]. *Journal of Economic Geography*, 2016(3): 749—774.

[43]W. J. Coffey, R. G. Shearmur. Agglomeration and Dispersion of High-order Service Employment in the Montreal Metropolitan Region, 1981—96[J]. *Urban Studies*, 2002, 39(3): 359—378.